中国高速铁路工程建设系列丛书

长大动水破碎地质隧道灾害预警与机械化建造理论及应用

CHANGDA DONGSHUI POSUI DIZHI SUIDAO ZAIHAI YUJING YU
JIXIEHUA JIANZAO LILUN JI YINGYONG

高 军 著

中国地质大学出版社
ZHONGGUO DIZHI DAXUE CHUBANSHE

图书在版编目(CIP)数据

长大动水破碎地质隧道灾害预警与机械化建造理论及应用/高军著.—武汉:中国地质大学出版社,2021.6
ISBN 978-7-5625-5012-9

Ⅰ.①长…
Ⅱ.①高…
Ⅲ.①地下水渗流力学-影响-长大隧道-大断面地下建筑物-预警系统-研究
Ⅳ.①U459.9

中国版本图书馆 CIP 数据核字(2021)第 071680 号

长大动水破碎地质隧道灾害预警与机械化建造理论及应用		高 军 著
责任编辑:韦有福	选题策划:韦有福 段连秀	责任校对:周 旭
出版发行:中国地质大学出版社(武汉市洪山区鲁磨路388号)		邮政编码:430074
电话:(027)67883511	传真:(027)67883580	E-mail:cbb @ cug.edu.cn
经销:全国新华书店		http://cugp.cug.edu.cn
开本:787 毫米×1 092 毫米 1/16		字数:330 千字 印张:13.75
版次:2021 年 6 月第 1 版		印次:2021 年 6 月第 1 次印刷
印刷:湖北新华印务有限公司		
ISBN 978-7-5625-5012-9		定价:58.00 元

如有印装质量问题请与印刷厂联系调换

序

  高速铁路运输因运量大、快速、舒适、节能、环保等特点,在我国旅客运输中的地位日益攀升,成为旅客运输的生命线。高速铁路安全优质的建设和运营方式,也已成为人们财产生命安全的有力保障。

  根据国务院批准的《中长期铁路网规划》及各地区对于高速铁路的迫切需求,高速铁路建设在全国范围内大规模铺开,高速客运网将覆盖我国大部分地区。我国岩溶地区分布广泛,可溶岩层分布面积约占国土总面积的 1/3,岩溶形态多样化,岩溶类型复杂多变,对高速铁路网的全面建设增加了巨大的难度及安全压力。高速铁路岩溶地区水文工程地质条件极其复杂,地下常伴有溶洞、暗河、落水洞等岩溶形态,岩溶渗漏问题防不胜防且不易处理,给工程建设带来巨大困扰,也极易造成安全事故,导致投资的增加,严重制约了高速铁路建设的发展。

  高速铁路逐步向中西部地区进行大规模建设,云南、贵州、四川、西藏、湖北、湖南、广东段沿线途经地域广,各种复杂的地质情况都极为常见且沿途多为岩溶区段。为规避风险,预防安全事故,本书在总结京广高速铁路建设技术的基础上,结合国内其他高速铁路线的建设情况,建立了高速铁路隧道力学模型,利用有限元进行分析,得出了岩溶隧道有关受力参数,建立了完整的岩溶隧道综合超前地质预报标准模式和管理体系,将施工地质超前预报纳入工序管理,为快速有序、安全处理岩溶地段提供可靠依据;针对不同岩溶溶腔、岩溶水、暗河,建立较为系统的新型和模式化处理技术。创新高压富水充填溶腔、断层破碎带的隧道施工新工艺,对在高速铁路建设过程中解决岩溶带来的隐患非常有针对性和迫切性。

  笔者是国内首批从事高速铁路建设的建设管理人员,从国内首条 350km/h 的一次性开通运行的最长高铁——京广高铁开始,亲身经历了我国高速铁路从无到有再到蓬勃发展的历程。笔者在高速铁路建设中不断摸索、钻研先进的技术,直接参与制订了许多重难点工程的技术方案,作为技术人员带头攻克了许多高铁领域的技术难题,是高铁建设和岩溶隧道方面的技术专家。本书对高速铁路岩溶隧道建设中遇到的一系列疑难问题,总结出了一套行之有效的解决方法,在中国高速铁路大规模建设开展之际,特别是复杂地质隧道大规模开工建设之即,具有非常大的借鉴意义,总结的技术可以在铁路、公路、市政、水利水电等工程建设领域中予以推广。

书中成果在渝万、郑万、贵南高铁等 300 多个高速铁路隧道建设中得到应用,推广到印尼、老挝、俄罗斯和塞尔维亚的铁路设计和建设中,对响应国家"一带一路"倡议、对川藏铁路建设以及中国高铁走向世界都具有重要意义。

谨为之序。

中国科学院院士

2021 年 5 月 1 日

前　言

据统计,截至2020年底,我国铁路运营隧道已达15 000座,总长超过15 000km;正在建设中的铁路隧道约4 200座,总长约10 700km;全国已修建公路隧道12 404处,累计长约10 756.7km,已建成的各类水工隧洞也超过10 000km。这些铁路、公路、水工隧洞绝大多数是用钻爆法构筑的,因此在修建隧道的钻爆法方面,我们积累的经验和教训极为丰富,这对发展钻爆法隧道技术具有重要意义。随着机械化施工在交通建设领域的广泛应用,它的优点已得到广泛认可。机械化施工能够节约劳动力、减轻劳动强度、改善施工条件、降低工程成本,从而大大缩短建设工期,同时能够满足施工技术要求、提高工程质量,因此大型机械化施工是今后隧道施工理想的发展方向。此外,对新设备的作业模式、设备的性能配置进行深入的分析,可为新装备、新工艺的研究和应用提供依据,对提高隧道施工技术水平起促进作用。

依托我国国家铁路集团公司的重点科研计划——机械化与信息化铁路隧道建设工程项目以及重大科技攻关课题,本书介绍了长大动水破碎地质隧道灾害预警与机械化建造理论及应用中的关键理论、创新技术与发展成果的应用情况。

本书共分为7章。第一章绪论,介绍了高速铁路隧道的发展历程及趋势,讲述发展隧道施工机械化的技术背景,分析了目前发展隧道施工机械化存在的问题及技术展望。第二章动水软弱破碎地质高精度测算理论与处治技术,以已经运营和在建的高速铁路隧道为背景,重点介绍了富水破碎地质的探测分析理论和计算测算技术,结合室内仿真实验,对计算方法进行了优化。第三章新型预应力锚杆加固软岩隧道力学特征分析与工程应用,介绍了高速铁路隧道支护结构的新型预应力锚杆加固理论和机械化施工与装备,对变形特征、作用机理、机械化施工工艺、机械装备与作业模式进行了详细阐述。第四章PMS超前地质预报预警系统,结合智能数字化BIM技术,主要介绍了高速铁路隧道地质预报内容与信息化控制措施,并结合案例介绍了该技术高速铁路大断面隧道施工中的应用。第五章软弱破碎地质隧道爆破智能设计系统,主要介绍了智能爆破设计与图表绘制等自动设计方法。第六章软弱破碎围岩智能全断面施工技术,针对该技术方法制订了效果评价体系,介绍了机械化施工过程中作业控制方面的分项指标以及应用效果的评价体系。第七章创新点,应用效果评价主要是结合工程案例详细地阐述了机械化施工在高速铁路建设中的应用效果。

本书在编写过程中得到了设计院和施工单位等兄弟单位的大力支持,在此一并感谢。限于作者水平,书中难免有疏漏与欠妥之处,恳请读者不吝指正。

高　军
2021 年 5 月于北京

目 录

1 绪 论 ··· (1)
   1.1 研究背景及意义 ··· (1)
   1.2 国内外研究现状 ··· (4)
   1.3 存在的问题与不足 ·· (6)
   1.4 主要研究内容 ·· (8)
   1.5 技术路线 ··· (10)

2 动水软弱破碎地质高精度测算理论与处治技术 ······················· (11)
   2.1 概 述 ·· (11)
   2.2 岩体空隙结构模型及其渗流特征 ·· (12)
   2.3 动水软弱破碎地质隧道物理模型建立与试验 ························ (14)
      2.3.1 相似原理 ·· (14)
      2.3.2 试验装置系统 ·· (14)
      2.3.3 含水构造超前探测试验数据分析 ································· (15)
   2.4 软弱破碎隧道动水构造数值正演测算 ·································· (16)
      2.4.1 动水地质构造地电模型 ··· (16)
      2.4.2 隧道超前探测装置形式 ··· (16)
      2.4.3 动水构造超前探测数值正演 ······································· (16)
      2.4.4 SERT 法干扰识别与去除方法 ····································· (18)
   2.5 动水软弱围岩水量测算反演方法 ·· (21)
      2.5.1 光滑约束的施加 ·· (21)
      2.5.2 不等式约束的施加 ··· (21)
      2.5.3 反演流程 ·· (22)
      2.5.4 反演计算效率改进 ··· (22)
      2.5.5 算 例 ·· (25)
   2.6 动水水量精确计算技术 ··· (27)
      2.6.1 模型试验研究 ·· (27)

  2.6.2 隧道含水体水量计算技术 …………………………………………………(30)
2.7 动水处治模型试验研究 ……………………………………………………………(31)
  2.7.1 概　述 ………………………………………………………………………(31)
  2.7.2 脲醛树脂浆液工程性质 ……………………………………………………(31)
  2.7.3 试验设计 ……………………………………………………………………(33)
  2.7.4 试验结果与分析 ……………………………………………………………(34)
  2.7.5 脲醛树脂浆液管道封堵机理及条件分析 …………………………………(36)
2.8 动水裂隙注浆模型试验 ……………………………………………………………(40)
  2.8.1 概　述 ………………………………………………………………………(40)
  2.8.2 裂隙注浆模型试验系统 ……………………………………………………(40)
  2.8.3 有限边界裂隙动水注浆试验结果与分析 …………………………………(40)
  2.8.4 试验影响因素及封堵机理分析 ……………………………………………(48)
2.9 工程应用 ……………………………………………………………………………(53)
  2.9.1 郑万高铁高家坪隧道动水探测计算实践 …………………………………(53)
  2.9.2 武广高铁尖峰顶隧道动水破碎软弱围岩处治实践 ………………………(56)
2.10 本章小结 …………………………………………………………………………(57)

3 新型预应力锚杆加固软岩隧道力学特征分析与工程应用 …………………………(58)

3.1 概　述 ………………………………………………………………………………(58)
3.2 研究内容和方法 ……………………………………………………………………(58)
3.3 软岩破碎地质隧道锚杆受力计算模型 ……………………………………………(59)
  3.3.1 软岩隧道应力场分布 ………………………………………………………(59)
  3.3.2 锚杆横向受力分析 …………………………………………………………(59)
  3.3.3 锚杆轴向受力分析 …………………………………………………………(65)
  3.3.4 锚杆屈服形式 ………………………………………………………………(67)
3.4 软岩隧道锚杆受力特征分析 ………………………………………………………(67)
  3.4.1 岩溶软岩隧道锚杆受力特征解析解分析 …………………………………(67)
  3.4.2 岩溶软岩隧道锚杆受力特征数值分析 ……………………………………(70)
  3.4.3 结　论 ………………………………………………………………………(78)
3.5 DCP、YE 预应力锚杆在机械化开挖大断面隧道中的施工应用 ………………(78)
  3.5.1 工程概况 ……………………………………………………………………(79)
  3.5.2 工程地质及水文地质 ………………………………………………………(80)
  3.5.3 支护参数 ……………………………………………………………………(80)
  3.5.4 DCP、YE 锚杆技术参数 …………………………………………………(81)
  3.5.5 施工工艺 ……………………………………………………………………(81)
  3.5.6 设备配置 ……………………………………………………………………(86)

  3.5.7 质量验证 …………………………………………………………… (87)
  3.5.8 与传统锚杆效果对比分析 …………………………………………… (89)
  3.5.9 结　论 ………………………………………………………………… (91)

4 PMS 超前地质预报预警系统 ……………………………………………… (92)

 4.1 概　述 ……………………………………………………………………… (92)
  4.1.1 系统功能结构图 ……………………………………………………… (92)
  4.1.2 数据流图 ……………………………………………………………… (92)
  4.1.3 数据结构 ……………………………………………………………… (92)
 4.2 环境状态反馈 ……………………………………………………………… (102)
 4.3 PMS 地质预报施工组织调度与工程管理 ……………………………… (107)
  4.3.1 超前地质预报设计方法采集 ………………………………………… (107)
  4.3.2 超前地质预报采集 …………………………………………………… (107)
  4.3.3 现场施工 ……………………………………………………………… (108)
  4.3.4 超前地质预报监控 …………………………………………………… (108)
  4.3.5 超前地质预报预警 …………………………………………………… (110)
 4.4 本章小结 …………………………………………………………………… (111)

5 软弱破碎地质隧道爆破智能设计系统 …………………………………… (112)

 5.1 概　述 ……………………………………………………………………… (112)
 5.2 隧道爆破智能设计系统研发 ……………………………………………… (113)
  5.2.1 隧道爆破智能设计系统概述 ………………………………………… (113)
  5.2.2 隧道爆破智能设计系统分析 ………………………………………… (115)
  5.2.3 基于人工智能设计系统原理 ………………………………………… (117)
  5.2.4 隧道智能爆破设计系统组成 ………………………………………… (122)
  5.2.5 隧道爆破智能设计系统的实现 ……………………………………… (125)
  5.2.6 隧道爆破知识库及推理机设计 ……………………………………… (134)
  5.2.7 爆破参数设计影响因素分析 ………………………………………… (141)
  5.2.8 隧道爆破设计因素的确定 …………………………………………… (144)
 5.3 本章小结 …………………………………………………………………… (147)

6 软弱破碎围岩智能全断面施工技术 ……………………………………… (148)

 6.1 概　述 ……………………………………………………………………… (148)
 6.2 软弱围岩全断面机械化施工特点 ………………………………………… (149)
 6.3 掌子面预加固技术 ………………………………………………………… (150)
  6.3.1 预加固支护措施 ……………………………………………………… (151)

6.3.2 基于三臂凿岩台车预加固施工工艺 …………………………………………… (156)
　　6.3.3 基于锚杆台车预加固施工工艺 ………………………………………………… (166)
　　6.3.4 基于湿喷机械手预加固施工工艺 ……………………………………………… (167)
6.4 基于机械化智能全断面掘进施工技术 ……………………………………………………… (169)
　　6.4.1 设备选型 ……………………………………………………………………… (169)
　　6.4.2 施工工艺 ……………………………………………………………………… (172)
　　6.4.3 全断面智能信息化技术 ………………………………………………………… (178)
6.5 全断面机械化开挖动力学分析 ……………………………………………………………… (180)
　　6.5.1 隧道的施工开挖方法分析 ……………………………………………………… (181)
　　6.5.2 围岩破坏机理及计算理论 ……………………………………………………… (182)
6.6 模型建立及计算参数 ………………………………………………………………………… (183)
　　6.6.1 数值模型建立 …………………………………………………………………… (183)
　　6.6.2 模型计算参数 …………………………………………………………………… (185)
6.7 全断面开挖工法数值分析研究 ……………………………………………………………… (185)
6.8 围岩应力对比分析 …………………………………………………………………………… (186)
　　6.8.1 围岩位移对比分析 ……………………………………………………………… (186)
　　6.8.2 塑性区对比分析 ………………………………………………………………… (187)
6.9 全断面隧道开挖稳定性评价 ………………………………………………………………… (187)
　　6.9.1 全断面开挖不同进尺岩体自稳性 ……………………………………………… (187)
　　6.9.2 施工效果评价 …………………………………………………………………… (191)
　　6.9.3 施工设备配套技术经济性分析 ………………………………………………… (195)
6.10 本章小结 …………………………………………………………………………………… (197)

7 创新点 ……………………………………………………………………………………………… (199)

主要参考文献 ……………………………………………………………………………………………… (202)

1 绪 论

1.1 研究背景及意义

随着世界科学技术和经济的快速发展,交通运输、水利、水电、采掘及城市地下空间利用等方面需求的全面提高,全球隧道建设总量成倍增长。以中国铁路隧道修建情况为例,截至2020年底,我国铁路运营隧道已达 15 000 座,总长超过 15 000km;正在建设中的铁路隧道约 4 200 座,总长约 10 700km;全国已修建公路隧道 12 404 处,累计长约 10 756.7km,已建成的各类水工隧洞也超过 10 000km。具体见表 1-1-1。

表 1-1-1 2018 年我国新增开通运营线路铁路特长隧道

序号	隧道名称	隧道长度/m	线别
1	杜家山隧道	10 586	阳安二线
2	普棚一号隧道	13 795	广大线
3	祥和隧道	10 220	广大线
4	青阳隧道	10 100	济青高铁
5	北台子隧道	10 130	京沈客专承沈段
6	辽西隧道	13 205	京沈客专承沈段
7	天目山隧道	12 013	杭黄铁路
8	乾山隧道	10 604	南龙铁路
9	南戴云山隧道	12 169	南龙铁路
10	南门口隧道	10 301	南龙铁路
11	黄岩隧道	17 030	怀邵衡铁路
12	天坪隧道	13 881	渝黔线

随着我国国民经济建设的不断发展,能源开发与交通建设需求日益加大,工程项目日趋繁多复杂。在水利、采矿、公路、铁路等工程建设中,我国地下工程项目越来越多。而我国地

域广阔,地质地貌条件丰富多样,各种不良工程地质条件为地下工程的正常施工和运营带来诸多棘手问题。其中,工程开挖后,地表水和地下水的渗、涌、突问题颇为常见且危害较大。无论涌水量大小,给人们直接或间接地带来了无法估量的灾难或损失。与涌水量较大时,可在瞬间冲毁机器甚至造成人员伤亡。如2007年宜万铁路野三关隧道工作面突水事故,1.5h内突水量达 $15.1 \times 10^4 m^3$,洞内各类施工机械几乎全部被冲出洞外,导致3人死亡、7人失踪,损失惨重。当涌水量较小时,虽短期内无直接灾害性后果,但随着工程运营时间的推移,则会使地下水环境恶化、地层沉降变形,甚至引发工程结构的逐渐变形和破坏。如黄淮矿区众多煤矿竖井井壁反复破裂、淋水,即为地层失水沉降后井筒所受竖向附加应力增加所致。突涌水问题频繁地出现在公路或铁路隧道、矿山巷道、水电站地下厂房等各类工程建设中,如宜万铁路马鹿箐隧道位于湖北省恩施州与利川市交界处,受隧址区发育多条暗河影响,隧道于2006年发生过重大突水突泥事故,总涌水量达 $18 \times 10^4 m^3$,造成多名施工人员遇难,大部分施工设备、物资被毁;渝怀铁路圆梁山隧道是渝怀铁路头号控制性工程,隧道穿越岩溶、断层等多个不良地质构造,隧道施工过程中先后遇到5个深埋充填型溶洞溶腔,其诱发的多次突水突泥灾害造成多名施工人员伤亡以及重大财产损失,严重影响了隧道施工的经济效益。因此,隧道施工过程中若不能对动态水进行有效处治,将会带来巨大的安全隐患。

目前,我国对突涌水条件下的施工技术的研究较少,尤其是对不同动水条件下,不同动态水在岩体中的扩散机制认识不足。地下工程的涌水,具有各种各样的特点,动水条件复杂多样。在工程实践中,面对地下工程突涌水治理时,工程的实施往往是根据工程类比法来确定的,难免带有一定的盲目性。

很多隧道同时穿越多种不良地质区域。隧道在修建过程中通常要穿越多种地质构造,遇到多种不同岩性的岩类,有的甚至跨过多种地质单元。即使是在同一岩性区域内,隧道在修建过程中也极易遇到岩爆、岩溶洞穴、富水带、断层破碎带、瓦斯突出等不良地质现象。进入21世纪以来,我国大力倡导以人为本、保护环境和厉行节约的新风尚,随之隧道施工的安全问题、施工中对环境的保护问题越来越受到人们的重视。怎样及时发现不良地质区域,确保安全生产和减小安全事故,杜绝二次投入,便是国内隧道与工程地质工作者面临的亟待解决的问题。正是在这样的大环境背景下,隧道超前预报的新技术和大量涌现的新设备,成为确保隧道安全施工不可或缺的条件。随着人们对超前地质预报的工作越来越重视,大量的新技术和新设备被引进,但人们对现有设备的技术原理的了解还不透彻,对操作仪器时的注意事项还不太重视,这样往往给预报工作带来许多干扰。加之仪器操作人员对地质情况的不了解,在后期图像解译时对一些规律性认识不足造成预报信息的利用率不高。许多从事隧道超前地质预报的人员并非地质专业科班出身,对仪器的操作多为经仪器销售单位简单的培训后盲目使用,因此常常会产生错报误报。整个超前地质预报技术理论较多,但各种预报技术与方法间的协调配合还不够,没有形成一套针对性强、配套合理、现场操作简单、易于推广应用的动水软弱围岩地质条件下隧道超前预报工作的方法体系。

近些年来,经济发展对交通运输的依赖程度逐渐加重,我国东部发达地区高速铁路建设进入枯竭期,新的铁路建设进入西部地区成为必然趋势。目前隧道建设逐步进入西部深部山区中,常伴随着岩溶、高地温、高水压等问题,许多开挖隧道围岩进入大变形软岩状态,加大了隧道支护难度,从最早期的被动支护技术到现在以锚杆支护为主体的主动支护技术,以适应不断变化的工程地质环境。锚杆支护作为一种行之有效的支护技术,因施工简单、操作方便且效果好的特点,在全球铁路、公路、煤矿领域得到了广泛的应用,成为了支护中主要的组成部分。在整个支护体系中,锚杆通过贯入岩体内部与其相互作用,能够提高岩体强度,改善岩体物理力学特性,有效地控制锚固区围岩扩容变形和破坏,充分发挥并提高围岩自身强度和自稳能力,且有一定的延展性,能够随着隧道围岩变形而不丧失锚固效果。因此,锚杆支护在整个支护体系中起着重要的承载作用,是整个支护体系的基础。围岩所受复杂环境(高地压环境)成了隧道支护面临的主要挑战。由于岩溶和围岩性质的差异,很大部分隧道在服务年限内出现变形量大、变形速度快和长时间蠕变的问题,造成锚杆支护效果不佳,导致锚杆(索)破断失效变形严重,未能形成稳定性结构,而隧道反复破坏也造成隧道支护成本居高不下,进度计划一再延误,甚至威胁到了施工人员的生命安全。因此,软岩破碎地质隧道锚杆稳定性支护是当今大部分铁路隧道建设面临的难题。

在隧道爆破施工中,爆破参数设计、爆破图表绘制及施工安全技术是施工生产管理决策中十分重要的部分。但生产技术人员在爆破原理和相关技术方面的知识十分匮乏,使得爆破参数设计不尽合理,且爆破图表绘制费时费力,无法根据现场地质情况及时做出调整,导致单个隧道从头到尾只有一套爆破方案,无法具体指导现场的施工。而现场施工人员大多凭经验去摸索爆破参数,爆破水平参差不齐,且由于滚班制的施工组织管理模式,钻爆班组工人有少打眼、多装药的思想,从而使爆破效果更差,尤其是光面爆破效果更差,给后面的爆破班组带来爆破工作量大、材料消耗量多的问题,严重影响了隧道施工的经济效益。

大规模的地下工程、公(铁)路隧道的修建,大大促进了隧道施工技术的进步,但随着逐年增长的隧道需求、愈加复杂的地层条件以及数量渐增的特长隧道,隧道工程在数量、质量和难度等方面的要求更高,加之不断增长的劳动力成本等多方面因素,给建设单位带来极大的负担。机械化施工能够加快施工进度、节约劳动力、减轻劳动强度、改善施工条件、提高工程质量、降低工程成本。用现代技术装备的凿岩台车、掘进机和盾构机能够适应从坚硬岩层到软土含水地层的各种掘进条件。现代技术装备的可靠性、有效性、耐久性、机动性及掘进的高效性,使其在隧道施工中得到广泛应用。冲击钻头的改进及全液压钻孔台车、大型混凝土湿喷机和液压衬砌台车的出现,大能力装渣机、运渣设备的开发,新型爆破器材的研制及爆破技术的完善,围岩受力条件的改善和支护技术的进步等,极大地改善了隧道施工环境,提高了掘进速度,使钻孔爆破法掘进技术得到不断更新。全断面施工采用大型高效的机械设备,可减少工序,干扰也较小,作业环境宽敞,通风条件好,同时工人的劳动强度和劳动环境都可以得到很大改善。

因此,大力推进隧道施工的智能地质勘探和智能机械化施工已成为目前我国乃至全世界隧道工程发展的当务之急。

1.2 国内外研究现状

动水地区发育存在不均匀性,地区地下水的水力特征复杂多变。枯水期动水通道中水流速度较慢,地下水往往呈层流特征;丰水期岩溶通道中水流速度较快,地下水往往呈紊流特征。在丰水期,大气降水后大部分雨水通过地表的溶斗和落水洞进入管道,使得管道内水头迅速抬升,以紊流的形式向下游运动,与此同时,存在以层流形式补给四周裂隙的水流。

目前,针对岩溶含水层的相关性质方面,国内外学者提出了许多不同的介质模型,以管道-裂隙-孔隙多重介质模型为主。常见的岩溶地下水模拟手段主要有多孔介质模型、双重介质模型、三重介质模型以及耦合介质模型。陈崇希(1998)通过折算渗流系数 A 把管道流和含水介质渗流耦合可以实现复杂动水介质的涌水特征分析,超越了国外各类模型的局限,较为贴近现实地模拟了动水的运动。该模型用于在实际工程中更全面地描述水的运动,在理论和实际运用上都较为合理可行。由于该模型能够真实反映含水介质的高度不均匀性,因此它还可以更全面地表征岩溶水的动态特征。

但是目前上述模型还仅仅是一个理想模型,动水管道参数的准确程度决定了其模拟精度,而在实际工程中很难获取管道所有的几何参数,因此利用该模型解决实际问题,需要对动水径流通道进行深入研究。

针对动水径流通道的分析主要可以分为两类:一类是结合野外试验方法,另一类是借助地球物理探测手段。

早期张人权等(2001)将示踪技术应用到水文地质领域,如地下水的径流面积划分、地下含水层的富水性质分析等。宋林华等(1995)将水声法示踪应用在流速十分缓慢的大型动水管道中,产生了良好的效果,对以后的水声法应用起到了指导作用。梅正星等(1996)通过研究发现,颗粒示踪法所采用的颗粒由于受自身重力的影响,无法在某些特殊的动水管道中进行示踪,于是提出了相应的改进方法。

在地球物理探测方面,瞬变电磁法、探地雷达法以及高密度电法等都广泛应用于地下径流管道的分析。

张运霞等(1981)在对过水通道进行探测的过程中,采用了瞬变电磁法,由此得出了探测区域内的动水富水区域。郭纯等(1965)在预测煤矿巷道掘进方向的富水异常区域的过程中,应用了瞬变电磁法。李宏杰(2000)基于瞬变电磁法的基本原理,进行了采空区积水和富水岩层的探测,并通过钻探手段证明了其结果的准确性。

动水注浆工程中注浆参数的选取至关重要。围绕注浆参数的选取,国内外开展了一系列的动水注浆模拟试验,试图建立各注浆参数或注浆施工控制参数之间的内在关系,并且也得到了一些注浆参数的经验公式,但是这些试验基本上都是在散体或单裂隙岩体模型的基础上进行的,忽略了岩体结构的复杂性和浆液流动性能变化的影响,因而与实际工程有较大的差距。模拟试验主要包括模型模拟试验(相似模型试验)和数值模拟试验。

奥地利学者进行了动水单裂隙中浆液流动过程的模拟试验,试验中分别构造了3种不同的裂隙:第一种裂隙是将浇筑好的混凝土块体用一定方法进行劈裂,然后对劈裂的混凝土裂隙进行注浆模拟研究,建立注浆流量、注浆压力及渗透距离之间的关系;第二种则利用两块混凝土模块进行组合拼接,以模拟裂隙,并在模块上钻孔,然后注浆,再研究不同隙宽时注浆流量、注浆压力和浆液黏度之间的关系;第三种用钢板拼接裂隙,并在给定的粗糙度下进行注浆,分析裂隙粗糙度对注浆流量与扩散范围的影响及其规律。

Eisa(1972)通过模型试验进行了4组土体注浆试验,研究了土体注浆劈裂情况与力学机制,并通过CT扫描观察了浆液固结体中浆液的扩散分布情况。

中国水利水电科学研究院进行了水平平板裂隙的注浆试验,根据试验提出了水平光滑裂隙面内牛顿流体的扩散方程,得出了扩散半径与注浆压力、浆液黏度与注浆时间之间的关系。

郭密文等(2010)研制出了高压环境动水注浆模拟试验设备,并进行了土体高压注浆研究。该试验设备主要由高压注浆系统、加压和稳压系统、模拟岩土体设备系统、数据采集系统四大部分组成。研究结果表明,在高压封闭环境下,饱和孔隙介质中注浆浆液运动有3种扩散模式:球形扩散模式、指形扩散模式和面状扩散模式。

在隧道超前地质预报技术及应用方面,国内外学者已做了大量的研究工作,如郭福安等(2003)研发构建了在复杂地质条件下的隧道施工超前地质信息化系统,实现了物探等超前地质预报方法的数据管理;李天斌等(2009)研发了长大深埋条件下的隧道超前地质预报软件,实现了隧道基本地质条件预报、施工地质灾害预报、物理探测地质预报等;李涛等(2016)基于物联网、云计算,构建了隧道工作面地质信息管理平台,实现了隧道工作面地质信息化管理。以往的隧道施工超前地质信息管理系统功能较少,难以满足实际需求。为此,利用数据库、移动互联等信息技术,研发功能强大的铁路隧道超前地质预报管理信息化系统,实现了隧道多种预报方法的数据上传、存储及数据共享,以及预报提醒、预警警示、设计管理、施工进度管理、工程资料管理、报表查询输出等诸多功能,并将系统数据与智能管理平台进行无缝对接,极大地促进了铁路隧道信息化施工技术的发展,对隧道安全快速施工有着重要意义。

20世纪50年代中期,预应力锚固技术已经开始在煤矿井巷锚喷支护中应用,如胀壳锚杆、倒楔锚杆、树脂锚杆、水泥卷黏结锚杆,均为端头锚固的预应力锚杆。尽管这些锚杆应用数量很大,但其长度较短,钢材强度较低,因而施加的预应力较小,达不到理想的效果,预应力锚固技术的发展也比较缓慢。20世纪70年代末,美国首次将胀壳式锚头与树脂锚固剂联合使用,使得锚杆能承受很高的预应力,同时使锚杆的直径和强度有了进一步的提高(直径达到22mm和25mm,强度达到517MPa),锚杆的高预应力可以达到杆体本身强度的50%~70%。现在美国隧道锚杆的预应力一般为100kN左右,可以很好地控制层状顶板的离层。另外,英国研制的锚固力达500kN的"大锚杆"也在巷道支护中取得了成功并开始推广。由于高预应力锚杆能够有效控制顶板的离层,因而巷道的顶板变形可得到有效控制,安全状况也得到改善。采用预应力锚杆可以加大锚杆的间排距,减少锚杆的用量,提高掘进速度,降低掘进成本,具有巨大的发展空间和良好的发展前景。

国外对隧道施工技术和机械设备的研究起步时间较早,但较长一段时间都围绕着对隧道施工和围岩力学特性所开展的研究,随着施工机械化程度的提高,机械化施工方案和机械合理配置与管理在国外也逐渐受到重视,并逐步得到完善。在国外的长大铁路隧道施工中,机械设备配套发展的趋势是向着全机械化、全自动化发展。尽量采用先进的自动化机械设备施工,提高了工作效率,如在瑞典,找顶、立拱架都采用电脑控制液压机械台车。在隧道开挖机械研究方面,最有名的当属20世纪50年代带有液压机械臂的凿岩钻车,它在欧洲面世。到20世纪70年代,随着计算机技术的应用与发展,液压凿岩设备凿岩精度的问题得到了很好的解决,随后很多国家开始对计算机在凿岩技术的控制应用方面进行研究。近年来,相继研发出并使用多种类型的半自动和全自动液压凿岩设备,日本、英国、德国等各自推出了适应于本国地质条件的产品。经过长时间的发展,国外在先进设备的施工方法和施工技术方面积累了丰富的经验,已经生产出智能化的先进凿岩设备,对多臂凿岩台车的施工工艺研究有较成熟的方法理论。在隧道支护机械方面,国外对喷射混凝土支护设备的研究和应用较早。从20世纪40年代开始,西方国家着手研制混凝土喷射机;到50年代,美国艾姆科公司研制成湿式混凝土喷射机;到60年代,湿喷技术已经开始在西方国家推行。到目前为止,很多发达国家使用湿喷机作业的比例达80%以上,国外已经研制出自动化程度高、操作性强的大型湿喷设备,对于机械效率的提高和作业环境的改善等起到了至关重要的作用。由此说明,国外对机械化施工和机械配套技术的研究取得了较好的成绩。

我国隧道施工机械化发展则起步较晚。从20世纪50年代至今,隧道及地下工程施工方法经历了人力工具、小型机具、半机械化、大型配套机械化到全断面掘进机工厂化的发展过程。20世纪六七十年代,我国修建成昆铁路时,从日本、瑞典引进了一大批施工机械,其中有大型全断面凿岩台车、大型装渣机、自卸式大斗车、槽式列车、混凝土输送泵、衬砌模板台车等。使用这些施工机械后,隧道施工进度大幅加快,成昆线10座5 000m以上的隧道施工进度累计为40~70m/d。这次引进施工机械标志着我国隧道建设进入崭新的篇章。

铁路建设中形成了多种机械化施工成套技术和设备配套模式,隧道施工也正式进入完全智能化、信息化、机械化的时代,隧道开挖速度和施工管理技术都上了一个新台阶。隧道施工技术的飞跃使人们认识到机械化作业对隧道施工进度和管理的重要性,也成为今后隧道施工技术的发展方向。

1.3 存在的问题与不足

对于动水软弱围岩隧道的涌水规模及其相应的危害性规律有了一定的认识,但由于缺乏像马鹿箐隧道这样较为极端的案例,对于超级的特大型"涌水"工程特性和预防、处置等还缺乏研究。在隧道风险评估方面,只对一般"突水""涌水"进行风险识别,而对大体量或超大体量且自身存在一定静态储水性质的承压动态水在隧道坑道内突然集中释放的风险没有概念,也就不能对此类危害进行风险识别,因而难以引起工程技术人员和管理者在隧道安全风险管理上的高度警惕。

对动水条件处治机理研究较少。在目前的研究中,无论是动水还是静水注浆,对于浆液的运移扩散规律研究较多,而关于浆液在不同空隙介质中如何对地下水进行封堵的研究过少。实际上,无论浆液在岩体中以何种方式扩散,工作人员都不得而知,重点是能否解决封堵动水的问题。因此,加强动水注浆封堵机理的研究是很有必要的。当然,浆液的扩散运移规律是封堵机理研究的基础,二者应关联结合起来进行分析研究。

对于软弱破碎围岩的预应力加固,根据不同的岩体强度理论对锚杆的作用机理进行了多种解释。如从岩体塑性理论分析,有人认为锚杆具有限制岩体流变松弛的作用;从脆性断裂强度理论分析,有人认为锚杆具有降低裂隙尖端应力强度因子、阻碍裂隙扩展的作用;从岩体材料介质的损伤理论分析,有人认为锚杆可以降低岩体节理面损伤因子、增加承载面积,从而降低节理岩体的有效应力等作用。但无论从哪个角度分析预应力锚杆的作用机理,都会受到理论假定的影响与限制,难免存在片面或不完全之处。

动水软弱围岩的预警预报。人工智能在隧道地质超前预报领域已经取得了一定的发展,但由于研究的局限性,目前并未在综合预报体系的基础上形成一套较为完整的计算机辅助预报系统。同时由于人们对人工智能在隧道超前地质预报中的应用产生认识误区:要么对人工智能期望过高,希望智能系统可完全替代隧道地质预报专家工作;要么只是将其当作一个数据库简单地使用,使之不具备推理和预报功能。因此,要想实现隧道综合超前地质预报的数据处理和解译过程"综合化、智能化、信息化",仍有很长的一段路要走。

对于隧道的施工方法而言,根本保障在于施工机械设备的好坏。没有性能良好的施工机械,施工方案仅为一纸空文,同时单个性能良好的施工机械必须进行综合选型、配套才能达到理想的施工效果。单线隧道施工机械设备包括开挖、装运、支护、衬砌4条主要生产线的机械设备,而隧道的开挖设备和装运线设备是保证施工进度的关键。对于钻爆法施工来说,隧道施工机械化作业线的配套是指从开挖到隧道成洞完毕,在整个施工过程中各个主要作业工序满足各方面所需要的、在施工中能相互配合而彼此不干扰的一系列施工机具的组合。影响隧道全断面施工法机械化作业线选择的因素很多。首先,客观的因素主要有隧道类型(单线、双线)、围岩类别、断面尺寸、隧道长度及最长独头施工长度、辅助坑道的设置及其数量与位置、装渣运输方式、局部地段是否采用相应的应变措施、隧道位置的海拔、施工坡度的方向与大小、地下水涌水量的大小、通风方式、施工用的动力形式、施工工期等,其中技术经济指标分析的关键则是施工工期和投资要求。其次,根据单、双线隧道的特点及采用装渣运输方式的不同,确定基本的配套方案。最后,由总工期分解的月掘进速度、日掘进速度来确定循环进尺和施工循环时间(包括循环系数的确定)及对各施工工序作业时间的分配。这里包含了对爆破参数(炮眼深度、掏槽形式、炮眼数量、炮眼直径、中孔眼的数量与直径及炮眼利用率等)的确定。

目前国内西部和西南部地区的含动水、软弱破碎地质的铁路隧道建设越来越多,虽然施工技术和理论等方面取得了很大的进步,但是仍然存在以下主要问题:

(1)对动水的地质突水模式和机理认识还不够清楚,针对大型动水软弱破碎地质隧道突水特征分析还不够完善,需要开展更进一步的理论研究和高精度计算分析研究工作;对于特大型动突水的地质成因和探测判识技术缺乏针对性,在隧道工程建设过程中,没有在高危地段展开有针对性的评估和有效的处治,这也是在动水软弱破碎地区灾害频发的主要原因之一。

(2)铁路隧道工程往往需要穿越地质灾害高发区,如断层、高地应力、高地温、强地震带、塌方、涌水(泥、砂)、岩爆、岩溶、瓦斯等,这些不良地质因素阻碍了隧道的正常开挖,并对施工人员的人身安全构成威胁。以往的隧道施工超前地质信息管理系统功能较少,难以满足实际需求,亟需建立一套基于物联网、云计算的隧道工作面地质信息管理平台,实现隧道工作面地质预报预警信息化智能管理。

(3)针对预应力锚杆、预应力施加范围和应用条件,由于受模型和模拟材料的影响,锚杆长度和间距的关系只能定性地反映这一问题。对于预应力锚杆加固区围岩纵向应力分布和锚固区实际测试,预应力锚杆的轴力分布规律等有一定的局限性,现场针对破碎软弱围岩地质体亟需建立相应的力学模型并确定力学性质参数,以解决现场实际加固问题,通过对比分析监测数据,进一步验证计算模型及支护参数的安全可靠性。

(4)由于我国对智能全断面钻爆法掘进施工技术的研究和开发还处于摸索阶段,国内隧道机械化施工主要是引进国外先进的机械设备,隧道洞身开挖采用全智能凿岩台车,然而对全智能凿岩设备的研究也还处于初级阶段,特别是基于软弱破碎地质条件下与智能机械化全断面的施工技术亟需研发。

1.4 主要研究内容

本书以武广、京石武、贵南、玉磨、渝万、渝黔、郑万高铁隧道实际工程为依托,在充分借鉴前人研究的基础上,通过试验研究、理论分析、数值计算等手段,针对大体量高压动水软弱破碎地质隧道溃水特征与机理分析、溃水安全风险评价、动水综合治理、智能超前地质预报预警、新型预应力锚杆加固软弱破碎围岩、智能全断面爆破与施工技术等相关问题进行了较为系统和深入的研究,主要研究内容如下:

(1)对动水软弱破碎地质涌水的特征及精准测算进行研究。利用动水环境下三维紊动实验装置,对溃水灾害发生的力学机制进行系统分析,并对隧道穿越动水区的稳定性进行数值模拟研究,为动水安全性评价及灾害的综合治理研究提供基础。根据动水特点,基于计算模型,进行动水水力正反演计算,实现动水的精准测算。

(2)针对破碎围岩大体量动态水难以处治的难题,对岩体涌水水力学特征及动水注浆模型进行研究,形成动水注浆处治技术。从动水注浆治理角度来分析,结合工程实例对地下工程中岩体涌水进行类型划分;以水力学、水文地质学、地下水动力学等为理论基础,分析不同类型岩体涌水的水力学特征,并对工程动水注浆进行归纳总结,按研究需要进行注浆类型的划分并建立工程地质模型,改进管道注浆试验设备,进行动水裂隙注浆试验。试验过程中重点考虑浆液凝胶方程、裂隙展布边界、动水流速等因素。对不同试验条件下注浆压力及裂隙压力场变化波动特征进行研究,对浆液扩散及封堵过程进行分析,并对浆液的封堵机理进行解释说明,最后获得有限边界裂隙实现有效封堵的基本条件。

(3)针对隧道施工超前地质信息管理系统的功能较少,难以满足实际需求,因此对地质预警预报智能信息化进行研究,实现高精度预警预报。利用数据库、移动互联等信息技术,研发功能强大的铁路隧道超前地质预报预警智能管理信息化系统,实现了隧道多种预报方法的数据上传、存储及数据共享,以及预报提醒、预警警示、设计管理、施工进度管理、工程资料管理、报表查询输出等诸多功能,并将系统数据与各施工方管理进行无缝对接,建立一套基于物联网、云计算的隧道工作面地质信息管理平台系统,实现隧道工作面地质预报预警信息化智能管理。

(4)预应力锚杆作用机理分析和止浆方法的研究。结合工程实例,探讨早强型水泥浆液的应用效果,研制出新型止浆器,计算高压注浆作业参数等。采用理论分析方法,推导出各种锚固结构,如全长黏结式拉力锚杆、内部锚固型拉力锚杆、拉力分散型锚杆、压力集中型锚杆、压力分散型锚杆等沿锚固体长度方向的应力分布的解析,并分析其应力分布规律及其受力特征,建立符合实际的锚固段应力分布计算模型。

(5)隧道爆破参数的智能设计和爆破图表的自动绘制。秉持简单、实用、准确、合理的原则,基于现场经验性知识、爆破理论知识、典型工程案例、专家经验、行业规范等,建立内容丰富、设计科学合理的系统知识库,利用计算机智能化技术和有效算法建立爆破智能设计系统推理机制,完成隧道爆破参数智能设计。基于CAD二次开发技术和隧道施工专业知识、设计制图国家标准、行业标准研发隧道炮眼布置智能绘制系统,实现炮眼布置、炮眼数目和装药数目等基本信息的获取和工程图的智能绘制,达到高质量的工程图绘制标准,满足隧道实际施工需求。

(6)基于软弱破碎围岩的智能全断面安全高效施工技术研究。针对软弱破碎围岩,在全断面施工前,对工作面实施预加固措施,再对全断面施工技术进行研究,同时对隧道全断面施工系统的运行方式和现场基础数据进行记录并分析,采用综合机械化施工,实现自动钻孔、清孔、装药、爆破以及真正意义上的一次性带仰拱开挖的全断面施工。结合工程实例,运用相关理论对施工运行规律和工作特性进行研究。结合现场实际,对施工效果的系统运行状态、作业系数、施工质量、进度控制指标、施工成本指标、应用效果进行综合评价。

1.5　技术路线

本书以系统科学思想为指导,运用地球物理学、岩石力学、裂隙岩体水力学、探测及能量突变等理论的最新研究成果,借助现场试验、室内试验、物理模拟试验和数值试验相配合的手段,在分析动水破碎软弱地质隧道途经流域的结构、物质流、能量流和信息流的基础上,建立预测隧道掌子面前方灾害靶段(地质缺陷和动水构造)位置的综合预报预警方法和以酚醛树脂注浆加固、预应力锚杆加固围岩、全断面掘进施工为主的综合施工技术与方法。本书从理论上揭示了动水隧道不同含水构造的突水机理,建立隧道突水信息识别模型及其监测方法和隧道地质缺陷突水的力学模型,基于不同突水模式的试验研究及其处治方法,研究超前地质预报预警多元信息监测系统和基于破碎软弱围岩的全断面施工技术,从而形成动水软弱破碎围岩隧道的综合施工技术体系,制订地质灾害预警系统和高风险动水软弱破碎地质灾害快速反应体系及有效治理方案,达到解决工程实际问题的目标。

2 动水软弱破碎地质高精度测算理论与处治技术

2.1 概 述

长期以来,地下工程建造和运营中的涌水问题都是现场工作人员、科研工作者等重点关注的地质灾害问题。涌水现象的发生不仅严重威胁着人民生命安全和工程建设,造成巨大财产经济损失,还破坏了地下水系统平衡,导致地下水流失或污染,恶化了区域生态环境。随着地下建筑的深部发展,涌水现象越发频繁,且以岩体介质涌水为主。本书对工程建设中岩体涌水的类型从不同的侧重点进行划分,并阐述了地下水所赋存和运移的岩体空隙介质类型,分析了理想情况下地下水在裂隙岩体介质和管道岩体介质通道中的基本流动规律,最后构建了常见涌水的水力学概化模型和常见注浆地质条件模型。

在地下水面岩土体中采矿、开挖基坑或地下洞室时,地下水不断流入场地的现象称为涌水。量大、势猛、集中且突发的涌水称为突水,危害性极大。突水有时也称为透水。在隧道、矿井巷道、采掘工作面顶板或侧帮中,量小、分散、持续且呈下雨状的涌水,有时也称之为淋水。

地下建筑涌水类型的划分与判定是开展工程治理工作的基础,根据不同的行业及不同工作需要,涌水有多种不同的划分方式。在进行地下建筑工程水害分析时,涌水水源、涌水通道及涌水量大小通常是生产活动中主要关注的内容。因此,对地下工程涌水可以进行如下划分。

(1)根据直接涌水水源,可分为:①地表水涌水;②第四系松散层涌水;③砂岩裂隙含水层涌水;④灰岩岩溶管道裂隙含水层涌水。

(2)对于单个突水点,按照每小时突水量 Q 的大小,将突水点划分为小突水点、中等突水点、大突水点、特大突水点共 4 个等级:①小突水点,$Q \leqslant 60 \text{m}^3/\text{h}$;②中等突水点,$60 \text{m}^3/\text{h} < Q \leqslant 600 \text{m}^3/\text{h}$;③大突水点,$600 \text{m}^3/\text{h} < Q \leqslant 1\,800 \text{m}^3/\text{h}$;④特大突水点,$Q > 1\,800 \text{m}^3/\text{h}$。

(3)治理地下工程水害时,对围岩涌水通道直接进行注浆封堵是最常见的处理方案。岩体主要涌水通道亦为浆液扩散运移通道,是注浆研究中的基本研究对象之一。但无论是直接揭露含水层,还是揭露沟通含水层的通道涌水,都可根据围岩附近地下水的直接涌出通道,对工程涌水进行如下划分。

围岩裂隙（裂隙-孔隙涌水）：地下水渗流的常见通道。根据裂隙的地质成因，它可分为原生裂隙、构造裂隙、次生裂隙。其中，原生裂隙通常具有较高的连接力和强度，导水性较差。构造裂隙和次生裂隙则构成了岩体中地下水赋存及渗流的主要通道。次生裂隙又可分为风化裂隙、卸荷裂隙及工程扰动裂隙等。地下工程开挖直接揭露裂隙含水层时，往往会出现围岩涌水现象。同时，开挖活动改变了地下岩体的原始应力状态、破坏了应力平衡，从而形成扰动裂隙。扰动裂隙一般具有较好的导水性，直接由开挖临空面向围岩内部延伸，是形成地下水涌出的直接通道。开挖时若遇到导水裂隙沟通富水性强的含水层，则突水量较大，危害严重。

断层破碎带涌水：断层通常发育有由构造岩组成的构造破碎带，在地下水的作用下，有的已经泥化或已变成软弱夹层。多数断层有厚度不等、性质各异的充填物。断层破碎带规模大小不一，按导水性状况，可分为导水断层和不导水断层。断层带易突水的部位一般是断裂带收敛部位、大断层分叉处、断层尖灭点附近、断层交会部位或断层弯曲剧烈部位。断层的存在增强了各含水层之间的水力联系。此时，若工程开挖揭露断层带时，极易发生突涌水事故。有时即便是不导水断层，在工程活动的作用下，由于地应力场的改变及地下岩体结构的变化使断层性质发生变化，也逐渐变为导水性断层，导致地下空间突涌水。

岩溶构造涌水：灰岩岩溶裂隙含水层富水性不均一，与岩溶发育强度有关，但相较于其他裂隙含水层，含水丰富且水动力条件良好。岩溶水的赋存空隙包括溶隙、溶管、溶洞、地下暗河、岩溶陷落柱等。若直接揭露岩溶构造，则涌水量较大，尤其是揭穿高压岩溶管道水（地下暗河、岩溶陷落柱）时，会造成大的突水事故。地下暗河常见于我国西南部且规模巨大。暗河的空间分布受岩性、地质构造和排水基准面的控制。在地层褶皱的轴部、裂隙和断裂部位，可溶岩与非可溶岩的接触处以及排水基准面附近常发育暗河。

2.2 岩体空隙结构模型及其渗流特征

岩体空隙是地下水赋存和运移的通道，根据空隙的表现形式，可将岩体中的空隙结构模型主要分为以下几类：裂隙网络介质结构、孔隙-裂隙双重介质结构、孔洞-裂隙双重介质结构、溶隙-管道双重介质结构等。

岩体的空隙结构分类是一切岩体渗流、注浆浆液扩散和封堵机理研究的基础。其中，裂隙网络介质结构及溶隙-管道双重介质结构应用最为广泛。对于非可溶性岩体，一般按裂隙网络结构介质考虑。对于岩溶问题，当以溶隙为主时，可按裂隙渗流模型考虑。当岩溶发育溶隙和岩溶管道时，则可建立溶隙-管道双重介质模型进行分析，以下就裂隙流基础问题进行分析。

2.2.1 单裂隙渗流问题

单一裂隙中的水流运动规律是研究裂隙网络渗流的基础,可将裂隙抽象为最简单的平板模型:假设为无限长水平平板,板间距为 h,流体以速度 u 在板间做恒定流动,如图 2-2-1 所示。

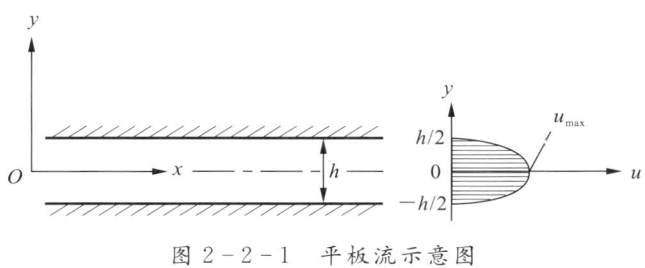

图 2-2-1 平板流示意图

2.2.2 裂隙网络渗流问题

在研究裂隙岩体渗流规律时,通常可以建立 3 种不同的渗流模型进行分析:①等效连续介质模型;②离散裂隙网络介质模型;③上述两者的混合模型。在选用模型进行工程水文地质研究时,应该分门别类地根据研究区域的特点及实际工程需要来选择。

等效连续介质模型是目前研究和应用相对比较成熟的地下水动力学分析模型。在研究区域内,当分析考虑范围大于表征单元体(Representative Elementary Volume,简称为 REV)尺寸时,可将该范围内岩体视为等效连续介质来研究。研究表明,表征单元体是普遍存在的。在等效连续介质研究范围内,裂隙岩体介质表现出与连续孔隙介质相似的渗透特点。因此,在应用该模型时仅需考虑等效渗透系数、渗透张量、有效孔隙度等水文地质参数即可。

对于不存在表征单元体或表征单元体尺寸太大的研究区域,等效连续介质模型无法得以运用。因此,不少研究者使用离散裂隙网络介质模型来分析岩体渗流力学行为。在研究中,一般忽略岩块的渗透性,认为地下水全部在裂隙中流动。

2.3 动水软弱破碎地质隧道物理模型建立与试验

2.3.1 相似原理

模型试验的相似性需要满足以下两个方面：①几何因素比值统一为 G。几何因素包括地质体的几何形状、大小、埋深、位置、电极位置、地形形状等。②各电性不均匀体的比值需与实际地质条件一致。

满足上述两个条件，所测得的归一化视电阻率曲线与实际情况下的归一化电阻率曲线形状一致。

2.3.2 试验装置系统

2.3.2.1 试验模型架

本试验设计了隧道三维全空间超前探测物理模型试验台架装置。该台架由槽钢作框架、由小型钢板拼装而成，尺寸为长 4.5m×宽 2m×高 2m，内里涂绝缘漆以模拟高阻边界。该试验中的含水构造采用具有代表性的含水断层，位于掌子面正前方，尺寸为高 2.0m×宽 2.0m×厚 0.2m，产状直立，走向与隧道轴线垂直。隧道腔体采用高强度、高电阻率 PVC 材料，断面为半圆形，外径为 0.15m，长度为 3.2m。测线布置在隧道底板（图 2-3-1），长度为 2.50m。

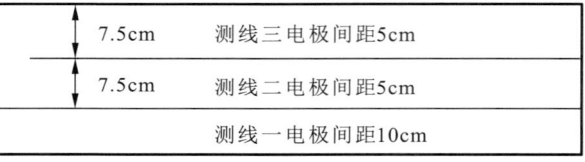

图 2-3-1 测线布置及电极埋设

2.3.2.2 模型试验相似比与材料

本模型选择几何因素相似比值为 40。选定黏土作为围岩材料，石英砂作为含水构造的填充材料。围岩的电阻率 ρ_1 是一个固定值，约 200Ω·m。含水构造的电阻率是一个变化值，通过改变含水构造中的含水率模拟不同电阻率值的含水构造。本书分步骤向断层中注水，每次注水后采集一次数据，以便在不同水量情况下研究各观测数据的异常特征。

2.3.3 含水构造超前探测试验数据分析

2.3.3.1 试验数据分析

试验数据如图2-3-2所示。结果表明：各测线数据对含水构造具有明显的响应特征，各条曲线在0.8~1.2m范围内均存在极小值；每条曲线尾支的视电阻率值均趋于200Ω·m，与本试验中围岩的电阻率值(200Ω·m)相当，这个结论与数值正演研究所得到的结论一致。视电阻率数据对于含水构造电阻率的变化响应敏感，每条测线中的曲线幅值均随着电阻率的降低而降低。

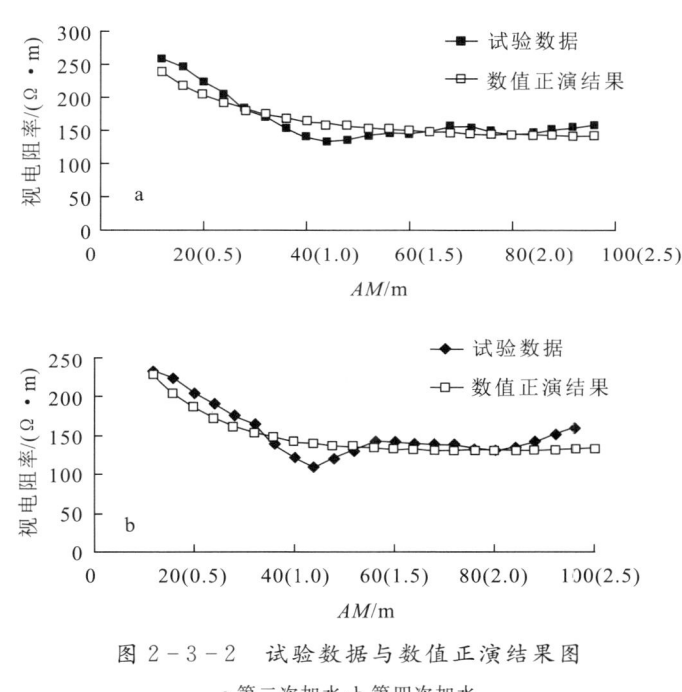

图2-3-2 试验数据与数值正演结果图
a.第二次加水；b.第四次加水

2.3.3.2 试验数据与数值正演结果对比

根据试验原型尺寸和电阻率分布建立三维有限单元模型，进行数值正演。由于篇幅所限，只给出测线以上第二次和第四次加水的数值模拟结果和试验数据(图2-3-2,横坐标括号中的数字代表试验中的AM值，括号外的数字代表对应原型的AM值)。经测定，第二次加水后断层电阻率为91.2Ω·m；第四次加水后断层电阻率为11.7Ω·m。可见试验数据与数值模拟数据基本一致，既验证了数值正演的正确性，又检验了定点源三极法工作方式超前探测的有效性。

2.4 软弱破碎隧道动水构造数值正演测算

2.4.1 动水地质构造地电模型

对典型的含导水地质构造进行如下概化：①对于断层、破碎岩体含水带、构造裂隙含水带以及宽度偏窄的裂隙状溶洞，可概化为平板，厚度为 1m 左右，可达 4m；②对于溶洞，特别是近圆形或椭圆形溶洞，可概化为球体，直径为 0.5～3m。

2.4.2 隧道超前探测装置形式

选择定点源三极法作为超前探测的装置形式（图 2-4-1），将测线沿隧道走向布置在底板或边墙上，将供电点源 A 极固定在掌子面处不动，B 极放置在无穷远处固定不动，而测量电极 M 极和 N 极沿测线移动以采集数据，设 M 极与 N 极之间的距离为 MN，A 极与 M 极之间的距离为 AM。在此基础上设计了多测线立体测量方式，在隧道底板或边墙上布置了多条平行测线，有利于增加携带掌子面前方地质情况的信息量。

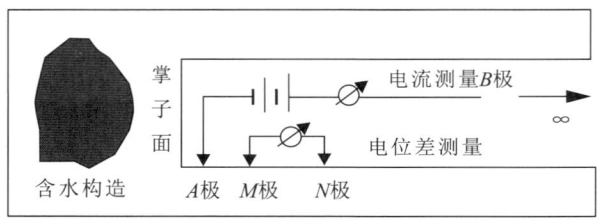

图 2-4-1 定点源三极法隧道超前探测测量方式图

2.4.3 动水构造超前探测数值正演

2.4.3.1 单个直立动水断层超前探测数值正演

将含水断层裂隙、破碎带或裂隙状溶洞简化为一个具有较低电阻率的薄板，假设围岩的电阻率是均匀的，除含导水断层和隧道空腔之外没有其他异常体；假设薄板的倾角为 90°，且走向与隧道轴线垂直，如图 2-4-2 所示。原点位于底板中线与掌子面的交点，测线位于隧道底板中线，l_x、l_y、l_z 分别为薄板沿 x、y、z 轴的边长，d 为 A 极与薄板前沿的距离。

设计了 2 组地电模型，参数见表 2-4-1。设 d 是变化的，表示不同位置的断层，令隧道

腔体电阻率 ρ_3 为 $1\times10^6\Omega\cdot m$。当掌子面前方不存在异常体时,曲线存在极小值,是单纯由隧道腔体引起的,为纯隧道异常;若掌子面前方存在含水体时,曲线也存在极小值,是由隧道腔体与含水体共同作用造成的,其异常幅度显著提高(图 2-4-3)。

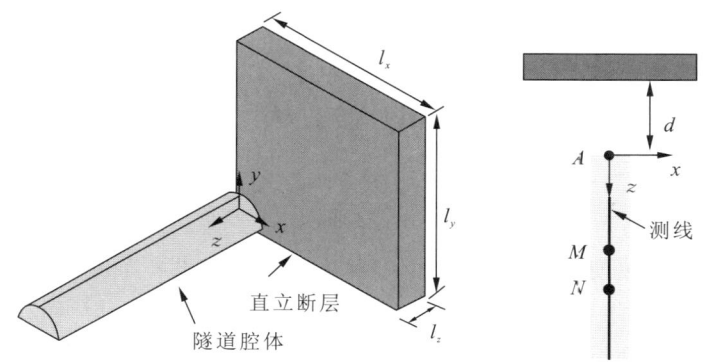

图 2-4-2　单个直立含导水断层超前探测地电模型示意图

表 2-4-1　地电模型的参数

模型	$\rho_1/(\Omega\cdot m)$	$\rho_2/(\Omega\cdot m)$	l_z/m	MN/m
第一组	3 000	10	0.5	2.0
第二组	1 000	20	0.3	2.0

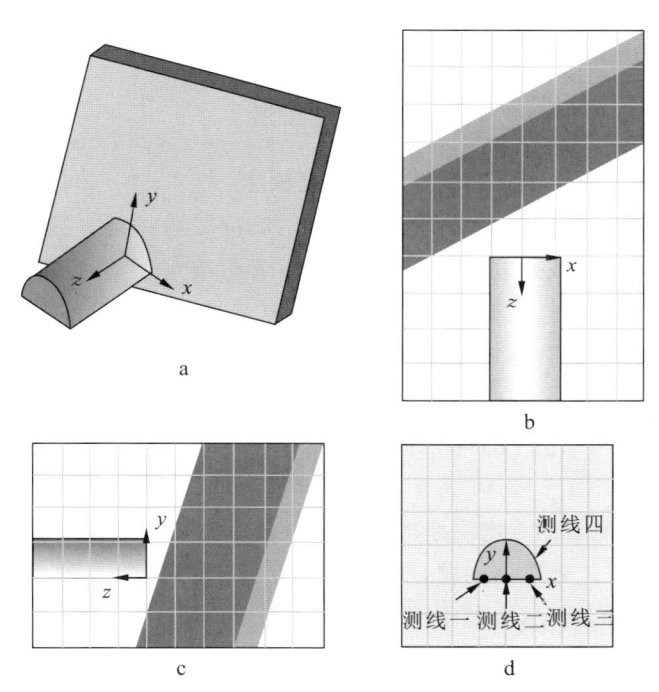

图 2-4-3　倾斜含水断层超前探测地电模型图

a.倾斜断层立体图;b.倾斜断层平面图;c.倾斜断层立面图;d.倾斜断层正面图

视电阻率异常响应具有如下特征:曲线形态受多个因素的综合影响,围岩与断层电阻率差别越大,断层厚度越大,断层距掌子面就越近,则数据异常越大,反之,数据异常越小。曲线的极小值是表征掌子面前方低阻体存在的重要特征,对于同样具有参数的低阻断层,极小值位置 l_{min} 随着 d 的增加而增加。在测线足够长的情况下,曲线的尾支数值趋于围岩的电阻率。

2.4.3.2 多个含导水断层超前探测数值正演

设计了 2 条断层的简化地电模型,其中各条断层均为直立断层,且走向均与隧道轴线垂直,2 条断层的中心距离为 d'。假设首个断层(将距掌子面最近的断层称为首个断层)的位置固定,而其他断层位置变化,这样便有了多种组合。再假设各条断层的厚度、电阻率均相同。首个断层的参数如下:$\rho_1 = 3\,000\Omega \cdot m, \rho_2 = 10\Omega \cdot m, d = 8.0m, l_z = 2.0m, MN = 2.0m$。以上分析可知:与单个断层的超前探测曲线相比,2 条断层超前探测数据幅值均有所降低,但并没有因首个断层后方其他断层的存在而导致曲线出现对应的极值点,这表明通过对视电阻率曲线的直观分析无法判断首个断层后方是否存在其他断层。

2.4.3.3 倾斜含导水断层的超前探测数值正演

设计了一组倾斜含导水断层超前探测的地电模型,倾斜断层的展布网格的边长为 5m。模型参数:$\rho_1 = 3\,000\Omega \cdot m, \rho_2 = 10\Omega \cdot m, MN = 2.0m$。经分析,视电阻率数据的幅值大小与掌子面前方含水体的分布情况有关,因此采用多测线立体测量方式有利于获取关于含水构造展布形态的更多信息。

2.4.3.4 含水溶洞与断层超前探测数值正演

设计了含水溶洞与断层组合超前探测的地电模型(图 2-4-4)。与单个溶洞或单个断层超前探测的数据相比,观测数据对这两者组合的响应较为敏感。测线一要比测线二的异常明显,前者距溶洞较近,该处电场畸变较大;而后者距溶洞较远,电场畸变较小。另外,当断层比溶洞更接近掌子面时,数据对这种地质组合的响应与单个断层的响应基本一致,表明断层异常会掩盖其后方(z 轴负方向)含水溶洞异常,这不利于断层后方含水溶洞的发现。

2.4.4 SERT 法干扰识别与去除方法

实际工程中,测量电极附近电阻率的不均一性会给观测数据带来扰动,这是电阻率法超前探测中最主要的干扰。针对该问题,本书提出了一套干扰去除方案:

(1)对于单个干扰的情况,视电阻率曲线往往表现为单个突变性极值,通过数据圆滑技术可去除该干扰。

(2)对于多个干扰的情况,视电阻率曲线异常较为复杂,本书提出了电阻率层析成像法(SERT)的解决思路,沿超前探测测线布置一条 SERT 测线,通过反演得到测线附近的电阻

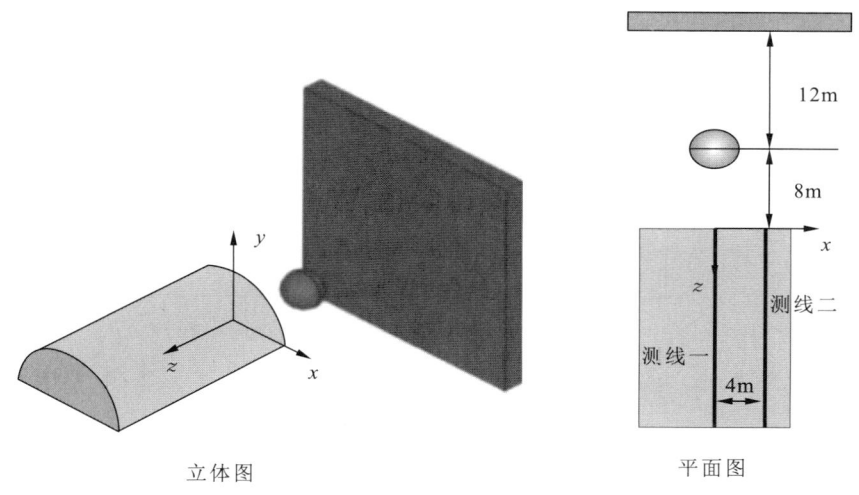

图 2-4-4 含水溶洞与断层组合超前探测地电模型示意图

率分布,利用比值法将干扰剔除。为了验证多个异常体干扰去除方法的有效性,设计了含有旁侧干扰的地电模型(图 2-4-5),底板以下存在干扰体。模型参数:$\rho_1=10\Omega\cdot m$,$\rho_2=3\,000\Omega\cdot m$,$d=10m$,$l_x=16m$,$l_z=1m$。异常体①②③距掌子面的距离分别为 10m、17m、24m,顶部距隧道底板距离为 3m,在 z 方向上的厚度为 1m,x 方向上的长度为 12m,y 方向上的长度为 2m,电阻率为 $800\Omega\cdot m$。当 3 个异常体同时存在时,曲线形态发生的变化较为复杂。利用 SERT 对底板以下的异常情况进行探测,通过三维反演得到底板以下的电阻率结构,将异常体从反演结果中提取出来,可见反演结果与实际情况基本一致。针对图 2-4-6 中只存在 3 个异常体的情况进行超前探测正演,得到异常体引起的视电阻率异常。

利用比值法,从原数据中将异常体干扰异常去除,发现去除之后的数据与不含干扰的数据基本吻合,可见利用 SERT 反演方法可较好地去除多个异常体的干扰。

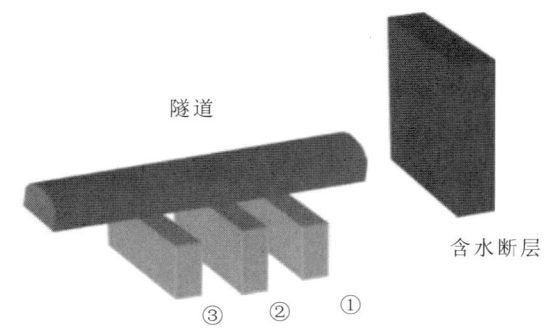

图 2-4-5 含有旁侧干扰的含水断层超前探测地电模型示意图

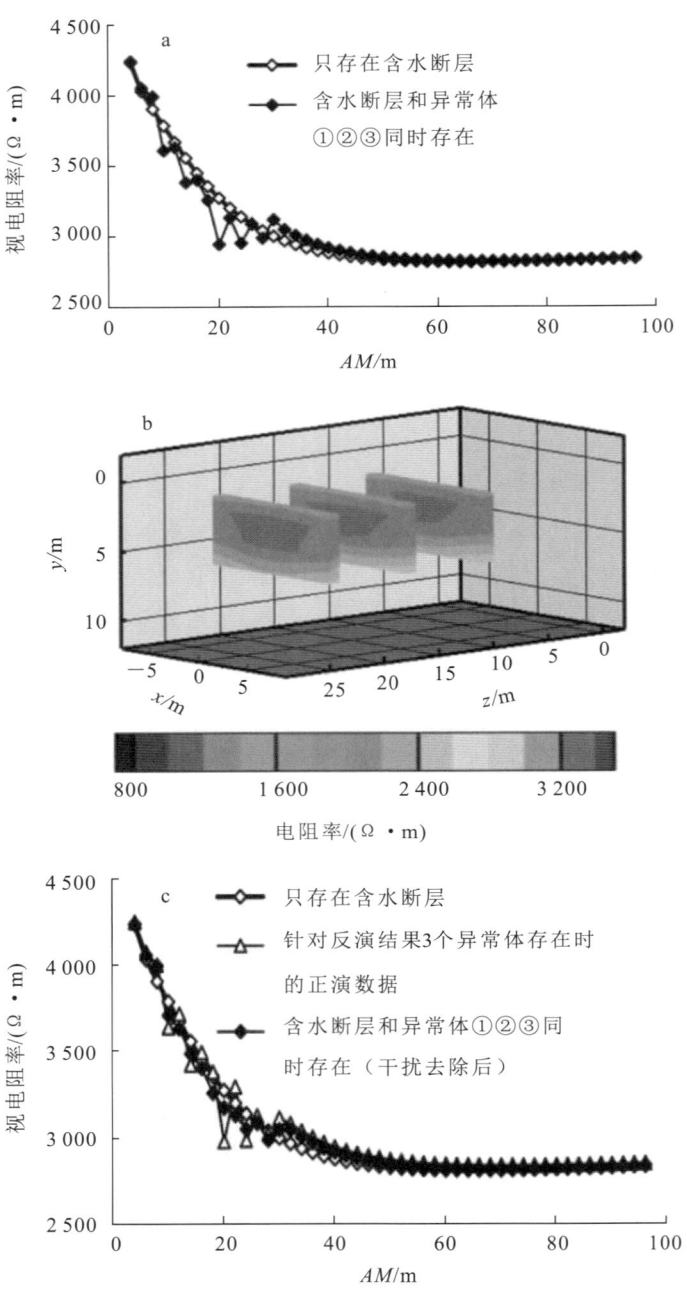

图 2-4-6 多个异常体的干扰去除

a.多个干扰体存在时的正演数据；b.干扰体探测的反演结果；c.干扰去除之后的正演数据

2.5 动水软弱围岩水量测算反演方法

采用以三维有限元数值正演为基础的反演方法,设三维有限元模型的网格数量为 $n_x \times n_y \times n_z = m$ 个(其中 n_x, n_y, n_z 分别为 x,y,z 方向上的网格数),设模型参数 $\boldsymbol{m} = (\rho_1, \rho_2, \cdots, \rho_m)^T$,视电阻率观测数据 $\boldsymbol{d}_{obs} = (\rho_{s1}, \rho_{s2}, \cdots, \rho_{sn})^T$,其中 n 为观测数据的数量。三维电阻率反演是非线性问题,将其线性化并正则化,得到如下方程:

$$\boldsymbol{A}^T \boldsymbol{A} \Delta \boldsymbol{m} = \boldsymbol{A}^T \Delta \boldsymbol{d} \quad (2-5-1)$$

式中,$\boldsymbol{A}$ 为敏感度矩阵;$\Delta \boldsymbol{m}$ 为模型参数增量向量;$\Delta \boldsymbol{d}$ 为观测数据 $\boldsymbol{d}_{obs}$ 与正演理论值 d_m 的残差向量,d_m 为根据给定的模型参数由数值正演得到的理论观测数据。

2.5.1 光滑约束的施加

三维电阻率反演问题往往表现为混定问题,其导致式(2-5-1)为病态方程。为解决该问题,将光滑约束引入反演方程。所谓光滑约束,就是指相邻网格的电阻率光滑处理,也就是使相邻网格电阻率差异极小。对于第 i 个网格而言,光滑约束可表示如下:

$$R_i = (\Delta M_i^F + \Delta m_i^B + \Delta m_i^L + \Delta m_i^R + \Delta m_i^U + \Delta m_i^D - 6\Delta m_i)/6 \quad (2-5-2)$$

可将整个模型的光滑约束用矩阵形式表示:

$$\boldsymbol{R} = \boldsymbol{C} \Delta \boldsymbol{m} \quad (2-5-3)$$

式中,$\boldsymbol{C}$ 为光滑度矩阵,施加光滑约束后的三维电阻率反演方程如下:

$$(\boldsymbol{A}^T \boldsymbol{A} + \lambda \boldsymbol{C}^T \boldsymbol{C}) \Delta \boldsymbol{m} = \boldsymbol{A}^T \Delta \boldsymbol{d} \quad (2-5-4)$$

式中,λ 为拉格朗日常数,λ 的大小决定了光滑约束的权重。

2.5.2 不等式约束的施加

多解性问题是地球物理反演的固有问题,为进一步减小反演问题的多解性,将模型参数的变化范围作为先验信息,表征模型参数变化范围的不等式约束:

$$\rho_{i_{\min}} \leqslant m_i \leqslant \rho_{i_{\max}}, i = 1, 2, \cdots, m \quad (2-5-5)$$

式中,m_i 为第 i 个网格的电阻率,$\rho_{i_{\min}}$ 和 $\rho_{i_{\max}}$ 分别为第 i 个网格的电阻率的下限和上限。需要指出的是,电阻率的变化范围可以是根据一般物理知识获得的一个较为宽泛的范围,也可以是根据钻孔等其他方式获得的一个较为精确的范围。

综合考虑光滑约束和不等式约束,提出如下三维电阻率反演的目标函数:

$$\Phi = (\Delta \boldsymbol{d} - \boldsymbol{A} \Delta \boldsymbol{m})^T (\Delta \boldsymbol{d} - \boldsymbol{A} \Delta \boldsymbol{m}) + \lambda (\boldsymbol{C} \Delta \boldsymbol{m})^T (\boldsymbol{C} \Delta \boldsymbol{m}) \quad (2-5-6)$$

在式(2-5-6)中,光滑约束可按照式(2-5-4)的形式施加到反演方程中,而如何将不等式约束施加到反演方程中是一个关键性难题。为此采用 Kim 的做法,定义一个新的参数向量 $\boldsymbol{X}$ 来表征模型参数,$\boldsymbol{X}$ 与 $\boldsymbol{m}$ 的关系表示:

$$X_i = \ln\left(\frac{m_i - \rho_{i_{\min}}}{\rho_{i_{\max}} - m_i}\right) \tag{2-5-7}$$

式中,X_i 为向量 $\boldsymbol{X}$ 的元素。根据式(2-5-7)可得到 $\boldsymbol{X}$ 的扰动量 $\Delta \boldsymbol{X}$ 与 $\Delta \boldsymbol{m}$ 之间的关系:

$$\Delta X_i = \frac{\rho_{i_{\max}} - \rho_{i_{\min}}}{(\rho_{i_{\max}} - m_i)(m_i - \rho_{i_{\min}})} \Delta m_i \tag{2-5-8}$$

得到 ΔX_i 后便可得到下一代模型参数 $m^{(k+1)}$,由式(2-5-9)可以看出,第 i 个网格模型参数被严格限制在 $\rho_{i_{\min}} \sim \rho_{i_{\max}}$ 之间,通过这种方式将不等式约束施加到了反演方程中,式中,$m_i^{(k+1)}$ 为第 $k+1$ 代的第 i 个模型参数。

$$m_i^{(k+1)} = \frac{\rho_{i_{\max}} e^{\Delta X_i}(m_i^{(k)} - \rho_{i_{\min}}) + \rho_{i_{\max}}(\rho_{i_{\max}} - m_i^{(k)})}{e^{\Delta X_i}(m_i^{(k)} - \rho_{i_{\min}}) + (\rho_{i_{\max}} - m_i^{(k)})} \tag{2-5-9}$$

2.5.3 反演流程

采用最小二乘法三维电阻率反演的流程具体如下:
(1) 首先设定网格电阻率的初值,一般设定为与观测数据背景值接近的均一初始模型。
(2) 通过数值正演得到相应的理论观测数据 d_m。
(3) 进行反演收敛判断,若理论观测数据与实际观测数据之间的误差满足收敛判据,将此时得到的模型参数作为反演结果输出,反之进行下一步计算。
(4) 计算敏感度矩阵 $\boldsymbol{A}$ 和光滑度矩阵 $\boldsymbol{C}$,求解反演方程,得到 $\Delta \boldsymbol{X}$。
(5) 计算得到新一代模型参数,执行第(2)步,进入下一个循环。需要指出的是,反演收敛的判据为 rus$<\varepsilon_{\text{inv}}$,其中 rus 为观测数据 $\boldsymbol{d}_{\text{obs}}$ 与正演理论值 $\boldsymbol{d}_m$ 之间的均方误差,ε_{inv} 为反演收敛的容许值。

$$\text{rus} = \sqrt{\Delta \boldsymbol{d}^{\text{T}} \Delta \boldsymbol{d}/n} \tag{2-5-10}$$

2.5.4 反演计算效率改进

在整个反演流程中,最为耗时的是敏感度矩阵 $\boldsymbol{A}$ 的计算和反演方程的求解,提高二者的求解速度对于优化三维电阻率反演的计算效率至关重要。因此,本书提出了三维电阻率反演计算效率优化方案,在该方案中,Cholesky 分解法被用来求解敏感度矩阵计算中的多个点源场的正演问题。该方法只需对总体系数矩阵进行一次分解,然后对不同的右端向量进行回代即可。预条件共轭梯度法被引入到反演方程的求解中,将雅可比迭代中的块对角矩阵作为预处理矩阵,具有求逆方便、无需内存空间的特点,有效地提高了收敛速度。需要说明的是,因为将雅可比迭代的块对角矩阵作为预条件矩阵,所以将它称为雅可比预条件共轭梯度法。

2.5.4.1 基于 Cholesky 分解算法的敏感度矩阵求取

敏感度矩阵 A 表示的是观测数据对模型参数的偏导数矩阵，即观测参数 ρ_{si} 随网格电阻率 ρ_j 的一次变化率：

$$A_{ij} = \frac{\partial \rho_{si}}{\partial \rho_j} \qquad (2-5-11)$$

采用电极互换定律法求解敏感度矩阵，该方法需要分别将每个测量点作为点电源，分别计算每个点电源供电时的电场分布，也就是说每求解一次敏感度矩阵需要进行 n 次点源电场的正演方程：

$$\boldsymbol{Ku} = -\boldsymbol{K}'\boldsymbol{u}_0 \qquad (2-5-12)$$

式(2-5-12)为三维点源电场有限元正演中的大型线性方程组，其中 $\boldsymbol{u}$ 和 $\boldsymbol{u}_0$ 分别为含有各节点异常和正常电位值的向量，$\boldsymbol{K}'$ 和 $\boldsymbol{K}$ 分别为正常和异常电位向量的总体系数矩阵。对于一次敏感度矩阵求取过程中的 n 次点源三维场正演而言，$\boldsymbol{K}$ 保持不变，而右端向量随点源的变化而变化。对于大型线性方程组求解而言，JPCG 算法的求解速度一般要远高于 Cholesky 分解法。但对于上述情况，Cholesky 分解法往往优于 JPCG 算法，因为针对 n 次正演，Cholesky 法只需对 $\boldsymbol{K}$ 进行一次分解，然后对不同的右端向量进行回代计算即可，而 JPCG 法需要对每次正演的方程组进行单独求解，当 n 取值较大时，JPCG 算法的求解速度明显慢于 Cholesky 分解法。

为了对比 Cholesky 分解法和 JPCG 法在求解敏感度矩阵中的计算效率，假设模型单元数为 43 600 个，观测数据 $n=80$，进行 80 次三维点源场正演的耗时情况见表 2-5-1。从表中可见，对于单个线性方程组（一次正演）JPCG 算法具显著的速度优势，而对于较多点电源情况下的敏感度矩阵求解，Cholesky 分解法具有较为明显的优势。因此本书采用 Cholesky 分解法来求解敏感度矩阵。

表 2-5-1 各种计算方法所需内存及计算时间对比

方法	每次正演耗时/s	80 次正演耗时/s
JPCG 算法	31	2 480
Cholesky 分解法	719	877

2.5.4.2 基于 JPCG 算法的反演方程求解

从表 2-5-1 中可以看出，对于只有单个右端向量的线性方程组，JPCG 算法的求解速度要远高于 Cholesky 分解法，因此本书采用 JPCG 算法求解反演方程式(2-5-4)。JPCG 算法通过引入预条件矩阵 $\boldsymbol{M}$ 达到了降低系数矩阵条件数的目的，有效地加速了收敛。对于反演方程，具体的 JPCG 算法求解流程如图 2-5-1 所示，其中 $\boldsymbol{B}$ 为方程的右端向量，$\boldsymbol{r}$ 是方程的右端与方程左端的差向量,ε 为算法收敛的容许误差,z,p,α,β 为迭代过程的中间参数。在 JPCG 算法迭代过程中,矩阵乘 $\boldsymbol{A}^\mathrm{T}\boldsymbol{A}$、$\boldsymbol{C}^\mathrm{T}\boldsymbol{C}$ 和方程组 $\boldsymbol{M}\boldsymbol{z}^{(i+1)}=\boldsymbol{r}^{(i+1)}$ 的求解是决定收敛速度的关键。

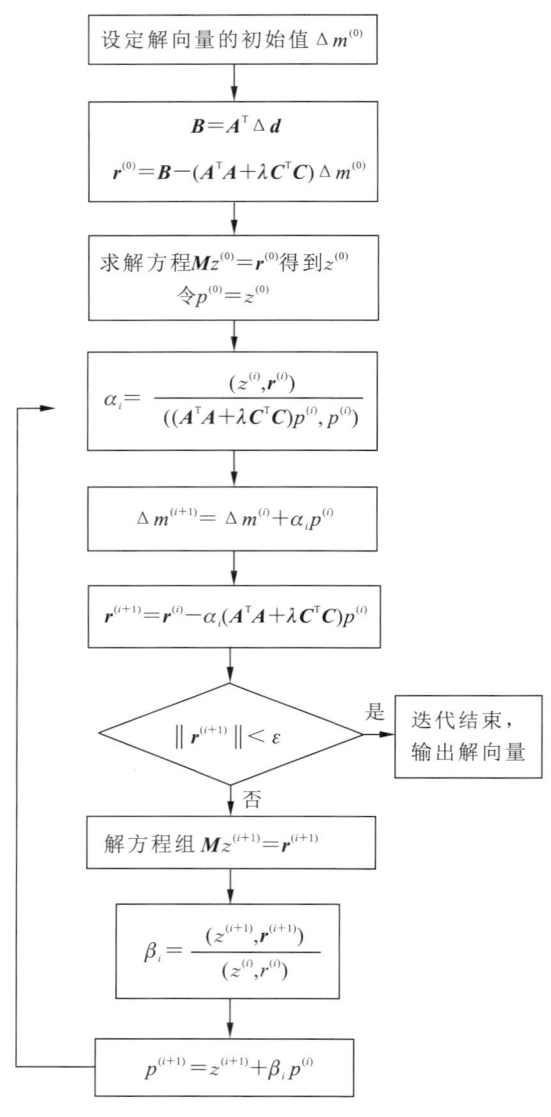

图 2-5-1　JPCG 算法流程

1)矩阵乘的处理

若直接计算 $\boldsymbol{A}^\mathrm{T}\boldsymbol{A}$,$\boldsymbol{C}^\mathrm{T}\boldsymbol{C}$,耗时较长,内存空间消耗较大。因为 JPCG 算法只需要计算 $\boldsymbol{A}^\mathrm{T}\boldsymbol{A}$ 或 $\boldsymbol{C}^\mathrm{T}\boldsymbol{C}$ 与某个列向量的乘积,可利用矩阵乘的交换定律来计算:

$$\boldsymbol{A}^\mathrm{T}\boldsymbol{A}\boldsymbol{b}=\boldsymbol{A}^\mathrm{T}\boldsymbol{y}_1,\boldsymbol{C}^\mathrm{T}\boldsymbol{C}\boldsymbol{b}=\boldsymbol{C}^\mathrm{T}\boldsymbol{y}_2 \tag{2-5-13}$$

式中，b 为一个列向量，$y_1 = Ab$，$y_2 = Cb$，计算量比直接执行矩阵乘的运算大大减小。

2）预条件矩阵的选取

在 JPCG 算法中，解方程组 $Mz^{(i+1)} = r^{(i+1)}$ 是较为关键的步骤，本书采用雅可比迭代的块对角矩阵作为预处理矩阵。对于反演方程(2-5-14)，预条件矩阵的具体形式：

$$\begin{cases} M(i,j) = \sum_{k=1}^{L} (A(i,k)^2 + \lambda C(i,k)^2) & (i=j) \\ M(i,j) = 0 & (i \neq j) \end{cases} \quad (2-5-14)$$

由于该预条件矩阵是对角矩阵，故求逆非常容易，大大提高了计算速度。

2.5.5 算 例

2.5.5.1 合成数据的反演算例

为了评价最小二乘法三维电阻率反演的效果，利用合成观测数据进行三维反演。原模型如图 2-5-2 所示，在均匀半空间中存在两个电阻率为 $10\Omega \cdot m$ 的低阻体，围岩的电阻率为 $300\Omega \cdot m$，其中低阻体一的顶部埋深为 2m，低阻体二的顶部埋深为 6m。采用施伦贝尔装置测量，共 30 根电极，电极间距为 2m，共布置了 5 条测线（其中测线一位于 $x=0$ 位置，其余测线之间的间距为 2m）。利用 5 条测线的合成观测数据进行反演，经过对视电阻率剖面图的分析对不等式约束进行了定义，因为观测数据中的视电阻率基本为 $300\Omega \cdot m$，即以不等式约束后的反演结果，可见两个低阻体在位置、规模、形状、电阻率值等特征方面均与原模型基本一致，将反演结果中电阻率低于 $60\Omega \cdot m$ 的网格提取出来，发现提取出的异常体与原模型中的低阻体全一致。为了对比验证，同时进行了传统的最小二乘反演，未施加不等式约束，反演结果如图 2-5-3 所示，可见反演效果明显降低，尤其对于低阻体二成像精度较低，成像效果较差，由此可见，虽然本算例中在施加不等式约束时限定的电阻率变化范围较宽泛，但这种不等式约束对反演过程中搜索方向的引导作用非常明显，借助不等式约束和反演效率优化方案，最小二乘反演方法可得到较为精确的反演结果，且反演计算速度也满足勘

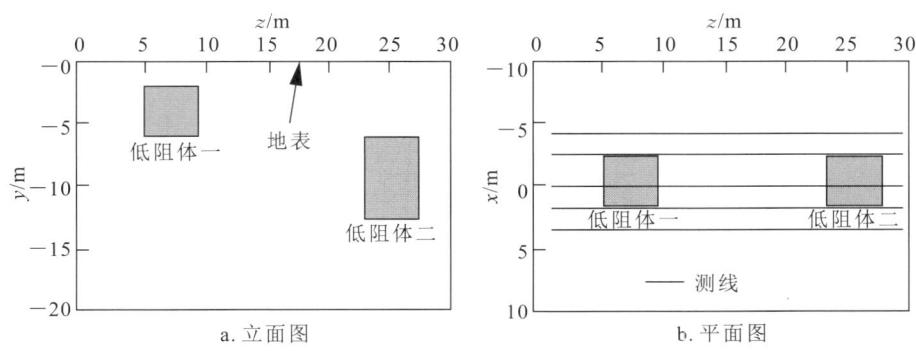

图 2-5-2 原模型示意图

探工作的要求,因此将整个模型中网格的电阻率值上限设为350Ω·m(有一定的冗余),下限设为0。而在5.0m<z<10.0m与22.0m<z<28.0m范围内视电阻率数值稍低,基本在240Ω·m以内,因此将该范围内网格电阻率上限值设为300Ω·m,下限值设为0。建立三维模型,模型中分为目标区和非目标区。目标区是参与反演的区域,也是数据观测区域,网格的步长均匀,用均匀网格剖分。非目标区是边界区域,网格的步长倍增,以模拟无限远边界。该算例中目标区域的网格数量为15×15×40＝9 000个,模型的反演迭代次数为10次,耗时约160min(计算机配置为主频1.83GHz,内存1.0GB)。

2.5.5.2 试验数据反演

对试验数据进行了细致的分析,但存在一个问题,那就是反演得到的裂隙分布与实际试验情况有所偏差。为了解决上述问题,采用基于不等式约束和光滑约束的最小二乘反演方法对试验数据进行反演计算,得到了突水灾害发生之前上午2:35:47时刻监测层的电阻率结构,如图2-5-3所示。经过对视电阻率剖面图的分析,且对不等式约束进行了设定,整个模型中网格的电阻率值上限为400Ω·m,下限为0,而在0.25m<z<0.50m与0.60m<z<0.90m范围的网格电阻率上限值为800Ω·m,下限值为0。三维反演模型在x、y、z方向上的网格数分别为70×2×20＝2 800个,达到收敛所需的迭代次数为7次,总耗时为520s(计算机主频为1.83GHz,内存为1.0GB),可见上述反演方法具有迭代次数少、收敛速度快的优点。

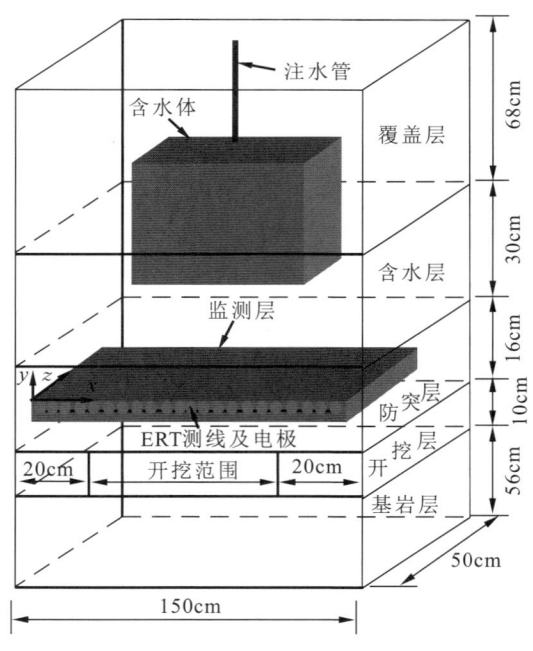

图2-5-3 模型试验中岩层组成示意图

2.5.5.3 反演结果与实际情况对比

在之前裂隙发展的基础上,中部的高阻裂隙几乎贯通,而左侧的高阻裂隙的扩展速度亦加快。根据裂隙的状态可以推断防突层将在短时间内在中部发生断裂坍塌,而在试验过程中,防突层(含监测层)中部于上午2:38时刻发生断裂,最后防突层的左侧发生断裂,图2-5-4是防突层断裂发育情况,可见中部和左部裂隙的位置与反演结果中的高阻裂隙的位置基本一致。与相应反演结果对比,可发现施加不等式约束后,反演结果更接近最优解,与实际情况基本一致,反演的多解性显著降低。上述分析表明,以本书提出的三维电阻率反演方法为核心技术的电阻率层析成像监测系统可将裂隙扩展、岩层破断等重要前兆过程以成像的方式直观形象地表达出来,有效地捕捉到突水前兆信息,为突涌水灾害的预测提供了重要的参考和指导。

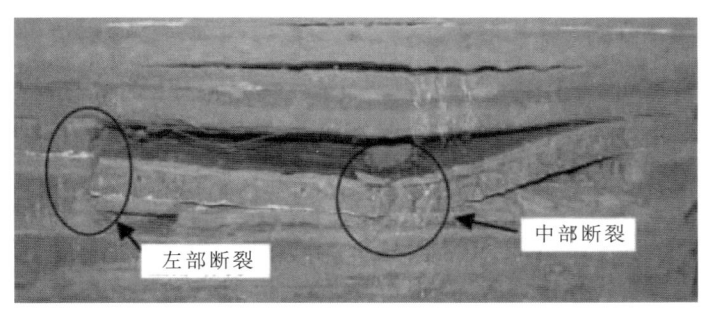

图2-5-4 防突层断裂发育情况

2.6 动水水量精确计算技术

目前,由于国内尚不存在用于隧道掌子面前方含水体水量预测的地球物理勘探方法,所以探索对含水地质构造水量预测行之有效的预报方法具有重要意义。物探工作者在地面找水实践中利用激发极化法探索发现半衰时之差幅值与水量之间存在正相关关系,提出了相关的水量预测技术,对隧道含水构造探测中水量的预测具有重要的借鉴和参考意义。

2.6.1 模型试验研究

由于对激发极化效应发生机制的理论研究尚不成熟,因此本书利用物理模型试验手段研究隧道超前探测中含水体水量与半衰时之差数据之间的相关关系,以提出相应的水量预测方法。

2.6.1.1 试验材料

该模型主要由隧道腔体、围岩以及断层构成,其中隧道腔体采用高阻高强 PVC 材料制作。选定黏土作为围岩材料,将含水率这一影响黏土激电特性的主导因素控制在 16% 左右,使得围岩电阻率保持为 $200\Omega \cdot m$。将石英砂作为含水构造的填充材料,试验过程中通过向含水构造加入不同量的水来模拟不同含水情况的断层。含水构造利用较为致密的木板设置了 4 层隔水板,将含水断层分为 5 个部分,每部分中充填少量海绵,每次加水使得每部分水量等同,以保持水在断层中的均匀分布。

2.6.1.2 数据采集装置

数据采集设备采用自主研发的时域二电流激发极化仪器,测线布置在隧道底板(图 2-6-1),供电电极采用金属电极,而测量电极采用不极化电极。

 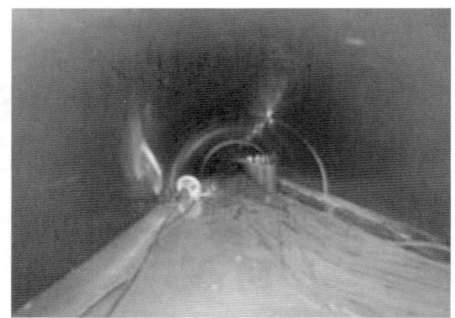

图 2-6-1 测线布置及电极埋设

2.6.1.3 试验过程

①初始数据采集:在断层未注水之前采集各条测线的数据,将此数据作为初始数据和背景值。②分步骤注水:分步向断层中注水,每次注水后采集一次数据,以便研究不同水量情况下各观测数据的异常特征。

2.6.1.4 试验数据分析

图 2-6-2 给出了半衰时之差与 AM 关系,通过分析得到了半衰时之差对于注入水量的响应特征,主要如下:

(1)当含水构造不含自由水时,半衰时之差为负值。当含水构造中注水后,曲线开始出现正值,且曲线的正值部分与坐标轴的包络面积随着注入水量的增加而增加。

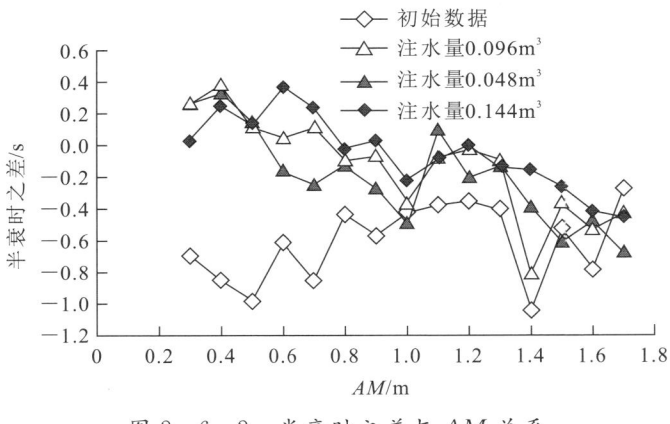

图 2-6-2 半衰时之差与 AM 关系

(2)绘制出半衰时之差包络面积与注入水量之间的关系曲线(图2-6-3),并进行线性拟合,发现二者之间具有良好的线性正相关关系。

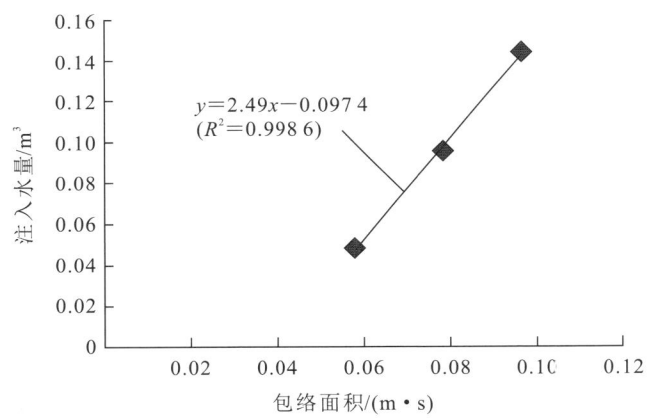

图 2-6-3 半衰时之差包络面积与注入水量的关系

(3)这一组试验数据表明半衰时之差法用于隧道含水体水量预测时具有良好的可行性,初步发现二者之间具有线性正相关关系。

为了给研究含水体水量与半衰时之差幅值的相关关系提供更多的数据支持,我们进行了另一个模型试验。试验过程与前一试验类似,图 2-6-4 给出了半衰时之差包络面积与注入水量的关系,主要结论如下:

(1)对于断层和溶洞而言,注入水量与半衰时之差包络面积之间都呈现良好的线性正相关关系,且根据拟合线性方程可知,当面积为 0 时,对应的注入水量也近似为 0。

(2)与含水溶洞相比,含水断层的位置偏下,但半衰时之差数据对二者中水量的响应幅度较为一致(如图 2-6-4 中标记①与②处两者的数据点基本重合),表明半衰时之差幅值对水体的赋存位置响应并不敏感。

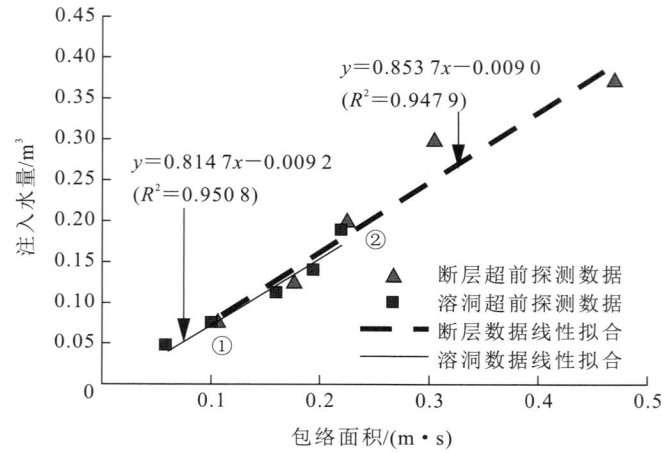

图 2-6-4　断层和溶洞半衰时之差包络面积与注入水量的关系

2.6.2　隧道含水体水量计算技术

上述各组模型试验数据有效地印证了半衰时之差参数用于含水构造水量预测和估算的可行性和有效性,发现半衰时之差参数对于自由水和束缚水具有较强的区分能力,发现含水构造中注入水量与半衰时之差包络面积间呈现良好的线性正相关关系。假设含水体水量为 V,包络面积为 A,则二者的关系如下:

$$V = aA + b \qquad (2-6-1)$$

式中,a、b 均为线性相关系数。

在图 2-6-2 的数据中,线性拟合方程中均有 $b \approx 0$,结合其他模型试验数 $\lim\limits_{A \to 0} V \approx 0$,则式(2-6-1)可简化为如下形式:

$$V = aA \qquad (2-6-2)$$

需要说明的是,图 2-6-3 中的数据 $b \neq 0$,其原因应是数据点较少(3 个),导致拟合直线误差的产生。由于介质的激电效应受到介质的矿化程度、溶液含盐成分等诸多因素的影响,试验得到的具体数学表达式没有普遍意义,因此本书并没有着重研究具体的数学关系表达式。事实上,本书所发现的含水体水量与半衰时之差之间的线性正相关的单调相关关系已经为隧道含水体水量的估算奠定了坚实的基础。以上的基本思路如下:对于实际工程,工程区域内介质的矿化程度、溶液含盐成分等特性基本稳定,通过一次探测与开挖验证数据积累便可得到针对该工程具体的数学关系表达式,从而为后续的水量预测工作提供数据支持,并且随着数据量的积累还可以对数学关系进行修正。根据上述思想,本书提出了一套利用半衰时之差法进行含水体水量估算的方法。需要指出的是,对于以动储量为主的含水构造(如导水裂隙、导水岩溶管道等),动储量与半衰时之差的包络面积也存在线性正相关关系,而动储量也可按照该方法进行计算。

2.7 动水处治模型试验研究

2.7.1 概述

在注浆工程实践中,注浆材料有多种不同形式的划分。但一般而言,可以将注浆材料粗分为水泥类浆液和化学类浆液。不同的浆液具有不同的工程性质。相比水泥类浆液,化学类浆液在工程中的应用也越来越广泛。目前,已研究和开发出的各类注浆材料多达几十种。为了更完美地实现注浆堵水的目的,必须根据工程动水条件选择合理的注浆材料。因此,针对不同浆液类型,探讨其具体注浆封堵规律十分有必要。

化学浆液包含环氧树脂类、聚氨酯类、木质素类、脲醛树脂浆液等诸多类型。本章选取具有代表性的改性脲醛树脂浆液进行试验研究。

2.7.2 脲醛树脂浆液工程性质

脲醛树脂浆液是一种以脲醛树脂与酸性催化剂组成的高分子化学灌浆材料,常用酸性催化剂有硫酸、盐酸、草酸等。目前,除了水玻璃之外,它是对环境危害最小的化学类浆材。

2.7.2.1 浆液固化反应过程

脲醛树脂浆液的化学反应过程非常复杂,反应过程分为以下 3 个阶段。

1)加成反应

$$\begin{array}{c} NH_2 \\ | \\ C=O + HCHO \longrightarrow C=O \\ | \\ NH_2 \end{array} \quad \begin{array}{c} NHCH_2OH \\ | \\ C=O \\ | \\ NH_2 \end{array}$$

$$\begin{array}{c} NH_2 \\ | \\ C=O + 2HCHO \longrightarrow C=O \\ | \\ NH_2 \end{array} \quad \begin{array}{c} NHCH_2OH \\ | \\ C=O \\ | \\ NHCH_2OH \end{array}$$

(2-7-1)

2)缩聚反应

在微酸性介质中,产生次甲基脲。

$$\begin{matrix} NHCH_2OH \\ | \\ C=O \\ | \\ NH_2 \end{matrix} + \begin{matrix} NH_2 \\ | \\ C=O \\ | \\ NH_2 \end{matrix} \longrightarrow \begin{matrix} NHCH_2-NH \\ | \quad\quad\quad | \\ C=O \quad C=O \\ | \quad\quad\quad | \\ NH_2 \end{matrix} + H_2O \tag{2-7-2}$$

$$\begin{matrix} NHCH_2OH \\ | \\ C=O \\ | \\ NH_2 \end{matrix} + \begin{matrix} NH_2 \\ | \\ C=O \\ | \\ NHCH_2OH \end{matrix} \longrightarrow \begin{matrix} C \\ | \\ NHCH_2OH \end{matrix}$$

随着缩合反应的进行,最后可得到含油羟甲基的缩聚。

$$H\!-\!(NH\!-\!\underset{\underset{O}{\|}}{C}\!-\!\underset{\underset{CH_2OH}{|}}{N}\!-\!CH_2\!-\!NH\!-\!\underset{\underset{O}{\|}}{C}\!-\!NH\!-\!CH_2)_n\!-\!OH \tag{2-7-3}$$

3)固化

在酸性催化剂的作用下,缩聚反应进一步进行,生产网状体型结构的高聚物:

$$(2-7-4)$$

2.7.2.2 浆液黏度的时变性

脲醛树脂浆液是一种黏时变浆液,即浆液在加入酸性催化剂到固化之间的时间段里,液体黏度是不断变化的。相同酸性催化剂用量时,催化剂溶液 pH 值越低,则缩合反应的速度就越快。因此,改变催化剂的相对用量或浓度即可控制脲醛树脂浆液的凝胶时间。通常情况下,利用草酸作为酸性催化剂。通过试验,给出了脲醛树脂浆液在不同草酸浓度和比例酸条件下的凝胶时间,如表 2-7-1 所示。

表 2-7-1　脲醛树脂浆液在不同浓度和比例酸条件下的凝胶时间

酸浓度	浆液比例				
	10∶5	10∶4	10∶3	10∶2	10∶1
6%酸	1′07″	1′35″	1′57″	2′38″	10′20″
8%酸	52″	58″	1′19″	2′16″	10′05″
10%酸	51″	56″	1′02″	2′01″	4′02″
12%酸	47″	52″	54″	1′34″	3′40″
单液浆	120′50″				

通过测试可以发现脲醛树脂浆液的黏度变化具有以下规律：

浆液与酸性催化剂混合后，存在一段时间的黏度稳定期，该阶段黏度变化幅度较小；一旦内在化学反应表现出来，浆液黏度迅速提升，并可在短时间内完成固结。可将浆液黏度开始迅速增大的时刻称为浆液的凝胶时间 t_n。t_n 之前，浆液性质稳定。注浆时，该阶段主要完成浆液的流动和扩散。t_n 之后，浆液黏度迅速提高，浆液固结停止流动，是实现动水封堵有效作用时间段。

脲醛树脂浆液的黏度时变性特征可以说明，该浆液是用于动水注浆封堵的最佳浆液之一。

2.7.3　试验设计

在本试验中，以双液注浆机额定注浆流量 $Q_注=1.2L/min$ 进行注浆，注浆时仅考虑静水水头及管径，并分析脲醛树脂浆液黏度时变性的影响。

进行正交试验设计如表 2-7-2 所示。

表 2-7-2　化学注浆正交试验表

试验编号	凝胶时间 t_n/s	静水水头高度 H_w/m	管径 d/mm
1	10	5	6
2	10	10	8
3	30	5	8
4	30	10	6

本试验中采用的催化剂为草酸,按1∶1与脲醛树脂浆液进行配比,通过调节草酸浓度,改善浆液凝胶时间t_n。在注浆试验进行之前,对不同配比浆液进行黏度测试,而后对不同时刻所测黏度数据进行拟合分析,可得到黏度随时间变化关系的解析解,可表示为$u=u(t)$。根据黏度变化规律,可确定试验用浆液的凝胶时间t_n。

2.7.4 试验结果与分析

2.7.4.1 试验1

该试验因素水平下注浆时,水头相对较小,且注浆流量相对动水管道的管径较大。根据前述水泥管道注浆试验研究成果,此时注浆流量远大于浆液向上游扩散的临界流量Q_c,因此,试验中浆液在进入动水管时瞬间向两边扩散,且流速极快。

很短时间内,注浆压力迅速升高。后观察发现,浆液在流动过程中凝胶固结,如图2-7-1所示。固结时,浆液流向前段最先固结(下游出口端附近和上游浆液扩散远端),随后注浆流量和浆液流速迅速减小,最后管中浆液全部固结。浆液在管中扩散总长度达4m,从而实现了对整个动水管道的完全封堵。

注浆压力及上下游水压力随时间的变化如图2-7-2所示。该试验中

图2-7-1 浆液固结封堵后的管道

并联双液注浆机进行注浆,且管径相对较小,因此,整体注浆压力要大于水泥注浆试验。

该压力曲线与水泥注浆两边扩散时的压力变化规律较为相似。注浆机起动后,注浆压力迅速增大,而后平稳上升。当管内脲醛树脂浆液开始凝胶固结时,浆液黏度迅速增大,因此,注浆压力亦迅速增大,注浆机负载随之迅速增大,此时停止注浆,注浆压力回落。注浆开始,浆液进入动水管道的瞬间,上下游水压力均表现出水击现象。对上下游水压力变送器监测的具体数据进行分析,可以发现,由于监测点处的浆液固结和停止注浆后注浆压力的释放,监测点压力随之减小,而后稳定。

2.7.4.2 试验2

与试验1相比,该试验动水管道管径增大为8mm,水源静水水头提高至10m。

双液注浆机启动后,浆液经注浆管进入动水管道后,最初不向上游扩展,直接顺水流而下。但一段时间后,在注浆管三通处汇合后的浆液流动至水管出口段时,开始起絮凝胶。浆液流动阻力增大,流速减慢。随后浆液开始起絮反应的位置逐渐退后,向双液汇合处逼近。

下游浆液在逐渐固结的过程中,注浆孔处浆液下游流向的流动阻力迅速增大,当其大于静水水压时,浆液开始向上游扩散。

此时,管道已被完全封堵,可认为封堵成功。各压力监测点数据变化曲线如图2-7-3所示。

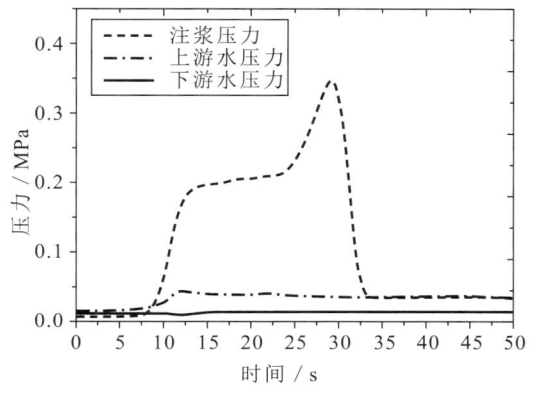

图2-7-2 试验1注浆过程压力曲线图

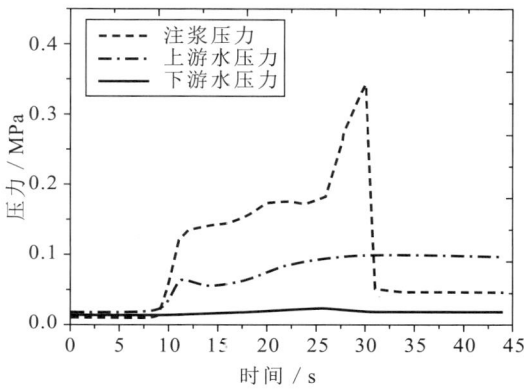

图2-7-3 试验2注浆过程压力曲线图

注浆压力达到0.14MPa后缓慢增大,浆液凝胶固结开始时,注浆压力则迅速增大,而后停止注浆。上下游水压力均增大,在浆液未通过上游监测点之前,管道被封堵,监测点水压变化,静水压强在0.1MPa左右。

2.7.4.3 试验3

通过降低草酸浓度,将浆液凝胶时间控制在30s后进行注浆。该试验条件下,浆液顺水流而下,未出现逆向扩展现象。因凝胶时间过长,浆液在动水管中还未来得及起絮固结就已流出。因此,在整个注浆过程中,浆液源源不断地注入并从动水管道出口流出,无法实现对动水的有效封堵,此时封堵失败。

各监测点压力曲线如图2-7-4所示。注浆过程中,由于浆液不在管道内凝胶,形成了整个注浆系统的恒定流。注浆压力、上游水压力、下游水压力均基本维持稳定,且与其他试验相比,压力偏小。

2.7.4.4 试验4

相对于试验3,试验管径减小且注浆流量不变,浆液进入动水管道即向两边扩展。由于水压压力大,浆液上游扩展速度慢,而从下游泄流速度较快。

由于浆液凝胶时间长,经下游泄流出的浆液来不及在管内凝固就已全部流出。但一段时间后,上游管最前端浆液开始反应,黏度不断增大,直至固结。停止注浆后,管道不漏水,在上游段被全部堵死。上游浆液堵死后,下游泄流浆液流量增大,浆液流速更大,浆液未到凝胶时间t_n就已流出动水管道管口。因此,整个上游段形成了有效封堵区,则该试验封堵成功。

各监测点压力曲线如图2-7-5所示。该试验注浆过程中,注浆压力呈平稳增大的趋势;在第14s左右出现的注浆压力峰值是由浆液进入动水管道时的浆液前段气泡和浆液对水管的冲击力引起。

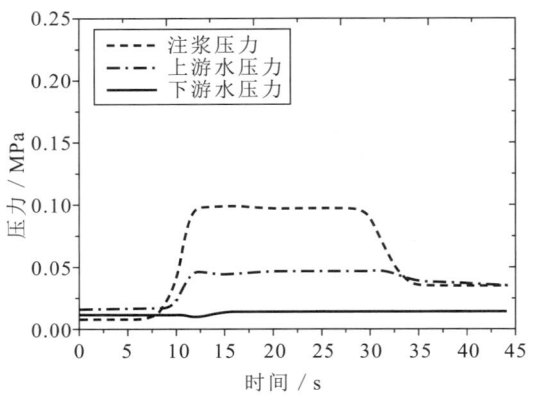

图2-7-4 试验3注浆过程压力曲线图

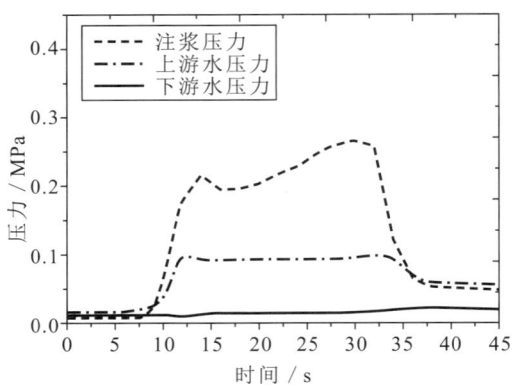

图2-7-5 试验4注浆过程压力曲线图

2.7.5 脲醛树脂浆液管道封堵机理及条件分析

2.7.5.1 化学浆液封堵机理

根据牛顿内摩擦定律,浆液在流动过程中,依附在圆管内壁上的浆液是静止不动的。浆液固结封堵水管时,随着浆液的凝胶固结,浆液的物理形态逐渐由流体转变为固体,因此,浆液的内摩擦力逐渐转化为浆液固结体的黏聚力。此时,依附于管壁上的浆液分子与内壁之间的吸附作用、静电作用以及扩散作用不断增强,其黏结力不断增大,最后固结体全部静止下来。通常固结体黏聚力远大于固结体与管壁的黏结力,因此,可以认为固结体对静水压力的抵抗力主要由黏结力提供。浆液在管内扩散过程中,凝胶固结的浆液与圆管管壁之间的黏结力迅速增大,因此,直接形成了对管内动水的拦截封堵。以上试验中,试验1、试验2、试验4封堵成功,试验3封堵失败。在封堵成功的试验中,封堵过程和方式各不相同,如图2-7-6所示。

因此,化学浆液注浆对动水管道的封堵机理可分为以下3种情况。

(1)注浆孔上、下游同时胶凝固结封堵:试验1中管道上、下游前段均开始凝胶固结,形成对动水的抵抗封堵段。随后管内其他位置浆液继续固结,但此时动水已经被封堵,其固结只是起到了增加封堵安全系数和加固岩体的作用。

(2)下游胶凝固结封堵:试验2中浆液不向上游扩散,但在凝胶时间内,浆液未流出管道。在管道前方固结,形成对动水拦截的有效封堵段。

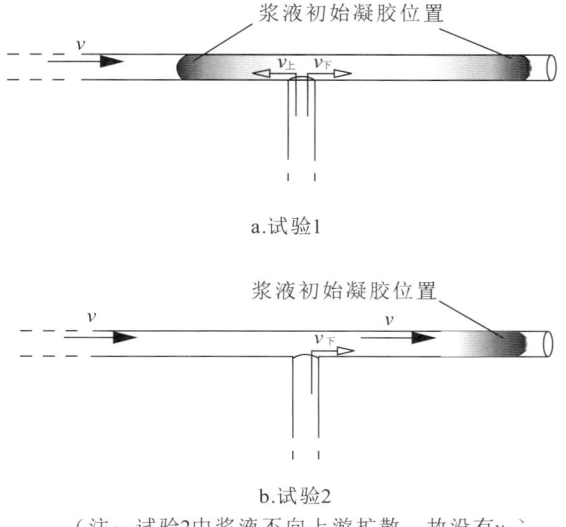

a.试验1

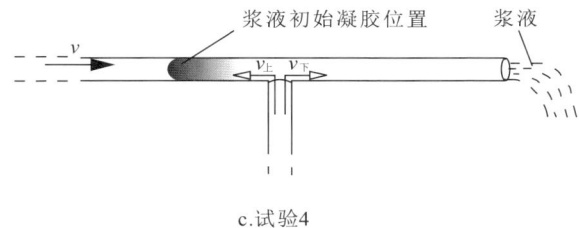

b.试验2

(注:试验2中浆液不向上游扩散,故没有$v_上$)

c.试验4

图 2-7-6　化学浆液封堵过程示意图

(3)上游胶凝固结封堵:试验3中下游管中浆液泄流速度较大,浆液凝胶时间长。

在凝胶时间内浆液已流出管口。但$Q_注>Q_e$,浆液缓慢向上游扩散。浆液向水源端逼近但始终留存在管道中,因此,此时无论凝胶时间多长,只要持续注浆时间T大于浆液凝胶时间t_n,浆液即可在管道内固结形成有效封堵段。

2.7.5.2　封堵条件分析

1)基本封堵原则和条件

速凝类化学浆液管道注浆时,为保证成功封堵则应满足以下两条原则:

(1)化学浆液凝胶固体与管壁的整体黏聚力应大于静水压力。因此,在浆液性质上,浆液固结后与管壁黏结紧密,可抵抗较大水头,基本可以满足工程实际静水压力的需要。

(2)浆液的凝胶现象能发生在管道内,即化学浆液在凝胶时间内未流出管道外,需对条件(2)进行分析。该条件分为两种情况:一是注浆流量大于临界注浆流量Q_e时,浆液开始向上游扩散,则上游段化学浆液必然在管内凝胶固结;二是注浆流量$Q_注<Q_e'$时,下游段浆液在凝胶时间内未流出管口外。

因此,首先在注浆时间上,应满足:
$$T > t_n \quad (2-7-5)$$
式中,T 为注浆持续时间(s);t_n 为浆液凝胶时间(s)。

其次,在注浆流量上,满足 $Q_注 > Q_e$ 条件,浆液一定可以封堵。当 $Q_e < Q_注 < Q'_e$,浆液不向上游扩散,被动水携带出管口,无法实现封堵。如试验3。

在满足 $Q_注 < Q'_e$ 条件时,浆液在凝胶时间内未流出管口时,即可成功封堵。但注浆流量 $Q_注$ 不能太小,否则浆液被水稀释凝胶时间大幅度增长。

2)临界注浆流量 Q'_e

选取控制体如图 2-7-7 所示,有流量汇入时,能量的分配和流量的分配是个复杂的过程,此处对 Q'_e 进行探讨如下:

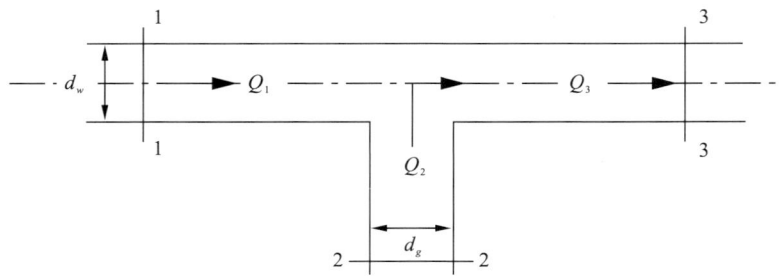

图 2-7-7 控制体模型示意图

Q_1. 动水流量;Q_2. 注浆流量;Q_3. 浆-水两相流流量;d_w. 动水管道内径;d_g. 注浆管道内径

浆液汇入动水水管后,顺水流流向下游。设注浆孔下游段动水管长度为 $l_下$,根据前述浆液封堵基本条件的第二条,可得:
$$\frac{l_下}{v_3} > \zeta \cdot t_n \quad (2-7-6)$$

则:
$$v_3 < \frac{l_下}{\zeta \cdot t_n} \quad (2-7-7)$$

式中,v_3 为浆-水混合流在注浆孔下游段的流速(m/s);t_n 为浆液的凝胶时间(s);ζ 为凝胶时间修正系数。浆液在运动情况下,凝胶时间通常发生变化,而且遇水流混合时,催化剂浓度降低,凝胶时间 t_n 也增大。

因此,满足式(2-7-7)时的注浆流量 Q_2 即为实现有效封堵的注浆流量临界值 Q'_e。

在单位时间内,控制体内应满足全部质量流体的能量守恒。对管道局部能量损失忽略不计,管道断面流体流速按平均流速考虑。对图 2-7-7 中控制体列断面总能量方程,得:
$$\rho_1 g Q_1 \left(z_1 + \frac{p_1}{\rho_1 g} + \frac{\alpha_1 v_1^2}{2g} \right) + \rho_2 g Q_2 \left(z_2 + \frac{p_2}{\rho_2 g} + \frac{\alpha_2 v_2^2}{2g} \right) =$$

$$\rho_3 g Q_3 \left(z_3 + \frac{p_3}{\rho_3 g} + \frac{\alpha_3 v_3^2}{2g}\right) + \rho_1 g Q_1 h_{w1-3} + \rho_2 g Q_2 h_{w2-3} \qquad (2-7-8)$$

式中，ρ_1、ρ_2、ρ_3 分别为水的密度、浆液的密度、浆-水混合流的平均密度（g/cm³）；Q_1、Q_2、Q_3 分别为断面 1-1 动水流量、断面 2-2 注浆流量、断面 3-3 浆-水混合流流量（m³）；α_1、α_2、α_3 分别为 3 个断面处的动能修正系数；h_{w1-3} 为断面 1-1 和断面 3-3 之间的沿程能量损失；h_{w2-3} 为断面 1-1 和断面 3-3 之间的沿程能量损失。

设想在汇流处有一分流面，将浆液和水分开，互不影响，因此，式（2-7-8）可改写为：

$$z_1 + \frac{p_1}{\rho_1 g} + \frac{\alpha_1 v_1^2}{2g} \approx z_3 + \frac{p_3}{\rho_3 g} + \frac{\alpha_3 v_3^2}{2g} + h_{w1-3} \qquad (2-7-9)$$

$$z_2 + \frac{p_2}{\rho_2 g} + \frac{\alpha_2 v_2^2}{2g} \approx z_3 + \frac{p_3}{\rho_3 g} + \frac{\alpha_3 v_3^2}{2g} + h_{w2-3} \qquad (2-7-10)$$

若将断面 1-1 置于动水水源处，将断面 2-2 置于注浆机抽象的水源处，将断面 3-3 置于水管出口端。此时动能修正系数 α_1、α_2、α_3 取 1，并忽略位置水头 z 的影响，则此时 $v_1 = v_2 = 0$，$p_1/\rho_1 g = H_w$，$p_3 = 0$，则式（2-7-9）、式（2-7-10）可分别简化为：

$$H_w \approx \frac{v_3^2}{2g} + h_{w1-3} \qquad (2-7-11)$$

$$\frac{p_2}{\rho_2 g} \approx \frac{v_3^2}{2g} + h_{w2-3} \qquad (2-7-12)$$

可以看出，下游管段中的流速 v_3 的求解关键在于水头损失项的计算。

$$h_{w1-3} = S_1 Q_1^2 \qquad (2-7-13)$$

$$h_{w2-3} = S_2 Q_2^2 \qquad (2-7-14)$$

式中，S_1、S_2 分别为动水和浆液流经管路的管路阻抗。将泄流段的临界流速式（2-7-7）代入式（2-7-12），并联立式（2-7-11）～式（2-7-14），则可得：

$$Q_e' < \sqrt{\frac{p_2}{S_2 \rho_2 g} - \frac{l_\text{下}^2}{S_2 \cdot 2g \cdot \zeta^2 \cdot t_n^2}} \qquad (2-7-15)$$

因此，注浆流量 $Q_\text{注}$ 满足式（2-7-15）时，注浆亦可取得成功。式（2-7-15）的关键是对混合流时阻抗 S_1、S_2 的确定。注浆浆液黏度大，浆液的流动通常为层流状态，S_1、S_2 可应用曼宁公式近似求解。Q_e' 的封堵条件还需满足前提条件：

$$v_w < \frac{l_\text{下}}{t_n} \qquad (2-7-16)$$

式中，v_w 为注浆之前的管道动水原流速（m/s）。

2.8 动水裂隙注浆模型试验

2.8.1 概述

裂隙是岩体地下水赋存和运移最常见的空隙介质类型。裂隙过水断面的形态与管道大不一样。因此,无论是水在其中的流动还是浆液的扩散,内在规律均存在差异。

近年来,有学者进行了动水条件下裂隙岩体的水泥注浆试验研究,由于注浆试验工作程序繁琐复杂,试验数量较少,且考虑分析的因素和条件较为简单,因此,对浆液在动水环境下扩散运移及封堵机理的认识还显得不足。

2.8.2 裂隙注浆模型试验系统

注浆试验系统如图2-8-1所示。

试验系统中恒定水压装置、数据监测设备、图像采集设备均与前述管道注浆试验系统一致。此处采用双层透明有机板模拟裂隙,两层有机玻璃板各厚10mm,长1800mm,宽800mm。为了研究不同裂隙边界的影响,本书采用平直且细长的塑料板垫层置于两层有机板之间,塑料板厚度为1.5mm,位置可调整,隙宽即按1.5mm考虑。注浆孔口及压力变送器监测点均设置于下层有机板,注浆孔、水压力监测点布置如图2-8-2所示。

2.8.3 有限边界裂隙动水注浆试验结果与分析

2.8.3.1 试验设计

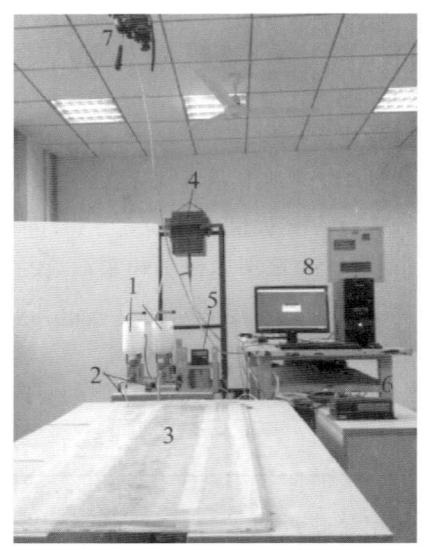

图2-8-1 裂隙注浆试验系统
1.双液注浆泵;2.注浆管路;3.动水管路;
4.定水头装置;5.注浆压力数字显示仪;
6.数据采集仪;7.高速摄像头;8.计算机

试验分两步进行,分别研究不同因素对试验结果的影响。

首先,研究浆液凝胶时间对浆液扩散与封堵规律的影响,其他条件不变。具体为:裂隙展布宽度$B=200$mm,隙宽$\delta=1.5$mm,裂隙动水流量$Q_水=50$L/h(裂隙内流速$v=46.3$mm/s),静水水源水头$H=2$m时,以恒定注浆流量$Q_注=1.2$L/min进行注浆试验。浆液分别采用3种不同配比,凝胶时间分别为$t_g=10$s、25s、40s。进行3次试验,试验编号分别为1#、2#、3#。

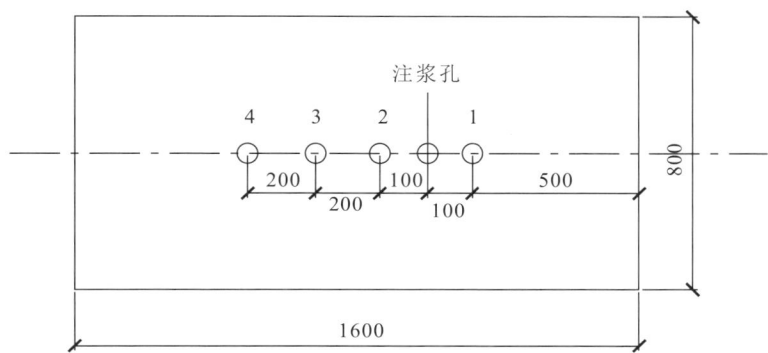

图 2-8-2　注浆孔及水压监测点布置图(单位:mm)

然后,研究裂隙边界对浆液扩散规律的影响,改变裂隙展布宽度大小进行试验。裂隙展布宽度 B 分别设置为100mm及500mm。试验编号为4#、5#。隙宽、水头高度、流量等其他条件不变。浆液凝胶时间选取为25s。

2.8.3.2　浆液扩散与封堵过程

1) 试验1#

浆液扩散如图2-8-3所示。注浆孔位于图中横坐标25cm位置左右,注浆机启动后,原注浆管中的空气被注入裂隙,形成气液分离现象,气泡顺水流流向出口。白色浆液注入后,浆液开始四面辐射扩散。受动水影响,向上游扩散速度要略慢于下游扩散速度。注浆孔上游一侧在水流冲刷作用下形成半圆状,左右侧浆液扩散远离注浆孔后,受动水冲击作用强烈,开始向下游移动,且运移速度大于中心线附近在注浆压力作用下的浆液扩散速度。因此,裂隙下游一侧浆液开始形成凹向上游的弧形。随着浆液的注浆量不断增大,向上游扩散的浆液不断被水流携带至下游,由于裂隙边界的存在,下游浆液不断聚集并扩散,扩散面形成垂直于流向的直线。

由于浆液凝胶时间短,中轴线附近流向下游的浆液受水流作用小,因此很快会凝固。而流向上游的浆液凝胶时间明显增大,一是因为扩散体外延部分浆液遇水遭到稀释,催化反应速率变慢;二是因为受水力冲刷作用,先期混合被注入的部分浆液不断被动水作用沿扩散体左右两侧冲刷或冲击至下游。因此,下游一侧浆液迅速固结并停止流动扩散,不断被注入的浆液则向上游扩散。当下游浆液整个裂隙断面全部凝固后,实现了对水的有效封堵。上游扩散浆液受水力冲刷作用减小并停止,浆液仅受水的稀释作用。随后,上游一侧浆液也逐渐固结,注浆压力迅速增大,此时停止注浆,整个注浆过程结束。

2) 试验2#

如图2-8-4所示,该试验注浆过程持续45s。注浆开始后,初期浆液扩散运移规律与试验1#相同。由于浆液凝胶时间的增长,浆液向下游扩散距离也会增长。下游浆液在催化反应过程中,浆液黏度不断增大,流动阻力也不断增大,浆液开始均匀向上游扩散。

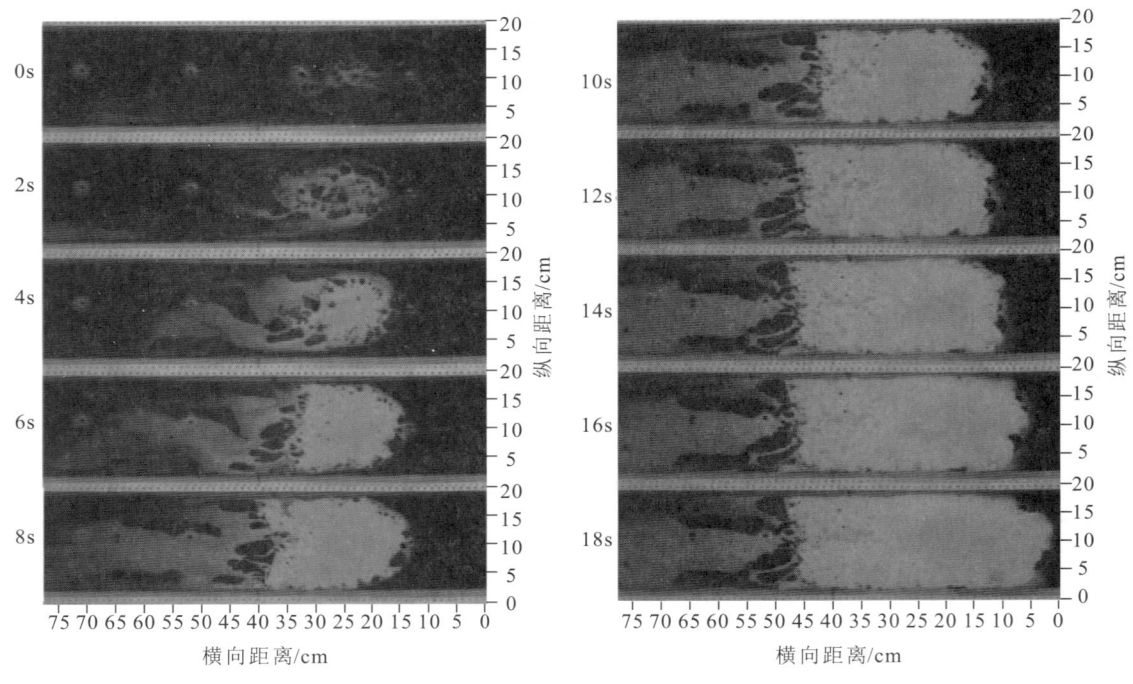

图 2-8-3 浆液扩散过程（试验1#）

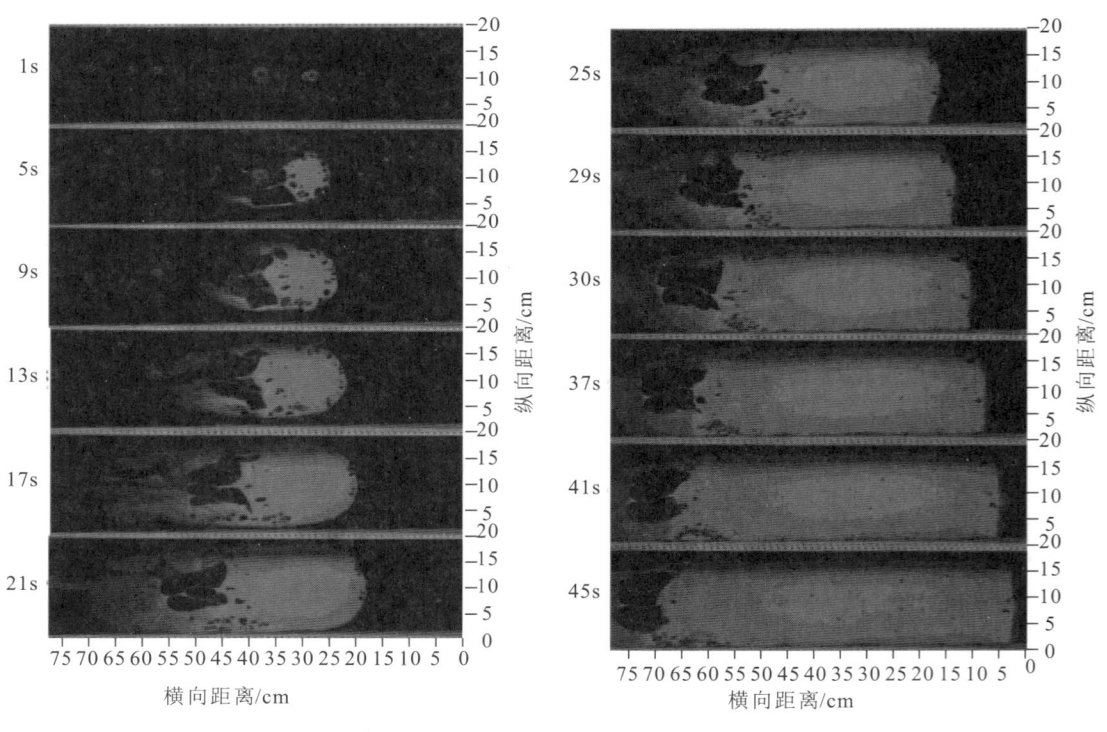

图 2-8-4 浆液扩散过程（试验2#）

3）试验3#

如图2-8-5所示,此时浆液凝胶时间进一步增长。浆液注入裂隙后,在水流作用下呈"U"形。运动的浆液在裂隙内难以固结,且浆液扩散难以触及裂隙边界。上游半圆状扩散半径始终维持稳定,注入的新浆液部分向上游扩散,外延浆液不断被水流冲刷,由此新旧更替,上游浆液不凝胶固结。下游一侧浆液在流动至裂隙出口时开始固结,但始终无法填补浆液与裂隙边界之间的高速水流区。注浆停止后,除原先已固结浆液外,其余浆液均被冲刷干净。该试验条件下,封堵失败。

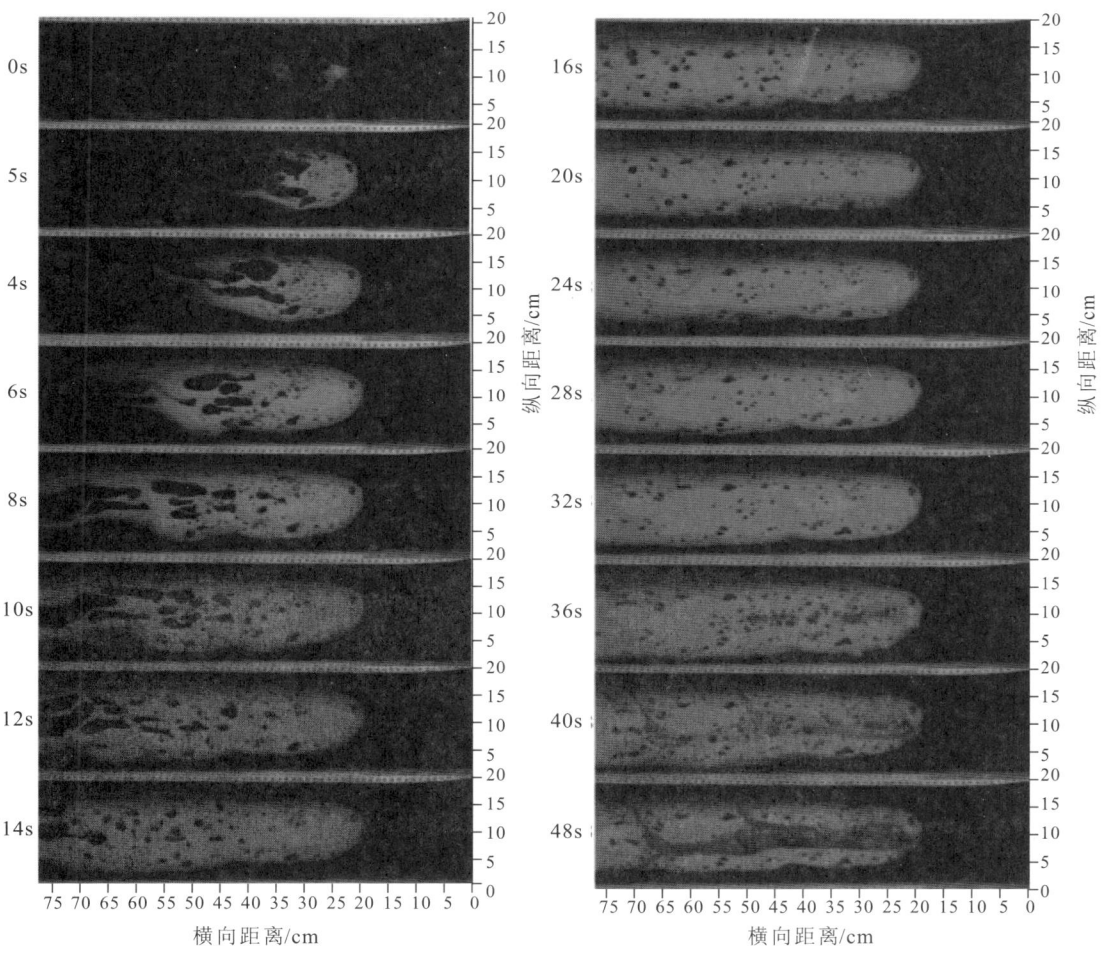

图2-8-5 浆液扩散过程(试验3#)

4）试验4#

如图2-8-6所示,裂隙展布宽度为100mm时,由于动水流量未改变,因此,裂隙中动水流速变大。浆液注入裂隙后,虽裂隙变窄,但其扩散运移规律与前述试验相似。动水最初绕扩散体向两侧流动,浆液受水的携带作用,在下游方向扩散更远。而上游仍形成半圆形扩散区域。扩散体和边界通水流,难以闭合。

但一段时间后,浆液首先在下游远端开始凝胶固结,由于动水流速较大,浆液固结时被冲散成多块区域,然后堆积紧密,从而实现对动水的封堵。随后浆液往上游方向依次固结。该种封堵过程本书称之为"固结-堆积"封堵。

当裂隙展布宽度较小时,有利于下游远端浆液的固结和堆积。若宽度 B 增大,则该种封堵过程难以实现。

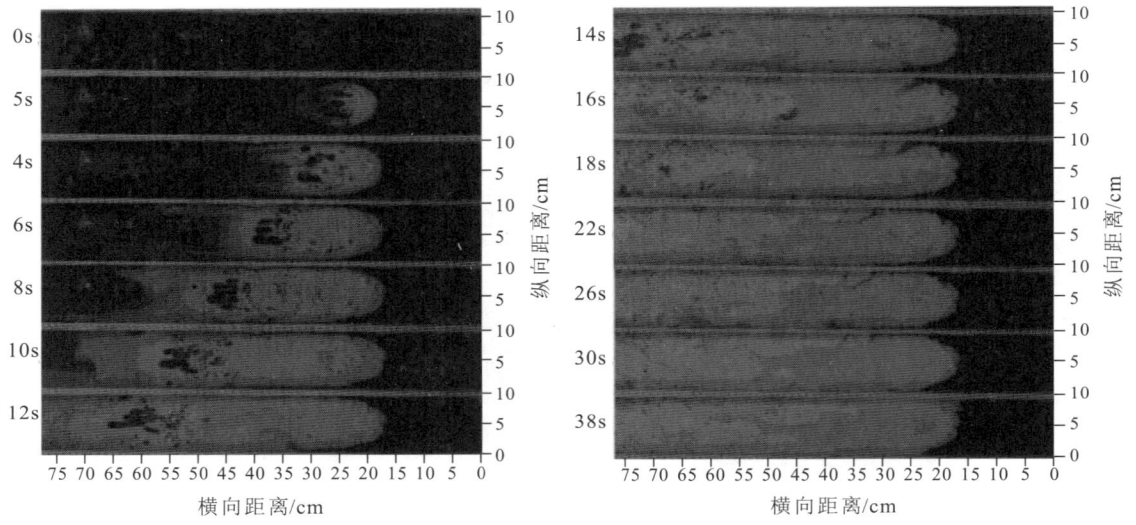

图 2-8-6　浆液扩散过程(试验 4#)

5)试验 5#

裂隙展布宽度增大至 500mm 后,流速大幅度减小。此时浆液扩散受动水作用明显减小。但当扩散范围持续增大靠近裂隙边界时,裂隙过水断面减小,浆液流速增大。此时,浆液难以与边界接触闭合。注浆结束后,扩散体与裂隙边界不紧密接触,仍有少量水渗出,如图 2-8-7 所示。

2.8.3.3　注浆压力与裂隙压力场波动特征

1)注浆压力波动特征

前 3 次试验压力波动曲线如图 2-8-8 所示。试验 1#、试验 2#、试验 3#分别在图中 23s、21s、31s 位置开始注浆。注浆后,浆液首先在注浆管中流动。当浆液达到注浆孔进入裂隙时,注浆压力陡然增大。随着注浆的进行,在整个注浆过程中,尤其是在注浆后半段,注浆压力呈逐渐增大的变化趋势。试验 3#由于未能成功封堵,浆液注入后形成稳定的顺水流动,因此在后期注浆压力趋于平稳。

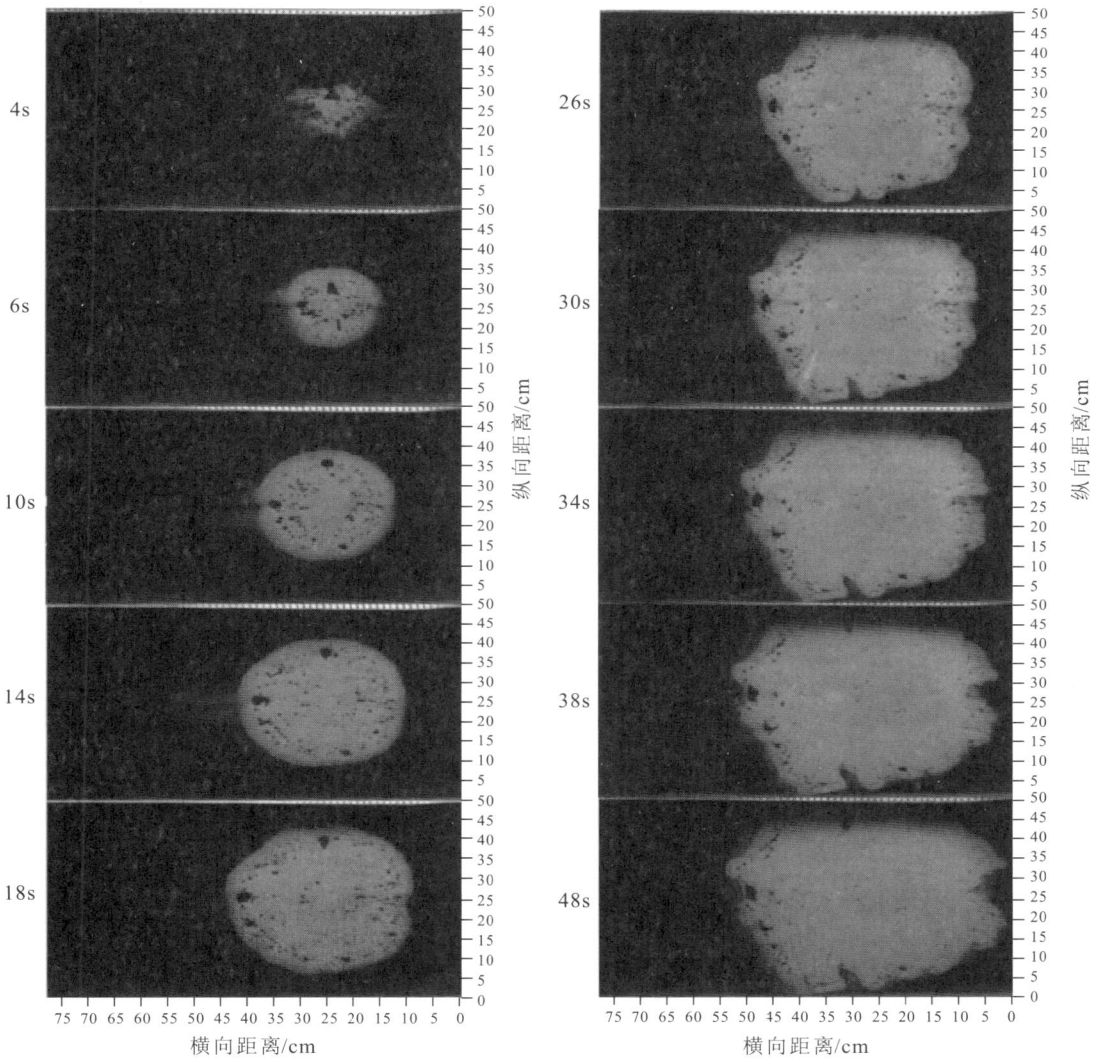

图 2-8-7 浆液扩散过程(试验 5#)

2)裂隙压力场波动曲线

试验 1#裂隙压力场变化规律如图 2-8-9 所示。根据浆液扩散规律,注浆起动后,监测点 1、2 开始为水压力,浆液扩散覆盖后,变为浆液压力。监测点 3、4 在整个注浆过程中均为水压力或浆水混合流体压力。

对应图 2-8-9,注浆机于 23s 时启动,上游水压力(监测点 1)随着浆液扩散范围增大而不断增大,下游监测点压力变化幅度较小。距注浆孔最近的监测点 2 压力首先增大,后减小;而距离较远的监测点 3 的水压力在注浆开始后则小幅度减小;距离最远的监测点 4 压力基本无变化,较为平稳。

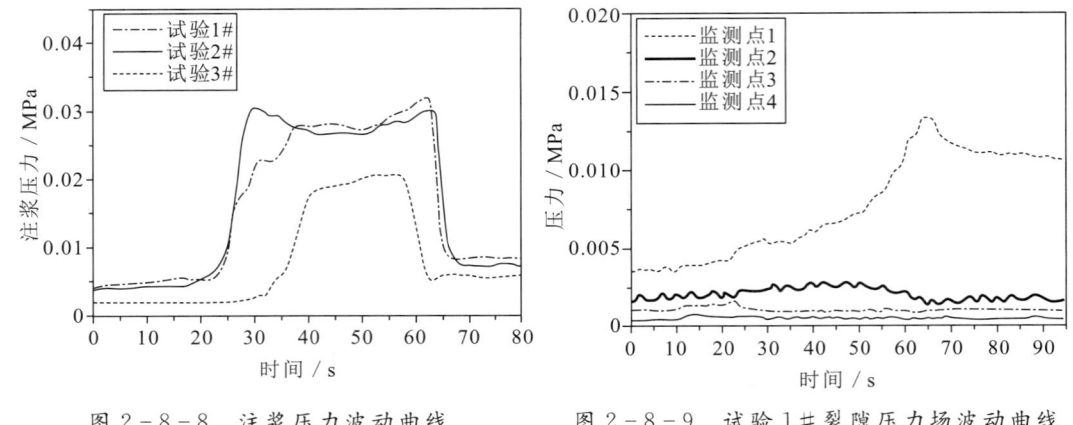

图 2-8-8 注浆压力波动曲线　　　图 2-8-9 试验 1# 裂隙压力场波动曲线

由于试验 2# 浆液扩散方式与试验 1# 相似,因此其裂隙压力场变化规律与试验 1# 也较为相似,如图 2-8-10 所示。所不同的是,注浆开始一段时间后,监测点 4 的压力开始增大,随后趋于平稳。

试验 3# 压力场变化规律如图 2-8-11 所示,该试验无法实现对动水的封堵,浆液流经覆盖所有监测点上,不同位置监测点的压力均随浆液的注入而逐渐增大。仔细观察可以发现,相较于其他监测点位置,监测点 2 的压力增长具有滞后性。

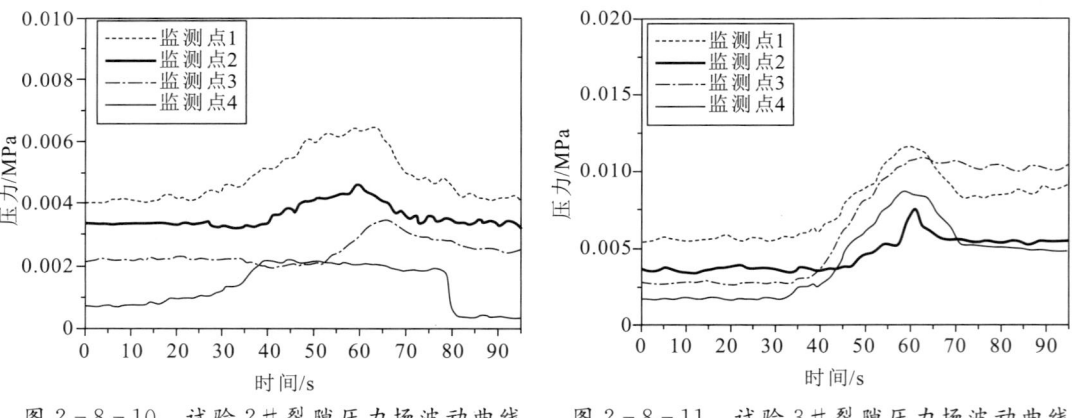

图 2-8-10 试验 2# 裂隙压力场波动曲线　　　图 2-8-11 试验 3# 裂隙压力场波动曲线

裂隙展布宽度改变之后,注浆压力变化规律与前述相似。注浆压力随注浆过程的持续而不断增大。

试验 4# 裂隙压力场变化波动曲线如图 2-8-12 所示。浆液的扩散覆盖了所有压力监测点,压力升高。监测点 2 由于在浆液扩散第一阶段处于绕流的尾流区,因此压力增长具有滞后性。

试验 5# 裂隙压力场变化波动曲线如图 2-8-13 所示。裂隙展布宽度 B 增大之后,动水流速减小,动能降低,因此压力场变化幅度较小。

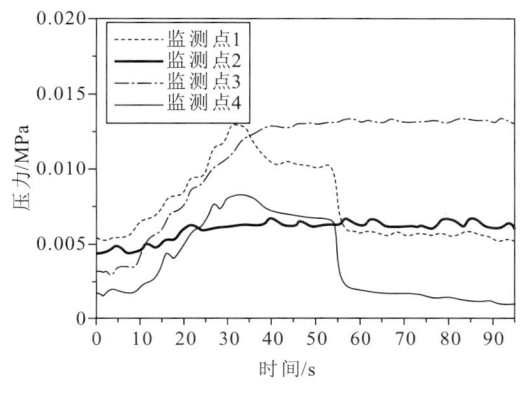
图 2-8-12 试验 4#裂隙压力场波动曲线

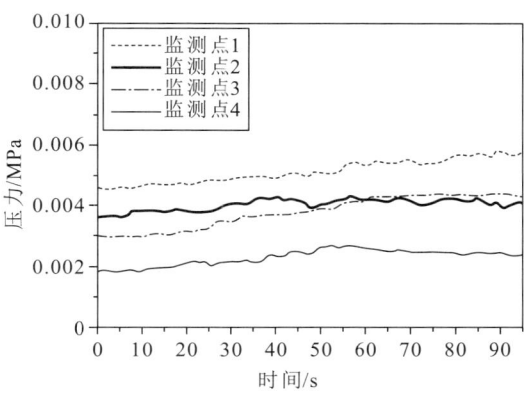
图 2-8-13 试验 5#裂隙压力场波动曲线

3) 绕流现象及压力场波动特征

浆液的注入过程即为能量输入的过程。整体而言,裂隙压力场是升高的。

裂隙压力场波动特征与浆液-水的流动特征相关。在浆液初始扩散阶段,浆液-水的流线如图 2-8-14 所示,图中 O 点为注浆孔位置。

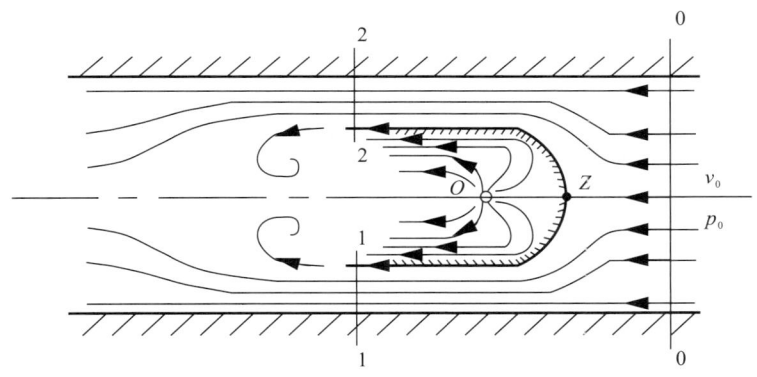

图 2-8-14 浆液-水流动形态图

0. 断面 0—0;1. 断面 1—1;2. 断面 2—2;v_0. 断面 0—0 浆液流速;
p_0. 断面 0—0 动力水压强

当水流接触到浆液扩散体时,动水流动受到浆液的阻滞作用,浆液扩散也同时受到动水的阻滞作用。在中轴线上接触点 Z 处,动水流速与浆液流速 u 均为 0,该点称之为驻点。某一时刻,在驻点 Z 处,动水动能全部转变成压能,该点处压强 $p = p_0 + 1/2\rho u_0^2$。当水的流动离开 Z 点,沿浆液扩散体外侧绕流时,流速由 0 逐渐增大,则压能逐渐转化成动能。

浆液绕流流过浆液扩散体后,根据"边界层理论",在绕流扩散体后方形成漩涡区,称为尾流。水绕扩散体绕流时,除了在浆液-水交界面中摩擦阻力会耗能外,尾流的漩涡区也损耗了大量能量,使得尾流区压强大大减小。因此,该处则出现了试验中部分下游监测点压力降低或滞后升高的现象。

浆液扩散体受水的绕流作用时,除了受到水的法向压力外,还有由流体引起的切向力,即摩擦阻力。由于水的冲刷携带作用,摩擦阻力不应只考虑是由水的黏度引起的,而应考虑浆液-水混合物的黏度。

动水在流动的过程中,在断面1-1和断面2-2处由于过水断面的逐渐缩小产生局部能量损失。

$$h_{j1}=h_{j2}=\zeta \frac{v_1^2}{2g}=\zeta \frac{v_2^2}{2g} \qquad (2-8-1)$$

式中,v_1,v_2分别为水流在过水断面1-1和断面2-2处的流速(m/s);ζ为局部阻力系数。该系数因局部阻碍的种类不同而不同,具体可通过试验的手段求得。

从注浆开始到浆液的扩散稳定,断面1-1和断面2-2均逐渐减小。此时局部阻力系数不断增大。忽略位置水头,对图2-8-14中三断面列能量方程,则:

$$\frac{p_0}{\rho_0 g}+\frac{\alpha_0 v_0^2}{2g}=\frac{p_1}{\rho_1 g}+\frac{\alpha_1 v_1^2}{2g}+\frac{p_2}{\rho_2 g}+\frac{\alpha_2 v_2^2}{2g}+h_{j1}+h_{j2}+h_f \qquad (2-8-2)$$

根据能量方程,当水源水头一定且沿程能量损失一定时,若浆液扩散导致断面1-1和断面2-2面积减小,局部阻力系数增大,则动水流速减小。

2.8.4 试验影响因素及封堵机理分析

2.8.4.1 浆液扩散规律

综合以上试验,浆液在有限边界裂隙的扩散过程可以分为两个阶段:①无侧向边界辐向扩散阶段;②沿侧向边界扩散阶段。

无侧向边界辐向扩散阶段(第一扩散阶段),即浆液由注浆孔泵出后,向四周扩散但未接触裂隙展布边界的阶段。在该阶段,浆液向上游扩散速度小,向下游扩散速度快。在浆-水交界面上,则出现浆液被动水稀释并冲刷的现象。实际岩体工程中,裂隙展布范围通常较大。因此,无侧向边界辐向扩散阶段的浆液-水流动规律是普遍存在的。

沿侧向边界扩散阶段(第二扩散阶段):浆液扩散半径$b \geqslant B/2$后,受边界限制,浆液开始填充整个断面向裂隙上下游扩散。若浆液凝胶时间长,由于受到静水压力的作用,则浆液上游方向扩散速度慢,下游扩散时速度快。但根据试验结果,浆液凝胶时间较短时,由于下游浆液不受水的影响,浆液首先凝胶,上游受水的稀释凝胶时间增长。因此,此时向上游扩散速度$v_上$大于向下游扩散速度$v_下$。

动水绕浆液扩散体流动,由于裂隙展布边界的存在,动水的过流断面变小。在该种阻碍类型下,当$(A_1+A_2)/A_0<0.5$时,局部阻力系数$\zeta<0.05$。根据式(2-8-2),其对动水流速

的影响基本可以忽略,动水流动在该时刻可视为均匀等速流(图2-8-15)。因此,该种情况下,可应用势流理论对动水条件下浆液无侧向边界辐向扩散阶段的扩散规律进行分析。

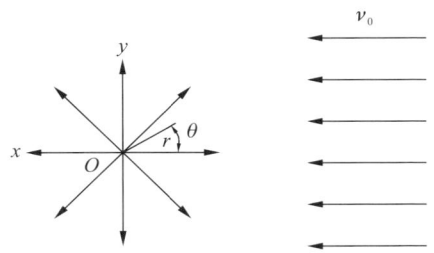

图2-8-15 动水均匀等速流与浆液点源辐向流

均匀等速流的流速势和流函数为:

$$\varphi_0 = v_0 x \tag{2-8-3}$$

$$\psi_0 = v_0 y \tag{2-8-4}$$

辐向流的流速势和流函数为:

$$\varphi_1 = \frac{q}{2\pi} \ln r \tag{2-8-5}$$

$$\psi_1 = \frac{q}{2\pi} \theta \tag{2-8-6}$$

式中,q为单宽流量(m/s);φ为流速势函数;ψ为流函数;θ为流水流角度(°);r为流径管道半径(cm)。

驻点Z处,流速等于0。

$$\frac{\partial \varphi}{\partial r} = 0 \tag{2-8-7}$$

$$x_z = -\frac{q}{2\pi v_0}, y_z = 0 \tag{2-8-8}$$

$q/2\pi v_0$为浆液扩散在逆水流方向的扩散距离:

$$v_0 r \sin\theta + \frac{q}{2\pi}\theta = \frac{q}{2} \tag{2-8-9}$$

则浆液在垂直水流方向的扩散宽度如下计算:

$$b = r\sin\theta = \frac{q}{2v_0}\left(1 - \frac{\theta}{\pi}\right) \tag{2-8-10}$$

2.8.4.2 试验影响因素及浆液封堵过程

1)注浆影响因素分析

浆液凝胶时间、裂隙展布宽度、水流速度等因素均对浆液在裂隙中的扩散和封堵过程造成形式各异、程度不同的影响。

根据试验 1♯、试验 2♯、试验 3♯ 的试验结果,凝胶时间不同,则浆液扩散形态亦不同。试验 1♯ 和试验 2♯ 由于凝胶时间短,注浆孔下游部分浆液快速凝固阻碍了浆液的下行扩散;试验 3♯ 凝胶时间长,因此在裂隙中形成"U"形扩散体。

裂隙展布宽度变化后(如试验 4♯、试验 5♯),在注浆流量相同的情况下,第一扩散阶段浆液的扩散宽度 b 随之变化。展布宽度 B 变大,浆液扩散宽度 b 变大;展布宽度 B 变小,浆液扩散宽度 b 变小。由前述对第一扩散阶段轮廓线的分析可知,浆液扩散宽度 B 受水流速度影响。而水流速度受局部阻力系数 ξ 大小的影响,因此,过水断面的变化率 $(A_1+A_2)/A_0$ 是其主要的影响因素。裂隙隙宽(断面高度) δ 不变时,断面变化率即过水断面宽度之比:

$$\frac{A_1+A_2}{A_0}=\frac{B-b}{B} \quad (2-8-11)$$

因此,在试验中,浆液扩散宽度的变化趋势与裂隙展布宽度的变化趋势一致。

2)封堵过程分析

通过试验分析可知,浆液的封堵状态可分为以下 4 种情况。

(1)全断面扩散固结完全封堵:浆液由注浆孔进入裂隙后,迅速扩散并充填整个裂隙,动水被完全阻隔。因此,流动中浆液到达凝胶时间后开始固结,固结一般先由下游方向开始。由于在扩散第一阶段转化为第二阶段时,上游浆液混入了较多的水,再加上裂隙中浆液与水接触面积增大,裂隙水对浆液的稀释作用增强,因此,上游浆液凝胶时间延长后固结。如试验 1♯、试验 2♯ 浆液扩散后凝胶封堵过程,如图 2-8-16 所示。

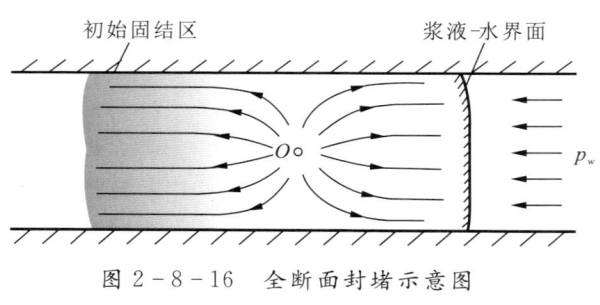

图 2-8-16 全断面封堵示意图
p_w. 水压力(单位:kPa)

(2)固结-绕流-固结完全封堵:当注浆流量 $Q_注$ 无法使浆液扩散到两边裂隙边界以封堵全断面时,若浆液凝胶时间够短,仍可实现完全封堵。由前述分析可知(图 2-8-14),动水流速 v_0 大于浆液扩散流速时,在浆液与水形成的二维平面动体绕流中,浆液向下游方向中轴线处流速最小,向裂隙两边界流速增大。再加上扩散体下游外侧受到水流冲刷稀释作用,因此,注浆孔下游扩散方向前端中轴线位置浆液最先固结,如图 2-8-17 所示。

此时,一方面动水绕注浆孔扩散出的浆液扩散体流动;另一方面浆液顺水流动时又形成对浆液初始固结区的绕流。由于凝胶时间短,绕流到初始固结区的浆液又开始凝胶固结,固结区范围不断增大。该过程不断持续,最终固结范围达到裂隙展布边界,整个过水断面被浆

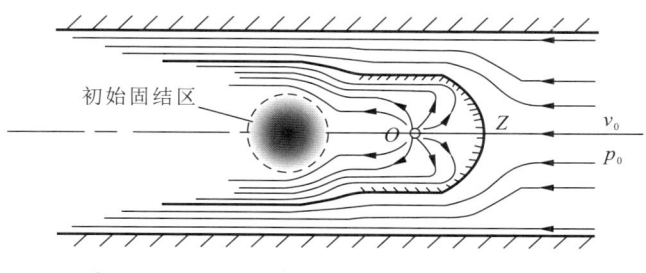

图 2-8-17 固结-绕流-固结封堵示意图

液固结充填,实现了完全封堵。

(3) 非全断面扩散留存不完全封堵:如试验 3#、试验 4#。注浆开始一段时间后,注浆流量 $Q_{注}$ 保持稳定不变时,浆液扩散到一定程度后宽度不再增加,在裂隙中形成中间过浆液、两边过水的稳定流动,浆液和水达到平衡状态。如图 2-8-14 所示,此时浆液凝胶时间较长。但实际上,由于注浆泵的脉冲特点以及管道中的气泡等,导致脲醛树脂浆液和草酸不均匀混合。而且在注浆过程中,裂隙中通常还存在液-气分离现象。液-气分离导致在垂直于流动方向的断面上,流速大小不一。因此,形成浆液稳定流后,流域上各部位凝胶时间和顺序各有先后。停止注浆后,已固结部分则保留下来,未固结部分则被动水冲刷。若不考虑冲刷影响,则此时浆液的封堵率为浆液充填断面面积与裂隙全断面面积之比。封堵率用 η 表示,可表示为:

$$\eta = \frac{b}{B} \qquad (2-8-12)$$

式中,b 为浆液在动水裂隙中的扩散宽度(cm);B 为有限边界裂隙的展布宽度(cm)。

(4) 浆液泄流完全不封堵:当浆液凝胶时间太长,且浆液扩散不能够进入第二扩散阶段时,注入的浆液将全部在注浆压力和动水压力作用下泄流出裂隙外。停止注浆后,浆液在裂隙内几乎无留存,裂隙水流恢复到注浆前状态。因此,注浆完全失效。

2.8.4.3 动水裂隙注浆封堵原则与条件

动水裂隙注浆封堵条件应分两种情况进行分析:有限边界裂隙完全成功封堵条件和有限边界裂隙不完全封堵时或无限边界裂隙的浆液留存条件。

1) 有限边界裂隙完全成功封堵原则

(1) 封堵作用段,浆液固结体应能提供足够的黏结力抵抗静水压力的作用。

(2) 浆液应有足够的能量扩散到裂隙两侧边界并封闭起来。

浆液扩散体靠近裂隙边界并接近完全封闭,是实现全断面封堵的关键过程,此时水的动能基本全部转化为压能。因此,可以认为在扩散体与裂隙边界闭合的瞬间,作用在扩散体上的径向压强等于此时的静水压强,如图 2-8-18 所示。

通过分析可知,注浆泵提供的能量在此时与静水压力平衡,则上游段浆液扩散轮廓线不再变化,注浆孔流出的浆液全部流向下游。因此,浆液扩散与裂隙边界闭合的平衡条件为浆液由注浆孔流出后全部向下游流动的总沿程阻力与静水压力作用在扩散体外边界上的合力相等。

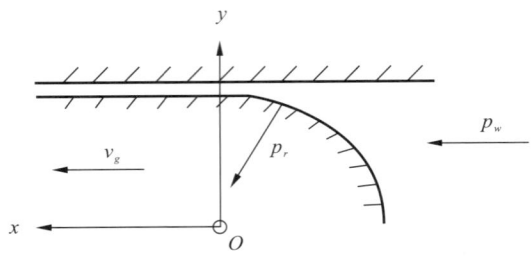

图 2-8-18 扩散受力示意图

静水作用在上游扩散体沿 x 向的压力为:

$$P_g = B \cdot \delta \cdot p_w \qquad (2-8-13)$$

式中,δ 为隙宽(cm);p_w 为静水压强(kPa)。

根据立方定律,裂隙内水力坡度为:

$$J = \frac{12\mu q}{\gamma \delta^3} \qquad (2-8-14)$$

式中,μ 为运动黏度(m^2/s);γ 为浆液重度(g/m^3);q 为裂隙单宽流量(cm)。

则下游总沿程阻力为:

$$F_f = \frac{12\mu q l_下}{\gamma \delta^3 \rho_g g} \cdot B \cdot \delta \qquad (2-8-15)$$

根据平衡条件,$P_g = F_f$,则:

$$B \cdot \delta \cdot p_w = \frac{12\mu q l_下}{\gamma \delta^3 \rho_g g} \cdot B \cdot \delta \qquad (2-8-16)$$

因此,可解得注浆临界流量 Q_j 为:

$$Q_j = q \cdot B = \frac{12\mu l_下 \, p_w B}{\gamma \delta^3 \rho_g g} \qquad (2-8-17)$$

当 $Q_{注+}$ 大于 Q_j 时,浆液有足够能量扩散到裂隙两侧边界并实现过水断面的全部充填闭合。且当注浆持续时间大于浆液凝胶时间时($T > t_n$),上游浆液停留在裂隙内有足够时间凝胶固结,即可成功实现封堵。

2)浆液不完全封堵的留存原则

无论是有限边界裂隙不完全封堵情况还是无限边界裂隙的浆液扩散留存情况,该情况下浆液处于"U"形扩散状态。注浆留存仍需满足两个基本条件:①浆液固结体应能提供足够的黏结力来抵抗水压力,此处,水压力为动水的作用力;②浆液能在裂隙内凝固起来,即在凝固时间内不流出裂隙外。下面分别对两个基本条件进行分析。

基本条件①:浆液固结后受到来流方向的作用力,称为水流的绕流阻力 D;固结体受到垂直于来流方向的作用力,称为水流的横向作用力 L。无论是纵向阻力还是横向阻力,均包括法向压应力和表面切应力的影响。

由于浆液扩散体的对称性,在水平裂隙中,横向力合力为零。扩散体所受横向阻力 D 由摩擦阻力 D_f 和压差阻力 D_p 两部分组成,因此:

$$D_f = \int_s \tau_r \sin\theta \mathrm{d}s \qquad (2-8-18)$$

$$D_p = \int_s \cos\theta \mathrm{d}s \qquad (2-8-19)$$

式中，s 为固结体总表面积；θ 为固结体表面法向力与 x 方向的夹角。

此处，压差阻力取决于浆液扩散固结后的形状。形状不一样，水流的绕流特征不一样，压差阻力也不一样。因此，总的绕流阻力：

$$D = C_D \frac{\rho_w v_w^2}{2} A_x \qquad (2-8-20)$$

式中，A_x 为浆液固结体在与动水流速方向垂直的迎流投影面积；C_D 为固结体的绕流阻力系数，系数取值由其形状而定。

因此，为满足上述留存基本条件①，则固结体与裂隙面的总黏结力应大于绕流阻力，即

$$A_z \cdot C > C_D \frac{\rho_w v_w^2}{2} A_x \qquad (2-8-21)$$

式中，A_z 为浆液固结体的扩散面积；C 为固结体与裂隙表面的黏聚力。

基本条件②：浆液-水的流动可按前述势流理论进行分析。

以图 2-8-19 中坐标轴为基准，根据式（2-8-21），浆液在裂隙中轴线的流动速度为：

$$v_g = v_w + \frac{q}{2\pi x} \qquad (2-8-22)$$

因此，浆液由注浆孔流动到裂隙出口（$x = l_下$）的时间为：

$$v_g \cdot \mathrm{d}t = \mathrm{d}x \qquad (2-8-23)$$

$$t = \int_{l_下}^{0} \frac{1}{v_g} \mathrm{d}x = \int_{l_下}^{0} \frac{2\pi x \delta}{2\pi x v_w \delta + Q_注} \mathrm{d}x \qquad (2-8-24)$$

为满足条件②，则注浆流量 $Q_注$ 应符合以下关系：

$$\int_{l_下}^{0} \frac{2\pi x \delta}{2\pi x v_w \delta + Q_注} \mathrm{d}x > t_n \qquad (2-8-25)$$

2.9 工程应用

2.9.1 郑万高铁高家坪隧道动水探测计算实践

2.9.1.1 工程概况与地质分析

高家坪隧道高铁重难点控制工程，地处襄阳保康市，为一傍山隧道，全长 1 417m，4.5‰ 的下坡。隧道所经过的范围地貌为山前顺层斜坡，岩层坡度约 50°。倾向北东东，地面地形波状起伏，相对高差 20~140m，隧道进口-出口段埋深逐渐变浅。工程段属于软弱围岩，节

理层面发育,加之南方雨水丰富,开挖后立即有水渗出,土体遇水软化,自稳能力差。如此大埋深、长距离的可溶岩地区的高速铁路隧道为国内外所罕见。激发极化法预报工作在 DK1037+694 位置开展,本段落围岩岩性为中薄层泥质灰岩或黑色细晶大理岩,岩体属于中薄层结构。作为引水隧洞的施工辅助洞和地质探洞,辅助隧洞在施工至 DK1037+878 段时发生集中涌水,稳定涌水量达 $2.7 \mathrm{m}^3/\mathrm{s}$ 左右,并携带出大量泥砂。据此分析,隧道在预报段具有发生涌水的风险,施工中极有可能揭露含水地质构造。

2.9.1.2 含水体三维成像与定位

本次探测在隧道底板布置了 2 条测线,位于底板左、右侧各 3m。对原始数据进行分析,发现数据上因测线附近电阻率不均匀造成的突变极值较少,故采用了数据圆滑处理技术,如图 2-9-1 所示。对光滑处理之后的数据进行最小二乘反演,模型在 x、y、z 方向上的网格数量为 $20 \times 20 \times 90 = 36\,000$ 个,规模为 $600\mathrm{m} \times 600\mathrm{m} \times 750\mathrm{m}$,隧道的断面尺寸为 $12\mathrm{m} \times 8\mathrm{m}$,共迭代 8 次达到收敛,耗时约 120min。图 2-9-2 为掌子面前方三维电阻率反演成像结果,可看到在掌子面前方 21~24m 处存在相对低阻体,推断为含水体。

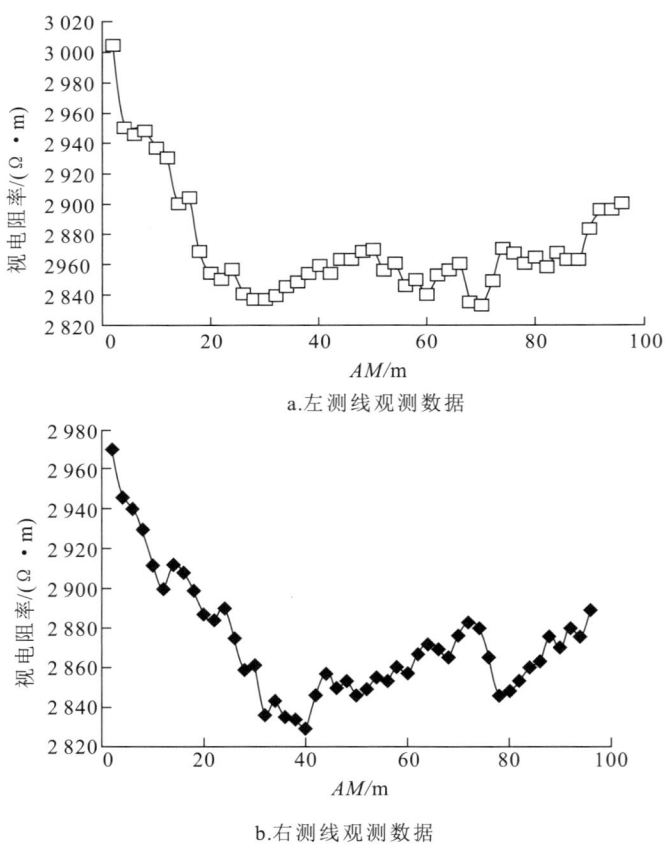

a.左测线观测数据

b.右测线观测数据

图 2-9-1 经过圆滑处理的视电阻率数据

图 2-9-2 掌子面 DK13+878 前方开挖结果

2.9.1.3 半衰时之差数据解释

本次只在右测线上采集了半衰时之差数据,图 2-9-3 为二电流激发极化半衰时之差数据图,存在一个正值部分,初步推断该正值部分与图 2-9-2 所示的低阻部分为同一含水体的响应,因此推测掌子面前方 DK1037+670～DK13+673(即掌子面前方 21～24m)范围内存在含水地质构造。

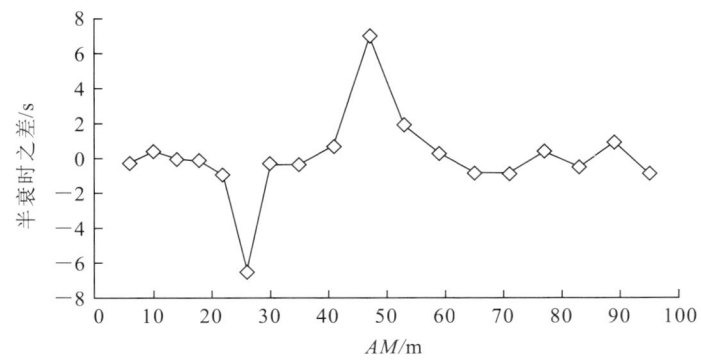

图 2-9-3 二电流激发极化半衰时之差数据图

2.9.1.4 开挖结果

对预报段落的开挖揭露情况进行了全程跟踪和记录,在 DK1037+671～DK13+672 位置揭露了一条较大规模的导水裂隙,涌水量达到约 500m³/h。由此可见,利用直流电阻率法和激发极化法对含水裂隙做出了准确的预报。

2.9.2 武广高铁尖峰顶隧道动水破碎软弱围岩处治实践

2.9.2.1 工程概况

尖峰顶隧道全长 4 068m，埋深 600~800m。进口下到 DK354+460~490 溶洞段位于该隧道毛坝向斜段高压、富水区核部。根据钻探资料，该段存在承压水，水头为 446.43m。DK354+460 段在爆破孔钻进中，当底部左侧钻孔钻至 2m、右侧钻孔钻至 1.5m 时，由钻孔内射出高压水，射程约 30m，含大量泥砂；同时上部钻孔钻至 2m 时出现了卡钻、顶钻现象，于是立即停止钻爆开挖作业，施作 C20 混凝土止浆岩墙，并采用 MKD-5S 地质钻机进行超前探孔。当钻至深度为 4m 时，钻孔突发涌水、涌砂，由钻孔内喷射出夹有大量泥砂的高压水，将钻杆顶出。喷射水射程约 8m，瞬时涌水量达到 860m³/h。该现象持续 6h 后，涌水量减少到 40m³/h，水呈铁锈色，浑浊状。该次涌泥、涌砂淤积长度 130m，高度 2.5m，涌砂量约 1 300m³。涌泥、涌砂造成钻机设备被淹，正洞施工被迫暂停。从具有3.5MPa推进力的钻杆被推出情况判断，水压力不低于 3.5MPa。

为进一步探明前方地质情况，施工单位召集各相关单位研究决定增设探孔并辅以 TSP 地质预测预报、红外线超前探水等措施。为保证探孔安全，施作厚 2m 的模筑混凝土封闭掌子面。探孔钻至岩层深度 2m 时，出现巨大水压力，再次将钻机钻杆推出，同时喷射大量黄色泥浆，出水量860m³/h，稳定出水量 40~50m³/h，涌水泥砂含量经测试最初为 70%，后减小至 10%。

2.9.2.2 材料选型

采用改性脲醛树脂浆材料，该材料作为化学封堵剂与水泥类浆材相比，具有凝胶体强度高，浆液流动性、渗透性好，凝胶时间可任意控制和调节，与岩体相互黏结性强，以脉状渗透面状或扇状扩散为主，价格低廉（相对其余化学浆液）的优点。

2.9.2.3 注浆设计参数的确定

注浆设计主要确定注浆材料、注浆压力、有效扩散半径、浆液配比、注浆孔布置、预期效果等。

(1)浆液的选择。该段矿井岩性中普通水泥浆可注性较差，有效扩散半径小，因此采用以改性脲醛树脂化学浆灌注为主，如具备水泥浆灌注条件，则尽量采用水泥浆，选用MJ-1型改性脲醛树脂。

(2)浆液配比。改性脲醛树脂的配方按浆液初凝时间 3~5min，终凝时间 15~20min，凝胶时间主要受控于脲醛树脂（A液）与酸性固化剂（B液）的体积比，需要采用注浆泵按照一定的比例（A：B=4：1~3：1）进行注浆。注浆过程中可以根据浆液在注浆体内渗透扩散情况及时调节比例以控制浆液的凝胶时间。

(3)注浆孔参数。鉴于本段地质构造复杂,即软弱破碎、涌水量大、裂隙发育且纵横交错连通,注浆孔深度为60m,共16个,沿距离有壁内侧0.3m环向布置,布孔圈径为3.9m,孔间距0.6m。施工时先施工单号孔,后实施双号孔,双号孔兼起检查孔作用。待16个孔注浆钻孔施工完成后,再在距中心1m处实施两个检查孔,用以检查注浆效果并作补充注浆。注浆孔外插角6°~7°,可满足注浆孔孔底距荒径3.0m要求。

(4)预期注浆效果。堵水率85%~90%,检查孔残余水量小于$1m^3/h$。

2.9.2.4 效果评定

采用"深浅孔结合复式注浆"方案,达到了注浆目的。掌子面出水点均被封堵,无明显渗漏现象,堵水效果较好。但在开挖过程中仍遇到局部范围突水涌泥现象,原因主要是注浆中材料难以均匀渗透到砂层中,形成完整、连续、致密的注浆体,在局部存在一定的薄弱环节。薄弱环节仅靠注浆体则较难承受很高的水压力,因而产生了渗透破坏,造成少量的涌水、涌砂。针对此情况,本研究对原方案做了一些调整,即采用"卸水降压与注浆堵水固砂"相结合并对重点地段及注浆薄弱部位加大注浆量,扩大注浆加固范围,使该溶洞段得以顺利通过。

2.10 本章小结

以实现含水体的三维成像与水量预测为核心任务,解决了三维电阻率反演成像与计算效率优化方案、超前探测工作方式与干扰去除方法、专用仪器设备研发、隧道三维全空间中水量与半衰时之差关系研究等一系列难题,形成了激发极化法隧道含水构造超前探测技术体系,在实际工程应用中效果良好,主要结论如下:

(1)针对含水体超前探测的定位难题,提出了基于三维电阻率反演方法的隧道含水地质构造超前探测三维成像与定位技术。数值试验与实际应用效果表明,该技术可实现断层、溶洞等含水地质构造的三维成像与定位,利用干扰识别与去除方法可有效地去除干扰影响并提取出有用信息,有效地改变了以往因缺乏地球物理反演技术的辅助而导致定位精度差的不利状况,为实际工程中掌子面前方含水地质构造的超前探测提供了可行且有效的新途径。

(2)针对隧道超前地质预报中水量预测这一关键性难题,本书通过物理模型试验研究发现半衰时之差法用于水量的估算具有良好的可行性,得到了半衰时之差与水量的相关关系:线性正相关。基于两者之间的单调线性正相关关系,提出了适用于工程实际的半衰时之差法的隧道施工期含水构造水量估算方法。

(3)最终形成了隧道含水构造超前探测三维成像与水量预测综合技术体系,并将该技术体系应用于多个隧道工程的预报实践工作中,预报结果与实际开挖情况基本一致。该技术体系是对隧道含水体探查较为有效的超前地质预报方法,具有重要的推广价值和良好的应用前景。

3 新型预应力锚杆加固软岩隧道力学特征分析与工程应用

3.1 概 述

软岩隧道变形难以控制的主要原因是不耦合支护和支护设计不确定性,因锚杆与围岩未能协调变形,隧道局部区域处锚杆往往未能充分发挥其应有的锚固效果,从而发生了破断失效,失去对围岩的约束,进而降低整个锚杆支护隧道的稳定性。在以往的隧道支护设计中,为了控制隧道围岩稳定变形,单纯地提高锚杆和锚索抗拉强度,而不考虑其与围岩变形的相互作用,往往不能取得良好的支护效果,主要是因为锚杆支护设计没有考虑在岩溶软岩隧道中的受力特征,忽略了围岩大变形对锚杆受力的影响。因此,本章将通过建立软岩隧道锚杆对典型的力计算模型和利用FLAC 3D数值计算的手段去分析隧道支护锚杆受力特征,为隧道支护设计提供理论依据。

3.2 研究内容和方法

针对软岩隧道支护过程中锚杆与围岩变形不协调导致锚杆破断失效的问题,研究内容将从理论研究和数值分析两个方面就支护锚杆受力特征进行分析:

(1)基于弹塑性理论,建立软岩隧道锚杆受力计算模型,综合考虑锚杆轴向和横向两个方向的受力特征,推导锚杆受力解析方程,通过实例解析来分析岩溶软岩隧道支护锚杆受力特征。

(2)通过FLAC3D数值计算软件研究岩溶软岩隧道中支护锚杆的受力特征,分析软岩隧道中同断面不同安装位置处锚杆受力的差异,就围岩变形对锚杆轴向和横向两个方向受力特征进行分析。

(3)根据研究内容及成果,对郑万高特向家湾隧道松软破碎隧道锚杆支护稳定性控制措施配合机械化施工、智能化注浆等进行研究。

3.3 软岩破碎地质隧道锚杆受力计算模型

随着隧道埋深逐渐增大,工程活动所面临的地应力水平也随之升高,地应力状态的改变使隧道围岩发生的主要变化是在复杂破碎状态下围岩易发生塑形大变形。尤其在松软破碎等强度较低的岩体中,隧道围岩变形量很大,导致在深部破碎软岩隧道中的锚杆出现了大量的破断失效情况。通过地下隧道坍塌后发掘的失效锚杆发现,在岩溶软岩隧道中锚杆不仅承受单一轴向拉伸作用,还承受横向剪切和弯曲作用。因此,研究深部软岩隧道中支护锚杆受力特征,能够为隧道锚杆支护设计提供指导建议,降低锚杆破断失效率,对地下工程建设具有重要的现实意义。

3.3.1 软岩隧道应力场分布

地下空间中岩体未受到隧道开挖等工程扰动之前,原岩应力处于三向平衡状态。开挖后形成应力释放空区,打破原岩应力平衡状态,造成周边岩体应力重新分布。在拱肩和底角区域形成拉、压集中应力,并在拱顶和两帮区域形成三角形复合应力场,使围岩从拱肩、底角区域往顶底板和两帮区域挤压变形。锚杆支护隧道应力分布及转移方向如图 3-3-1 所示。

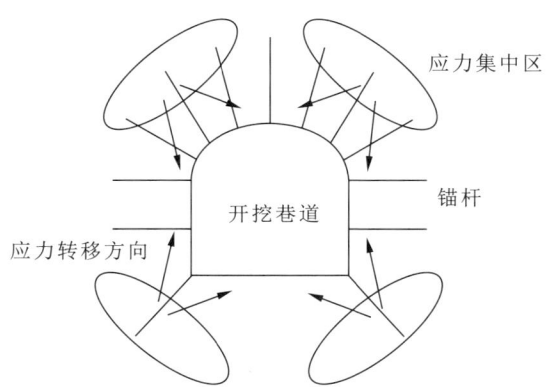

图 3-3-1 锚杆支护应力分布及转移示意图

3.3.2 锚杆横向受力分析

目前,针对锚杆横向受力研究,国内外取得了很多研究成果,节理面剪切变形对锚杆横向弯曲受力研究也取得了很大进展,但在破碎软岩隧道围岩变形对锚杆弯曲受力的研究方面则较少,未能充分揭示岩溶软岩隧道支护锚杆受力特征和失效机理。本节将结合软岩隧道力学特征,基于 Winkler 地基梁原理建立锚杆横向承载力学模型,分析锚杆横向弯曲受力特征。

当隧道未进行支护时,周围岩体的承载能力可分为 3 个区域,即弹性区、塑性区和破坏区。弹性区岩体处于三向受力状态,承载力较强,未发生破坏;塑性区岩体开始破坏,处于塑性应变软化阶段,但仍保持着承载力;破坏区岩体变形较大,处于残余强度状态,基本丧失承载能力。当隧道进行预应力锚杆支护后,锚杆与围岩形成共同的承载结构体,二者之间既相互协同又相互约束,锚杆能提高围岩的黏聚力和残余强度。因此,当隧道开挖后,预应力锚杆与围岩形成的共同结构体达到稳定状态时,会形成不失去承载力的塑性平衡区和稳定的弹性区。隧道未支护和支护后在支护锚杆横向方向的应力分布如图 3-3-2 所示。

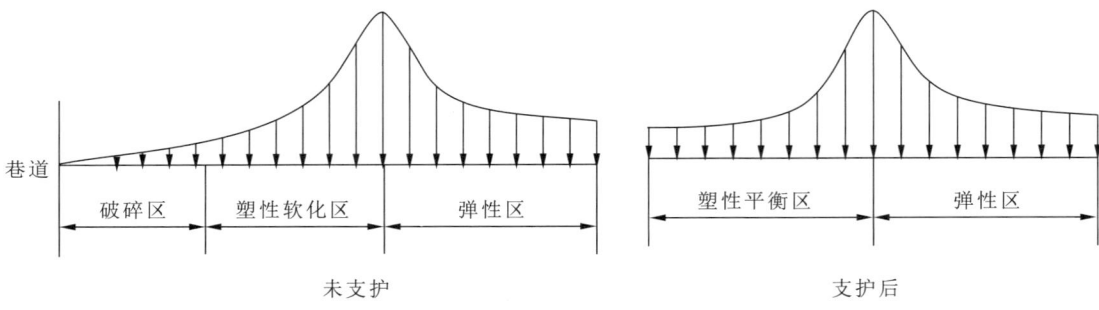

图 3-3-2 支护前后围岩的应力分布

锚杆通过锚入围岩内部与岩体共同变形,形成共同的承载结构,所以锚杆在横向方向受到集中应力的分量,下方受到岩体变形的反向作用力,由此建立锚杆受力的弹性地基梁模型,如图 3-3-3 所示。

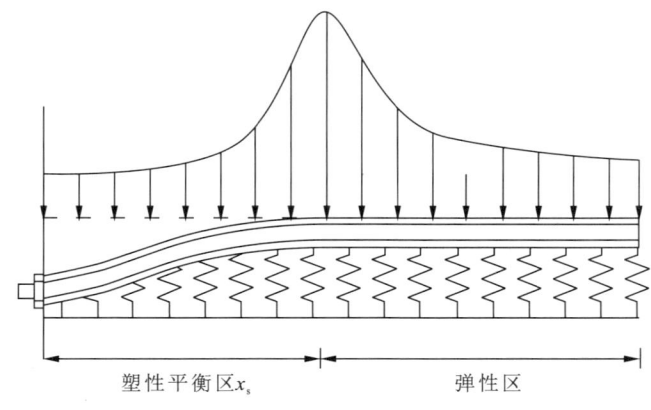

图 3-3-3 锚杆受力的弹性地基梁模型

当岩体变形超过其弹性极限变形时,围岩发生塑性变形,进入塑性平衡区,岩体承载力不随着变形的增大而继续增大。同时,集中应力向深部转移,岩体抵抗变形的能力逐渐增强,直到某一位置塑性平衡区 x_s 处应力重新达到平衡,从而达到二次稳定状态。为简化计算,假设塑性平衡区和弹性区承载应力呈线性分布,如图 3-3-4 所示。

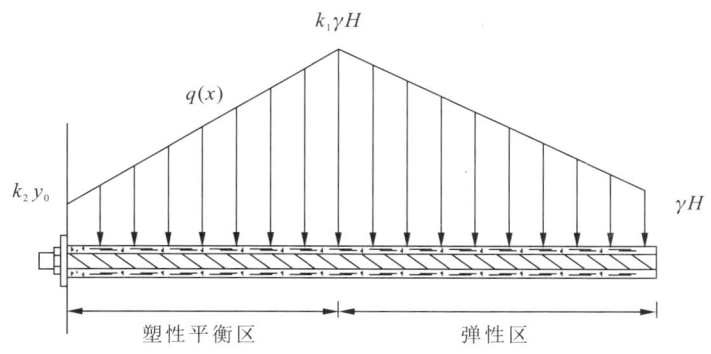

图 3-3-4　锚杆受力的简化计算模型

k_1 为应力集中系数;k_2 为隧道围岩的反力系数;γ 为隧道围岩的平均重度 (kN/m³);H 为地下工程中隧道的埋深(m);$q(x)$ 为锚杆横向方向的垂直压力(MPa);y_0 为塑性区岩体的变形量(m)。

在支护的过程中锚杆与围岩紧密相贴,符合局部弹性地基梁的力学模型。根据 Winkler 假设,锚杆任一点所受到的反向压力 $p(x)$ 与该点围岩变形 y 成正比,即

$$p(x) = k_2 y \quad (3-3-1)$$

式中,k_2 为隧道围岩的反力系数;y 为该点岩体的变形量。

以隧道侧壁为原点建立坐标系,在 x 处取锚杆一微段进行受力分析,如图 3-3-5 所示。在图 3-3-5 中,T 和 M 分别为锚固外端岩体变形对锚杆微段积累的剪力和弯矩,即

$$T = \int_0^x [q(x) - p(x)] D \, dx \quad (3-3-2)$$

$$M = \int_0^x T \, dx \quad (3-3-3)$$

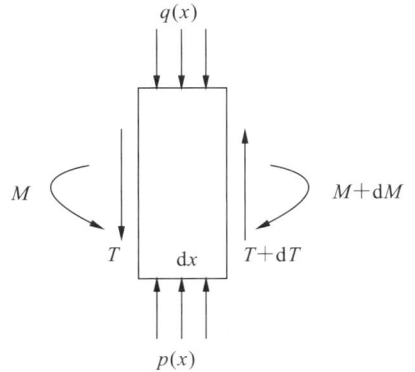

图 3-3-5　锚杆的微段受力示意图

由锚杆微单元横向受力平衡条件,即 $\sum F_Y = 0$ 可得:

$$(T + dT) - T + p(x) \cdot D \cdot dx - q(x) \cdot D \cdot dx = 0 \quad (3-3-4)$$

同时,由锚杆微单元弯曲受力平衡条件,即 $\sum M = 0$ 可得:

$$(M + dM) - M - (T + dT) \cdot dx + q(x) \frac{(dx)^2}{2} \cdot D - p(x) \cdot \frac{(dx)^2}{2} \cdot D = 0$$

$$(3-3-5)$$

式中,M 为锚杆所受到的弯矩($\mathrm{N \cdot m}$);T 为锚杆受到的剪切力(N);$q(x)$ 为支护作用区承载压力(MPa);D 为锚杆的直径(m)。

联立式(3-3-4)和式(3-3-5)可得:

$$\frac{\mathrm{d}^2 M}{\mathrm{d}x^2} = \frac{\mathrm{d}T}{\mathrm{d}x} = [q(x) - p(x)] \cdot D \tag{3-3-6}$$

3.3.2.1 塑性平衡区锚杆受力分析

塑性平衡区岩体变形超出其弹性极限变形,岩体的承载强度不再随着变形的增大而继续增大,反而随着变形量的增大而减小,直至残余强度。锚杆支护的作用是提高锚固区围岩的强度,尤其是强化围岩残余强度、约束塑性区岩体的变形。

当锚杆支护未失效时,塑性平衡区岩体承载强度保持定值,即 $p(x) = k_2 y_0$,其中 y_0 为塑性平衡区岩体的残余变形量;建立锚杆在塑性平衡区的横向受力计算模型,如图 3-3-6 所示。M_0 为锚杆托盘位置处固定螺母使锚杆产生偏心荷载从而积累的反向弯矩。

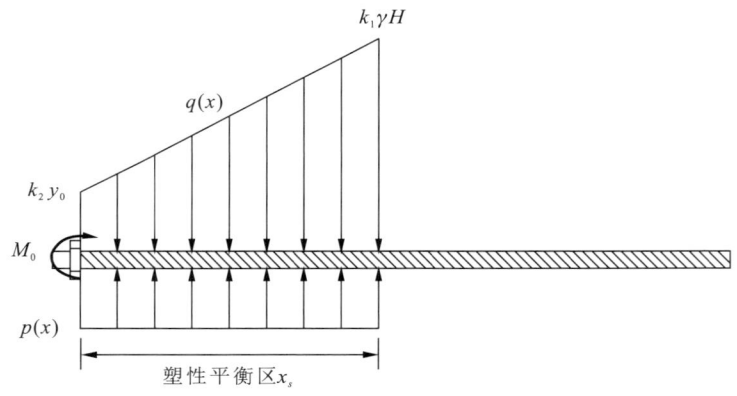

图 3-3-6 锚杆塑性平衡区计算模型

在塑性平衡区内($0 < x < x_s$),锚杆所受的横向应力分布为:

$$\begin{cases} q(x) = \dfrac{(k_1 \gamma H - k_2 y_0)x}{x_s} + k_2 y_0 \\ p(x) = k_2 y_0 \end{cases} \tag{3-3-7}$$

将式(3-3-7)代入式(3-3-6)可求解得到塑性平衡区锚杆所受剪切力 T 和弯矩 M:

$$\begin{cases} T = -\dfrac{D}{2x_s}(k_1 \gamma H - k_2 y_0)x^2 \\ M = M_0 - \dfrac{D}{6x_s}(k_1 \gamma H - k_2 y_0)x^3 \end{cases} \tag{3-3-8}$$

式中,M_0 为锚杆端头托盘处受到的反向弯矩($\mathrm{N \cdot m}$)。

锚杆支护后深部隧道塑性平衡区半径 x_s 为:

$$x_s = r_a \left[\frac{\dfrac{2\gamma H}{k_3}\left(R_c - 4\dfrac{c^2}{R_c}\right) + 8c^2}{(R_c^2 + 4c^2)} \right]^{\frac{4c^2}{R_c^2 - 4c^2}} \quad (3-3-9)$$

式中，x_s 为锚杆支护后塑性平衡区半径(m)；r_a 为地下隧道的宽度(m)；R_c 为隧道围岩的单轴抗压强度(MPa)，即 $R_c = \dfrac{2c\cos\varphi}{1-\sin\varphi}$；$k_3$ 为岩体黏聚力增大系数，即 $k_3 = 1 + \dfrac{\eta \tau_m A}{a \cdot b \cdot c}$；$\eta$ 为加固系数，一般取 $2 \sim 5$；τ_m 为锚杆的抗剪强度(MPa)；A 为锚杆的截面积(m^2)；a、b 为锚杆的横向、纵向支护间距(m)；c 为锚杆支护前岩体的黏聚力(MPa)；φ 为岩体的摩擦角(°)。

由此，根据式(3-3-9)可求解得到锚杆支护后隧道塑性平衡区半径 x_s，代入式(3-3-8)就可以得到弹塑性界面处锚杆的剪切力 T_{1s} 和弯矩 M_{1s}。

3.3.2.2 弹性区锚杆受力分析

该区域岩体变形未超出其弹性极限变形，处于弹性变形阶段。锚杆在弹性阶段的受力符合半无限长梁的特点，锚杆的受力如图 3-3-7 所示。为简化计算，将弹性阶段锚杆所受的横向上承压力分为均布荷载和三角形分布荷载，然后分别进行计算。

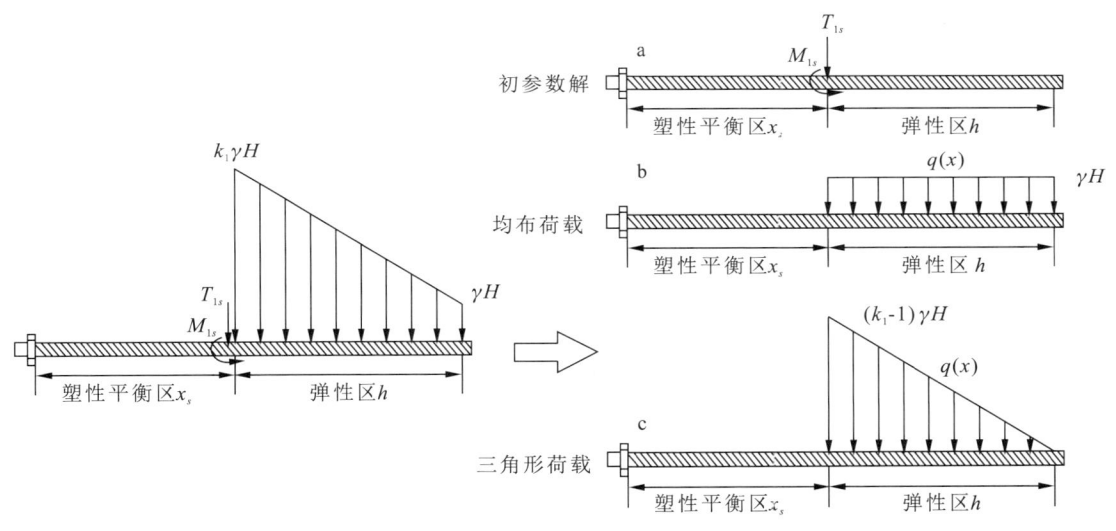

图 3-3-7 弹性区锚杆竖向受力模型

根据材料力学理论可知：

$$M = EI \frac{d^2 y}{dx^2} \quad (3-3-10)$$

式中，E 为锚杆的弹性模量；I 为锚杆的惯性矩。

联立式(3-3-6)和式(3-3-10)可得锚杆的挠曲微分方程为：

$$\frac{d^4 y}{dx^4} = \frac{D}{EI}[q(x) - p(x)] \qquad (3-3-11)$$

从式(3-3-11)可以看出,锚杆的挠度微分方程是一个四阶非齐次微分方程,由此可分别求出初参数(T_{1s}、M_{1s})下齐次微分方程的通解和上承压力作用下该微分方程的特解。

$$EI \frac{d^4 y}{dx^4} + D \cdot k_2 \cdot y = 0 \qquad (3-3-12)$$

由于 $y|_{x \to \infty} = 0$,且初参数解 $M|_{x=x_s} = M_{1s}$、$T|_{x=x_s} = T_{1s}$,由此可以解出另两个初参数解 y_{1s},分别为 y_{1s}、∂_{1s}

$$\begin{cases} y_{1s} = -\dfrac{2\alpha}{k_2 D}(T_{1s} + \alpha M_{1s}) \\ \partial_{1s} = \dfrac{2\alpha^2}{k_2 D}(T_{1s} + 2\alpha M_{1s}) \end{cases} \qquad (3-3-13)$$

式中,

$$\alpha = \sqrt[4]{\frac{k_2 \cdot D}{4EI}}$$

由此,可以求解出齐次方程条件下锚杆在弹性区内任一位置 x 处的剪切力 T_1 和弯矩 M_1,分别为:

$$\begin{cases} T_1 = y_{1s} \dfrac{k_2 D}{2\alpha} \varphi_{2\alpha(x-x_s)} + \partial_{1s} \dfrac{k_2 D}{2\alpha^2} \varphi_{3\alpha(x-x_s)} - M_{1s}\alpha \varphi_{4\alpha(x-x_s)} + T_{1s}\varphi_{1\alpha(x-x_s)} \\ M_1 = y_{1s} \dfrac{k_2 D}{2\alpha^2} \varphi_{3\alpha(x-x_s)} + \partial_{1s} \dfrac{k_2 D}{4\alpha^3} \varphi_{4\alpha(x-x_s)} + M_{1s}\varphi_{1\alpha(x-x_s)} + T_{1s} \dfrac{1}{2\alpha}\varphi_{2\alpha(x-x_s)} \end{cases}$$
$$(3-3-14)$$

式中:

$$\begin{cases} \varphi_{1\alpha(x-x_s)} = \mathrm{ch}\alpha(x-x_s)\cos\alpha(x-x_s) \\ \varphi_{2\alpha(x-x_s)} = \mathrm{ch}\alpha(x-x_s)\sin\alpha(x-x_s) + \mathrm{sh}\alpha(x-x_s)\cos\alpha(x-x_s) \\ \varphi_{3\alpha(x-x_s)} = \mathrm{sh}\alpha(x-x_s)\sin\alpha(x-x_s) \\ \varphi_{4\alpha(x-x_s)} = \mathrm{ch}\alpha(x-x_s)\sin\alpha(x-x_s) + \mathrm{sh}\alpha(x-x_s)\cos\alpha(x-x_s) \end{cases}$$

1)均布荷载作用下锚杆的受力分析

在均布荷载作用下锚杆所受的上承压力的计算模型如图3-3-7b所示,$q(x) = \gamma H$,将其代入式(3-3-12)求解可以得到均布荷载对锚杆在弹性区内任一位置 x 处的剪切作用力 T_2:

$$T_2 = \frac{\gamma HD}{2\alpha} \varphi_{2\alpha(x-x_s)} \qquad (3-3-15)$$

同时,可以得到均布荷载作用下锚杆在弹性区内任一位置 x 处的弯矩 M_2:

$$M_2 = -\frac{\gamma HD}{2\alpha^2} \varphi_{3\alpha(x-x_s)} \qquad (3-3-16)$$

2)三角形荷载作用下锚杆的受力分析

在三角形荷载作用下锚杆所受的上承压力的计算模型如图 3-3-7c 所示，取弹性区范围 $h=1\text{m}$，则上承压力 $q(x)$ 的表达式为：

$$q(x) = \frac{(x_s + h) - x}{h}(k_1 - 1)\gamma H \tag{3-3-17}$$

将式(3-3-17)代入式(3-3-12)求解可得到三角形荷载对锚杆在弹性区内任一位置 x 处的剪切力 T_3：

$$T_3 = -\frac{(k_1 - 1)\gamma H D}{2\alpha h}\left[\frac{1}{\alpha}\varphi_{3\alpha(x-x_s)} - h\varphi_{2\alpha(x-x_s)}\right] \tag{3-3-18}$$

同时，可以得到三角形荷载作用下锚杆在弹性区内任一位置 x 处的弯矩 M_3：

$$M_3 = -\frac{(k_1 - 1)\gamma H D}{2\alpha^2 h}\left[\frac{1}{2\alpha}\varphi_{4\alpha(x-x_s)} - h\varphi_{3\alpha(x-x_s)}\right] \tag{3-3-19}$$

综上所述，锚杆在弹性区内任一位置 x 处综合剪切力 T_e 和弯矩 M_e 分别为：

$$T_e = T_1 + T_2 + T_3 = \left[\frac{y_{1s}k_2 D + (k_1 - 2)\gamma H D}{2\alpha}\right]\varphi_{2\alpha(x-x_s)}$$

$$+ \frac{\partial_{1s}k_2 Dh - (k_1 - 1)\gamma H D}{2\alpha^2 h}\Phi_{3\alpha(x-x_s)} - M_{1s}\alpha\varphi_{4\alpha(x-x_s)} + T_{1s}\varphi_{1s(x-x_s)} \tag{3-3-20}$$

$$M_e = M_1 + M_2 + M_3 = \left[\frac{y_{1s}k_2 D + (k_1 - 2)\gamma H D}{2\alpha^2}\right]\varphi_{3\alpha(x-x_s)}$$

$$+ \frac{\partial_{1s}k_2 Dh - (k_1 - 1)\gamma H D}{4\alpha^3 h}\varphi_{4\alpha(x-x_s)} - M_{1s}\alpha\varphi_{1\alpha(x-x_s)} - T_{1s}\frac{1}{2\alpha}\varphi_{2\alpha(x-x_s)} \tag{3-3-21}$$

3.3.3 锚杆轴向受力分析

全长锚固预应力锚杆，通过锚杆与围岩之间的相对位移产生轴向拉拔力，锚杆轴向受力模型如图 3-3-8 所示。

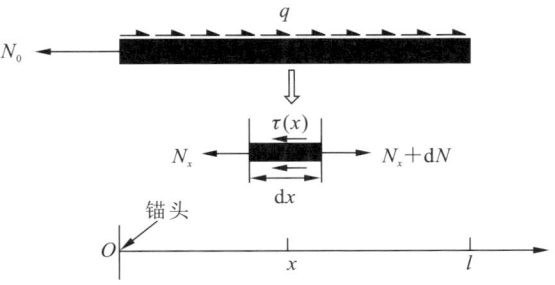

图 3-3-8 锚杆与围岩之间荷载传递示意图

在离锚头 O 点 x 距离微段处，锚杆与锚固砂浆之间的剪应力和锚杆与锚固砂浆之间的相对位移 $u(x)$ 的关系为：

$$\tau = k_s u(x) \tag{3-3-22}$$

式中，$u(x)$ 为 x 点距离微段处锚杆与锚固砂浆的相对位移(m)；k_s 为锚杆与砂浆之间的综合剪切刚度，表达式为 $k_s = G_1 G_2/(G_1 + G_2)$，其中 G_1、G_2 分别为锚杆与锚固砂浆的剪切刚度(MPa)。

根据图 3-3-8 可得 x 距离微段处锚杆与锚固砂浆之间的轴向受力平衡方程：

$$N + \mathrm{d}N = N + \pi D \tau \mathrm{d}x \tag{3-3-23}$$

由式(3-3-23)可得：

$$\frac{\mathrm{d}N}{\mathrm{d}x} = k_s \pi D u(x) \tag{3-3-24}$$

同时，在距锚头 O 点 x 距离微段处锚杆的轴向应变 $\varepsilon(x)$ 满足如下关系：

$$\varepsilon(x) = \frac{\mathrm{d}u(x)}{\mathrm{d}x} = \frac{N}{EA} \tag{3-3-25}$$

式中，x 为距离锚头 x 处锚杆的轴向应变；A 为锚杆的横截面积(m^2)；E 为锚杆的弹性模量(GPa)。

联立式(3-3-24)和式(3-3-25)可得：

$$\frac{\mathrm{d}^2 N}{\mathrm{d}x^2} - \frac{k_s}{EA} N = 0 \tag{3-3-26}$$

令 $\lambda_1^2 = \dfrac{k_s}{EA}$

对式(3-3-26)进行微分求解可得：

$$N_x = H_1 \mathrm{e}^{\lambda_1 x} + H_2 \mathrm{e}^{-\lambda_1 x} \tag{3-3-27}$$

边界条件：假设预应力锚杆通过托盘在锚头起始端施加的预紧力为 N_0，在 x 处，取在长度为 l 的锚杆的终端部轴力 N_l 为 0。

根据式(3-3-27)和边界条件可得：

$$\begin{cases} H_1 = \dfrac{N_0}{1 - \mathrm{e}^{2\lambda_1 l}} \\ H_2 = \dfrac{N_0}{1 - \mathrm{e}^{-2\lambda_1 l}} \end{cases} \tag{3-3-28}$$

将式(3-3-28)代入式(3-3-27)整理可得：

$$\begin{aligned} N_x &= N_0 \frac{\mathrm{e}^{\lambda_1(l-x)} - \mathrm{e}^{-\lambda_1(l-x)}}{\mathrm{e}^{\lambda_1 l} - \mathrm{e}^{-\lambda_1 l}} \\ &= N_0 \frac{\sinh[\lambda_1(1-x)]}{\sinh(\lambda_1 l)} \end{aligned} \tag{3-3-29}$$

因塑性平衡区围岩变形较大，锚杆与锚固砂浆之间的黏结界面会产生横向挤压破坏，假设在塑性平衡区锚杆与锚固砂浆之间的轴向剪切力为零，则锚杆在锚固区的轴力 N 分为：

$$\begin{cases} N = N_0 & (x \leqslant x_s) \\ N = N_0 \dfrac{\sinh[\lambda_1(l-x)]}{\sinh(\lambda_1 l)} & (x > x_s) \end{cases} \tag{3-3-30}$$

3.3.4 锚杆屈服形式

因锚杆在横向上承压力作用下会发生横向变形,所以锚杆同时受到轴向拉伸和横向剪切、弯曲的综合受力。锚杆存在两种形式的屈服破坏,其中一种为锚杆在轴向拉伸和横向剪切作用下发生剪切屈服;另一种为锚杆在轴向拉伸和横向弯曲作用下发生弯曲屈服。假定锚杆在轴力 N 和剪切力 T 作用下的截面应力为剪拉应力 $\sigma_{N,T}$,在轴力 N 和弯矩 M 作用下的截面应力为弯拉应力 $\sigma_{N,M}$。

3.3.4.1 剪切屈服

锚杆在轴向拉伸和横向剪切作用下屈服失效满足 Von-Mises 准则,根据锚杆所受轴向拉伸力 N 和剪切力 T 可以得到其中心点应力 $\sigma_{N,T}$ 为:

$$\sigma_{N,T} = \sqrt{\left(\frac{N}{A}\right)^2 + 3\left(\frac{T}{A}\right)^2} \qquad (3-3-31)$$

当 $\sigma_{N,T} \geqslant [\sigma]$ 时,锚杆发生剪切屈服,$[\sigma]$ 为锚杆应力。

3.3.4.2 弯曲屈服

根据材料力学理论,锚杆受到轴向拉伸力 N 和横向弯矩 M 的共同作用,可以得到其最大截面的正应力 $\sigma_{N,M}$ 为:

$$\sigma_{N,M} = \frac{N}{A} + \frac{M}{W} \qquad (3-3-32)$$

式中,W 为锚杆的抗弯界面系数,$W = \pi D^3/32$。

当 $\sigma_{N,M} \geqslant [\sigma]$ 时,锚杆发生弯曲屈服。

3.4 软岩隧道锚杆受力特征分析

为了分析岩溶软岩隧道中不同区域处锚杆的力学响应特征,同时实时监测分析软岩隧道变形过程中锚杆受力随时间的变化特征,本节将利用 FLAC 3D 软件中 pile 结构单元来研究岩溶软岩隧道中同断面不同安装部位锚杆受力特征及支护时间对锚杆受力的影响。最终,结合锚杆受力理论分析结果与数值计算结果进行综合分析,得出岩溶软岩隧道中锚杆的受力特征。

3.4.1 岩溶软岩隧道锚杆受力特征解析解分析

3.4.1.1 参数选取

根据软弱围岩隧道岩土的力学参数,结合实际锚杆受力特征,选取岩体的力学参数,详见表 3-4-1。

表 3-4-1 岩体的力学参数表

参数	H/m	γ/(kN·m^{-3})	c/MPa	ψ/(°)	k_2/(GPa·m^{-1})	y_0/(×10^{-3} m)
参考值	550	26.7	1.06	38	2.85	5.2~5.5

3.4.1.2 计算结果分析

1）锚杆受力特征分析

锚杆轴力沿锚固长度的分布规律如图 3-4-1 所示。从图 3-4-1 可以看出，锚杆轴力沿锚固长度分布主要分为两阶段，在靠近托盘位置的尾部部分，锚杆轴力基本保持不变，在深入岩体内部的端头部分，锚杆轴力沿锚固长度快速降低。这主要是由于靠近托盘的尾部部分围岩变形量较大，锚杆锚固砂浆破坏严重，造成锚杆与围岩之间的轴向剪切力基本为零，这说明在软岩隧道中锚杆锚固力主要由深部稳定围岩提供。

锚杆在横向方向所受剪切力沿锚固长度分布规律如图 3-4-2 所示。从图中可以看出，锚杆剪切力沿锚杆锚固长度先逐渐增大，在塑性平衡区与弹性区界面处达到峰值，然后快速降低，最后趋于零，其中锚杆最大横向剪切力为 635N。这说明锚杆所受横向剪切力主要集中在塑性平衡区，进入弹性区后锚杆横向剪切力快速降低。

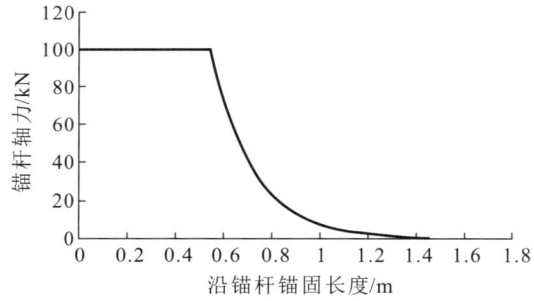 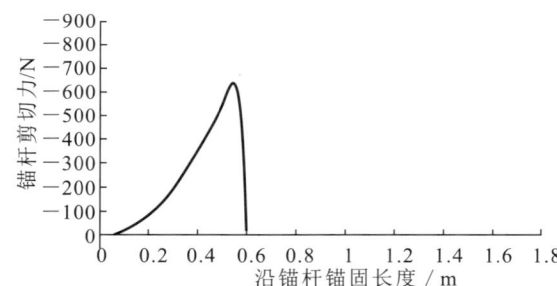

图 3-4-1 锚杆轴力沿锚固长度分布规律　　图 3-4-2 锚杆横向剪切力沿锚固长度分布规律

锚杆弯矩沿锚固长度分布规律如图 3-4-3 所示。从图中可以看出，锚杆弯矩沿锚固长度在轴线正负两个方向呈波浪形分布，锚杆弯矩在托盘位置处较大，先沿锚固长度逐渐降低为零，再沿锚固长度呈反方向逐渐增大达到峰值，然后再沿锚固长度逐渐降低为零，且锚杆弯矩峰值位置越往岩体深部，弯矩峰值越小。这说明锚杆横向弯曲受力并不是朝着单一方向，且锚杆弯曲变形主要集中在靠近托盘的尾部部分。

在岩溶隧道中锚杆不仅承受轴向拉伸作用，还承受横向剪切和弯曲作用，现假定锚杆在单一轴向拉伸力作用下其截面应力为拉应力 σ_N，锚杆在轴向拉伸力和横向剪切力共同作用下其截面应力为剪拉应力 $\sigma_{N,T}$，锚杆在轴向拉伸力和横向弯矩共同作用下其截面正应力为弯拉应力 $\sigma_{N,M}$。锚杆在轴向和横向作用力下其截面正应力沿锚固长度分布规律如图3-4-4所示。

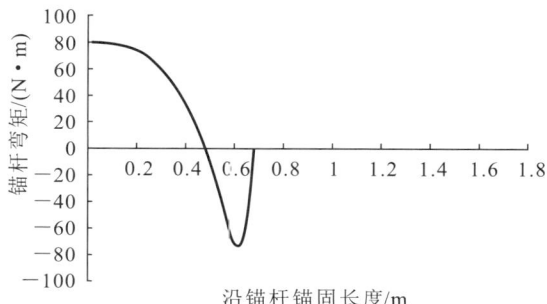

图3-4-3　锚杆弯矩沿锚固长度分布规律

从图3-4-4可以看出，锚杆剪拉应力 $\sigma_{N,T}$ 与拉应力 σ_N 沿锚固长度分布基本相同，而锚杆弯拉应力 $\sigma_{N,M}$ 较大，且沿锚固长度出现明显波动。其中锚杆弯拉应力 $\sigma_{N,M}$ 沿锚固长度先逐渐降低，在某一位置处再逐渐增大，然后达到一个峰值，最后再逐渐降低，直至在岩体深部降低为零，锚杆剪拉应力和拉应力在塑性平衡区保持不变，在弹性区快速降低。这说明横向剪切力对锚杆受力的影响较小，锚杆主要受到轴向拉伸和横向弯曲综合作用。

2) 应力集中系数对锚杆受力特征的影响

应力集中系数 k_1 分别为1.15、1.16和1.17时，锚杆弯拉应力 $\sigma_{N,M}$ 沿锚杆锚固长度的分布规律如图3-4-5所示。从图3-4-5可以看出，锚杆弯拉应力 $\sigma_{N,M}$ 沿锚固长度呈波浪形分布，在离托盘一定距离处出现了不同程度的波动，且应力集中系数 k_1 越大，$\sigma_{N,M}$ 波动越大，且 $\sigma_{N,M}$ 反向增大幅度越大。这说明在应力越集中的区域，锚杆受到轴向拉伸和横向弯曲共同作用越大。

从图3-4-5还可以看出，应力集中系数 k_1 越大，锚杆反向增大的弯拉应力峰值越靠近岩体深部，且增大的幅度越大，这说明在应力越集中的区域，锚杆需要调动更深处围岩的承载力，且锚杆弯拉受力越大。

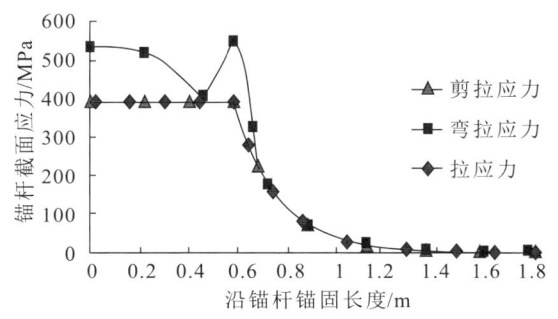

图3-4-4　锚杆截面应力沿锚固长度分布规律

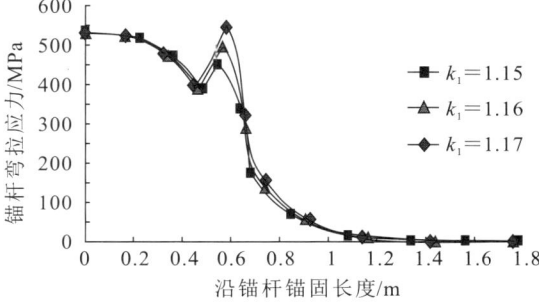

图3-4-5　不同应力集中系数时锚杆弯拉应力沿锚固长度分布规律

3) 岩体强度对锚杆受力的影响

在相同的应力分布条件下，岩体反力 k_2 分别为2.83、2.84和2.85时，锚杆弯拉应力沿锚杆锚固长度的分布情况如图3-4-6所示。

从图3-4-6可以看出,锚杆弯拉应力沿锚固长度呈波浪形分布,随着岩体反力系数k_2减小,在靠近托盘的外端部锚杆弯矩下降越快,且锚杆弯矩反向增大幅度越大,锚杆弯矩沿杆体长度波动幅度越明显,这说明支护锚杆在软岩隧道中受到横向弯曲变形更严重,锚杆受到轴向拉伸和横向弯曲共同作用越大。

4)托盘对锚杆受力的影响

在相同支护条件下,锚杆在托盘位置处受到的反向弯矩M_0分别为80N·m、90N·m和100N·m时,锚杆弯矩沿锚固长度的分布情况如图3-4-7所示。

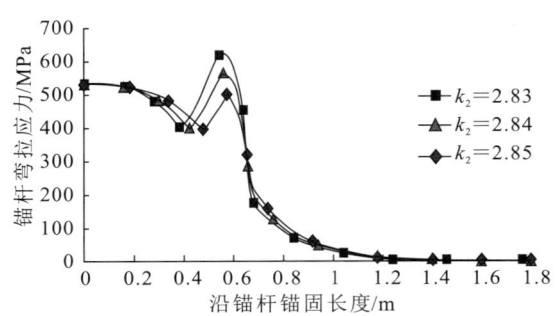
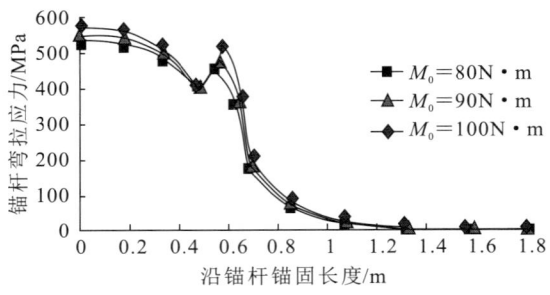

图3-4-6 不同岩体反力系数下锚杆弯矩沿锚固长度的分布规律

图3-4-7 托盘受到的反向弯矩对锚杆弯矩沿锚固长度的影响

从图3-4-7可以看出,锚杆在托盘处受到的反向弯矩越大,锚杆弯矩在岩体深部反向增幅越大,且锚杆弯矩波动越明显。这说明在锚杆安装过程中,在端口位置处采用配套合理的托盘和固定套件降低锚杆受到的反向弯矩,能够有效缓解锚杆横向弯曲变形的程度。

3.4.2 岩溶软岩隧道锚杆受力特征数值分析

3.4.2.1 FLAC 3D中pile单元简介

FLAC 3D中pile单元与网格在法线方向和剪切方向都可以发生交互摩擦作用,适用于模拟法向和轴向方向都有摩擦作用的结构构件。因此,pile结构单元能够通过延展的特殊材料模型来模拟支护锚杆。

3.4.2.2 FLAC 3D中pile单元模拟锚杆基本原理

FLAC 3D中pile单元属于线性结构单元,由构件和单元节点构成,单元杆体为理想弹塑性材料。锚杆的破断失效跟其材质有关,它的破断准则如式(3-4-1)所示,模型分为轴向和横向两个方向,分别如图3-4-8和图3-4-9所示。

$$\begin{cases} U(i) = \sqrt{U_{i,s}^2 + U_{i,n}^2} \\ U(i) \geqslant U_{\max}(i) = (1+\delta)L \end{cases} \quad (3-4-1)$$

式中,$U(i)$ 为编号 i 的单元构件长度(m);$U_{i,s}$ 为单元构件 i 的轴向变形量(m);$U_{i,n}$ 为单元构件 i 的横向变形量(m);$U_{\max}(i)$ 为单元构件 i 的极限变形量(m);δ 为锚杆的延伸率;L 为每个单元构件的长度(m)。

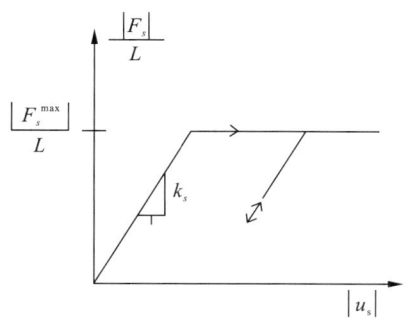 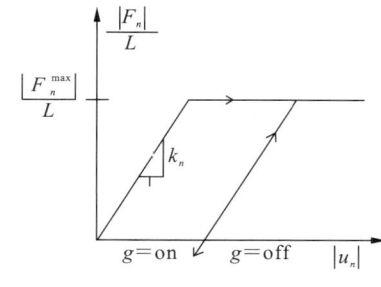

图 3-4-8 pile 构件轴向方向材料特性　　图 3-4-9 pile 构件法向方向材料特性

由图 3-4-8 可知,pile 单元轴向方向材料的本构方程如式(3-4-2)所示:

$$\frac{|F_s|}{L} = \begin{cases} -k_s u_s, \dfrac{F_s}{L} < \dfrac{F_s^{\max}}{L}, U < U_{\max} \\ \dfrac{F_s^{\max}}{L}, \dfrac{F_s}{L} \geqslant \dfrac{F_s^{\max}}{L}, U < U_{\max} \\ 0, U \geqslant U_{\max} \end{cases} \quad (3-4-2)$$

式中,F_s 为锚固剂的剪切力(N);k_s 为单位长度上锚固剂的轴向刚度(N/m);u_s 为 pile 构件与围岩之间相对轴向位移(m);$F_s^{\max}$ 为锚固剂的屈服剪切力(N)。

由图 3-4-9 可知,pile 单元横向方向材料的本构方程如式(3-4-3)所示:

$$\frac{|F_n|}{L} = \begin{cases} -k_n u_n, \dfrac{F_n}{L} < \dfrac{F_n^{\max}}{L}, U < U_{\max} \\ \dfrac{F_n^{\max}}{L}, \dfrac{F_n}{L} \geqslant \dfrac{F_n^{\max}}{L}, U < U_{\max} \\ 0, U \geqslant U_{\max} \end{cases} \quad (3-4-3)$$

式中,F_n 为锚杆与围岩之间锚固剂的横向作用力(N);k_n 为单位长度上锚固剂的横向刚度(N/m);u_n 为 pile 构件与围岩之间的相对横向位移(m);$F_n^{\max}$ 为 pile 构件的屈服横向作用力(N)。通过 pile 单元模拟锚杆,并将每根锚杆分为 10 个 cid 构件和 11 个单元节点,力学模型如图 3-4-10 所示。

围岩变形会作用在锚杆结构单元节点上,引发锚杆与围岩之间的力学响应,根据每个时间步下的变形值就能够通过 pile 单元的本构方程计算出锚杆每个 cid 构件的轴力和弯矩值。通过 FLAC 3D 的 HIS 命令可以分别记录下锚杆随围岩变形过程中不同时间步下每个 cid

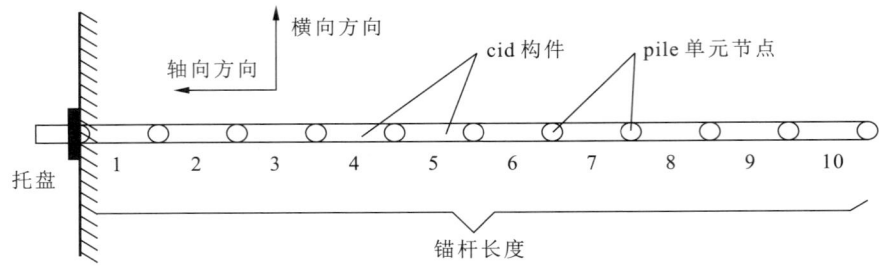

图 3-4-10 pile 构件法向方向材料特性

构件的轴力和弯矩值,并可同时记录下每个单元节点的轴向位移和横向位移,从而可以分析锚杆轴向和横向受力随时间的变化特征。

3.4.2.3 确定锚杆受力数值计算方案

1）建立数值计算模型

为了分析软岩隧道不同位置处支护锚杆的受力特征,建立的锚杆支护数值计算模型如图 3-4-11 所示。

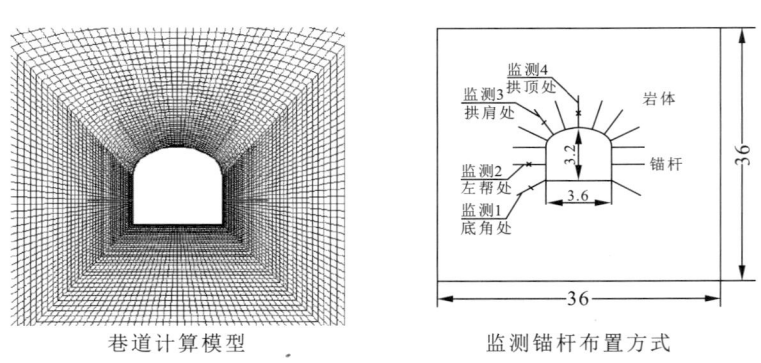

图 3-4-11 隧道计算模型及监测锚杆布置方式

建立数值模型,模型共有 224 000 个单元,236 901 个节点。由于锚杆安装角会对锚杆受力造成一定影响,本书在数值计算中将分别监测记录底角、左帮、拱肩和拱顶 4 个区域处锚杆的受力和位移情况。

2）确定模型边界条件

为了保证模型的水平切向位移为零,分别在模型前、后、左、右 4 个方向设置水平约束,并在底部设置垂直约束,模型上表面为自由面并施加上覆岩层自重应力,计算过程中利用空模型（Null）模拟隧道开挖形成的空区,隧道岩体采用 Mohr-Coulomb 模型进行模拟。

3）选取模型计算参数

本次数值分析选取水平应力为 16.48～28.71MPa,垂直应力为 17.36MPa。采用直径

18mm、长度1 800mm的锚杆进行预应力全长锚固支护,锚杆排距1m,锚杆通过托盘螺母施加40kN的预紧力。数值计算选用的岩体物理力学参数见表3-4-2,支护锚杆参数见表3-4-3。

表3-4-2 数值计算选用的力学参数

岩样	单轴抗强度/MPa	弹性模量/GPa	泊松比	黏聚力/MPa	内摩擦角/(°)
A	2.4	4.2	0.24	1.06	37.0

表3-4-3 数值计算选取的支护锚杆参数

支护	弹性模量/GPa	预紧力/kN	泊松比	水泥浆黏结刚度/GPa	水泥浆黏结/(kN·m^{-1})	水泥浆摩擦角/(°)	抗拉强度/MPa
锚杆	60	40	0.3	4.837	66.7	25	500

3.4.2.4 数值计算结果分析

1)围岩应力场分布特征

开挖后,在拱肩和底角区域形成拉、压应力集中,最大压应力为−12.4MPa,最大拉应力为12.5MPa,且拉、压集中应力向顶底板和两帮中心方向发展,在隧道顶底板和两帮处形成三角形复合应力场,这说明巷道顶底板和两帮处围岩受到来自于拱肩和底角方向的挤压变形压力。

2)围岩变形特征

锚杆受力与隧道围岩变形有直接关系,为了弄清楚岩溶软岩隧道中锚杆受力的变化特征,需要分析软岩围岩位移矢量和变形量大小。

开挖后围岩在水平方向和垂直方向的变形,开挖后围岩在水平方向发生了明显的变形,隧道两帮出现内臌现象,两帮中心处围岩变形量最大,右帮中心处围岩变形量为58.573mm,左帮中心处围岩变形量为55.486mm,围岩变形范围呈月牙状以两帮为中心按层状分布,围岩月牙状变形范围越过拱肩和底角向顶底板方向发展;开挖后出现严重的拱顶下沉和底臌现象,围岩底部最大变形量为202.28mm,顶底板处围岩大变形范围呈三角形分布,隧道底角区域围岩往上挤压变形,这说明隧道开挖后各区域围岩变形并不协调,隧道顶底板区域围岩受到拱肩和底角区域围岩挤压,其中隧道底部围岩挤压变形最为严重。

隧道各个区域围岩变形方向和变形量并不相同,隧道顶底板和两帮处围岩向隧道开挖空间中心变形,而隧道拱肩和底角区域围岩偏向顶底板和两帮中心处变形,离顶底板和两帮中心处越远,围岩变形偏向程度越大;隧道顶底板和两帮处围岩变形量较大,拱肩和底角区域围岩变形量稍小。这说明隧道拱肩和底角区域围岩朝着顶底板和两帮方向挤压变形,顶底板和两帮处围岩会有较大的变形量。

3)锚杆单元节点位移特征

从隧道围岩变形规律可以发现,隧道各个区域处围岩变形方向和变形量并不相同,因隧道围岩变形会对锚杆受力产生直接影响,所以为了更进一步分析隧道各个区域处锚杆支护范围内围岩变形情况,将分别监测隧道底角、左帮、拱肩和拱顶4个区域处锚杆轴向和横向两个方向的变形量。

软岩隧道围岩向隧道中心方向的变形大致经历3个阶段。第一阶段,开挖初期围岩快速变形阶段,该阶段隧道变形量大;第二阶段,围岩积累的形变能得到一定程度的释放后,围岩变形速率逐渐降低阶段;第三阶段,隧道围岩变形缓慢或均匀稳定阶段。从隧道不同位置处锚杆轴向位移还可以看出,围岩越靠近临空面位移量越大,底角、两帮、拱肩和拱顶区域处围岩在快速变形期基本保持变形一致,而底角处围岩在快速变形后最先趋于稳定,两帮处围岩则在快速变形后处于非常缓慢的小变形阶段,拱肩和拱顶处围岩则在快速变形后又处于持续的缓慢变形中。此外,底角处围岩沿锚杆轴向不同深度位移基本保持均衡,而左帮、拱肩和拱顶区域围岩沿锚杆轴向方向出现了不同程度的"离层"现象,且越靠近拱顶围岩离层程度越明显,这说明从两帮到拱顶位置处,越靠近隧道壁的岩体变形速度越快。

隧道底角、左帮和拱肩处围岩靠近临空面区域位移变形量大,随着开挖时间的增大,围岩变形由外到深部逐渐变形,拱顶处围岩在开挖早期没有发生横向变形,后期在锚杆中部位置处相对发生较大变形;隧道各个区域处围岩发生横向变形量相差较大,拱肩和底角区域围岩发生横向变形量较大,左帮处围岩发生横向变形量稍小,拱顶处围岩发生横向变形量最小,其中拱肩处岩靠近临空面处最大位移量达到了20mm,底角处围岩靠近临空面处最大位移量达到了17.2mm,左帮处围岩最大横向变形为3mm,而拱顶处围岩最大横向变形量只有0.001mm。这说明软岩隧道中拱肩和底角区域围岩发生横向变形较严重,而两帮和拱顶区域围岩发生横向变形较少。

底角和拱肩处围岩位移方向相反,底角处围岩位移指向底板方向,拱肩处围岩位移指向顶板方向,这说明软岩隧道拱肩和底角区域围岩是向顶底板和两帮区域挤压变形。

总结软岩隧道围岩变形特征可以看出,隧道各个区域处围岩变形方向和变形量大小并不相同,其中两帮和拱顶区域围岩主要向开挖空间中心方向变形,而拱肩和底角区域围岩向顶底板中心方向挤压变形。

4)隧道不同区域处锚杆轴向受力特征分析

隧道开挖后不同区域支护锚杆在不同时间步时轴力分布情况如图3-4-12所示。

从图3-4-12可以看出,随着时间的增加,锚杆轴力沿杆体长度分布并不相同,在支护早期时锚杆最大轴力出现在端头托盘位置处,在支护中后期,拱顶和两帮区域锚杆轴力沿杆体呈梭形分布,锚杆最大轴力出现在杆体中部位置,而拱肩和底角区域锚杆最大轴力在端口位置。同时,越靠近拱顶区域锚杆轴力越大,拱顶区域锚杆先是最中间处锚杆发生破断,最终在隧道拱顶区域出现了3根锚杆破断失效,拱顶和拱肩处锚杆轴力分布出现了波动情况。这说明隧道不同区域处支护锚杆轴向受力并不相同,其中靠近拱顶区域支护锚杆轴向受力较大。

图 3-4-12　不同时间步时锚杆轴力分布

根据监测锚杆 cid 构件轴力值建立了支护隧道不同区域处不同时期锚杆轴力沿杆体长度的分布曲线,隧道不同区域处锚杆轴力沿锚固长度分布曲线呈两种分布特征,其中左帮、拱肩和拱顶处呈波浪形,锚杆轴力最大波峰出现在锚杆中段不同位置处;而底角处锚杆轴力峰值则出现在靠近孔口位置处。此外,拱肩和拱顶处锚杆轴力出现的波浪形变化最为明显,且锚杆轴力波动随着支护时间的增加变化越发显著,这是由隧道顶板区域围岩变形不协调造成的,表明本书数值计算结果与现场监测结果相符。

随着支护时间的增加,锚杆轴力也发生着不同变化。在锚杆支护初期,锚杆轴力从孔口部位开始沿杆体长度方向快速降低,轴力主要分布在离孔口部位一定范围内。但随着支护时间的增加,锚杆轴力出现了明显的波动现象,且锚杆轴力不断向锚杆底部传递,锚杆轴力最大值位置也不断发生移动,其中两帮位置锚杆轴力最大值基本保持在锚杆中部位置(图 3-4-13),而拱肩和拱顶部位锚杆轴力最大值则出现波浪式变化并向底部转移。全长锚固预紧力、锚杆轴力峰值作用点的位置与托板提供的预紧力大小有关,托板提供的预紧力越大,轴力峰值作用点越靠近托盘处,如图 3-4-14 所示。

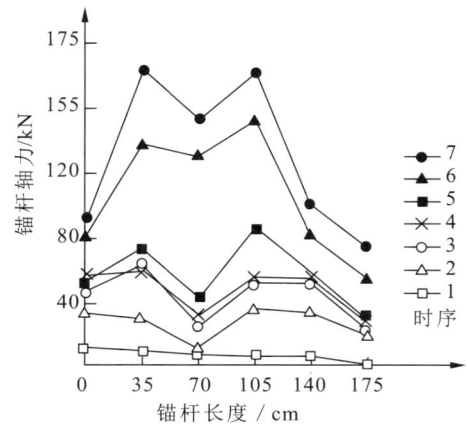

图 3-4-13　现场测试锚杆的轴力
分布曲线

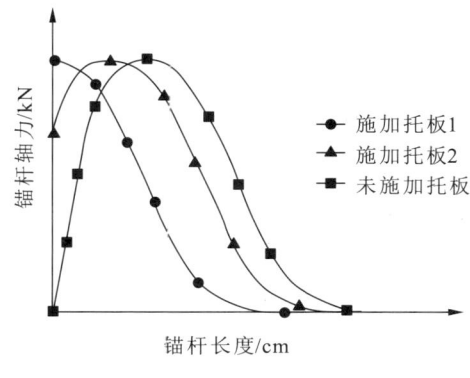

图 3-4-14　预应力全长锚固锚杆轴力
分布曲线

5)隧道不同区域处锚杆横向受力特征分析

隧道开挖后不同区域支护锚杆在不同时间步时弯矩分布情况如图3-4-15所示。

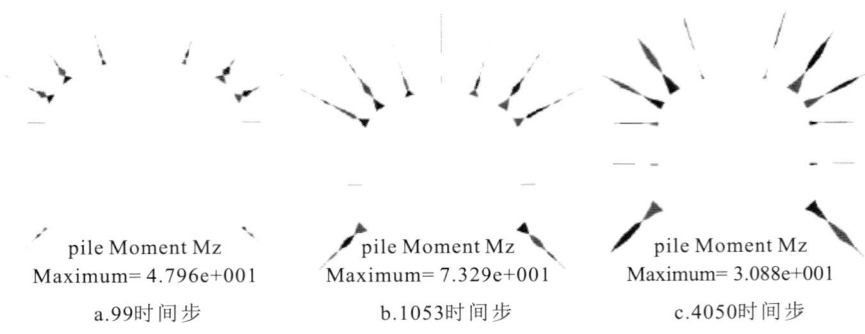

图3-4-15 不同时间步时锚杆弯矩分布

从图3-4-15可以看出,锚杆发生横向弯曲变形主要集中在隧道拱肩和底角区域,而拱顶和两帮区域锚杆弯矩很小。锚杆在隧道对角线方向弯矩最大,锚杆偏离隧道对角线方向角度越大,锚杆弯矩越小,在隧道拱顶中心和两帮处锚杆弯矩达到最小,且锚杆弯矩沿杆体长度呈正负两个方向交替分布,靠近隧道临空面的端部与深入岩体内段弯矩方向相反,锚杆在托盘位置弯矩最大,越往岩体深处锚杆弯矩越小。这说明隧道拱顶和两帮处锚杆基本不受横向弯曲作用,而隧道拱肩和底角区域锚杆需要横向抵抗围岩从拱肩和底角区域向顶底板方向的挤压变形,且在隧道对角线方向锚杆需要承载的横向弯曲作用最大。从图3-4-15还可以看出,随着时间的增加,锚杆弯矩先增大,到后期再减小,在支护早期锚杆最大弯矩为47.96N·m,在中期锚杆最大弯矩为73.29N·m,到后期时锚杆最大弯矩为30.88N·m,这说明锚杆发生弯曲变形的程度与支护时间有关,在支护早中期锚杆发生横向弯曲变形的程度较大。

隧道不同区域处锚杆的弯矩大小相差较大。其中拱肩和底角处锚杆弯矩较大,拱肩处锚杆最大弯矩达到92N·m,底角处锚杆最大弯矩达到78N·m;而左帮处锚杆最大弯矩为8N·m,拱顶处锚杆弯矩最大只有0.000 2N·m。这说明支护锚杆在拱肩和底角位置处易发生横向弯曲变形。同时,底角和拱肩处锚杆弯矩沿杆体长度呈正负两个方向分布,在靠近锚杆孔口的端部与深入岩体的中部弯矩方向相反,孔口部位锚杆弯矩最大,且锚杆每个cid构件的弯矩大小都随着支护时间的增加先快速增大,然后再逐渐减小,呈"波峰状"的变化规律。这主要是由于隧道开挖卸压后,靠近临空面的隧道围岩变形快,使得锚杆靠近托盘的外端部一起快速变形,同时托盘处的固定螺母使得锚杆在托盘处产生了较大的偏心荷载,积累了较大的反向弯矩。随着变形逐渐向深部发展,锚杆弯曲变形程度得到缓解后,锚杆的弯矩又逐渐降低。

在相同时间内,底角、左帮和拱肩处支护锚杆的弯矩沿杆体长度都呈波浪形分布,且靠近隧道临空面的波峰(或波谷)数值最大,越往岩体深部波峰(或波谷)数值逐渐减小,拱顶处锚杆在支护后期在锚杆中后部分才有较小的弯矩产生。这表明锚杆受到的横向弯曲作用主要集中在靠近临空面的外端部,与发现的失效锚杆(图 3-4-16)形态相符。

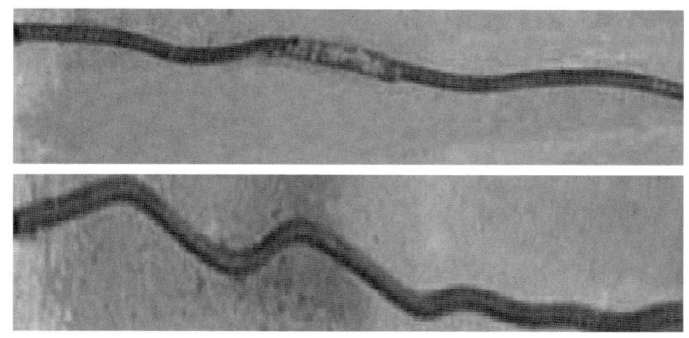

图 3-4-16 现场发现锚杆弯曲变形图

同一根锚杆的弯矩具有很大的时效特性,锚杆端部弯矩随时间先增大后逐渐减小,而锚杆中部弯矩出现峰值的位置逐渐向锚杆底部发展且弯矩逐渐变小,呈现出"先大后小"的特点。

6)围岩性质对锚杆受力的影响

假设锚杆参数和锚杆布置方式不变,隧道拱肩处锚杆最大轴力及弯矩随围岩弹性模量的变化曲线如图 3-4-17 和图 3-4-18 所示。

从图 3-4-17 可以看出,当围岩弹性模量较小时,玻璃钢锚杆最大轴力接近其极限抗拉强度,并可能发生拉伸破坏。随着围岩弹性模量逐渐增大,锚杆最大轴力缓慢降低并趋于平缓。这表明围岩弹性模量越小,支护的玻璃钢锚杆所受轴力越大,越容易发生轴向拉伸破坏。

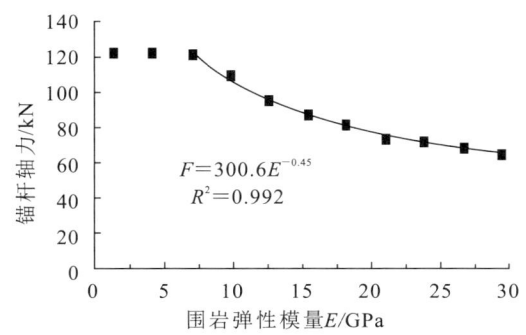

图 3-4-17 拱肩部位锚杆最大轴力与围岩弹性模量的关系

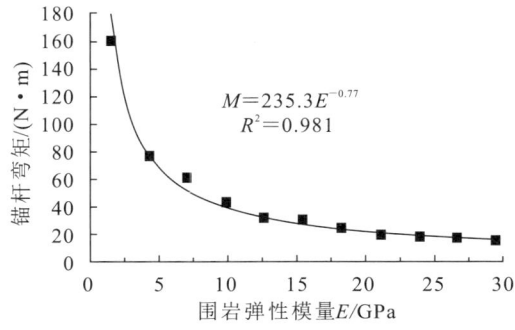

图 3-4-18 拱肩部位锚杆最大弯矩与围岩弹性模量的关系

从图 3-4-18 可以看出,锚杆最大弯矩随围岩弹性模量的增大先快速降低后再缓慢降低并趋于平缓。从计算结果可以看出,在围岩弹性模量小于10GPa的范围内,玻璃钢锚杆最大弯矩随围岩弹性模量的增大而降低较快,当围岩弹性模量大于10GPa时,玻璃钢锚杆最大弯矩随围岩弹性模量增大下降速度降低并逐渐平缓。这说明玻璃钢锚杆在软岩中受到横向弯曲变形更严重,而玻璃钢锚杆抗弯性能较弱,更容易在软岩隧道拱肩和底角区域发生弯拉破断失效。

3.4.3 结　论

本节主要通过实例理论分析和FLAC 3D数值计算相结合的方式研究了岩溶软岩隧道中支护锚杆的受力特征,主要得出以下结论:

(1)软岩隧道中锚杆受力与浅部有较大差别,锚杆不仅受到轴向拉伸作用,还受到横向剪切和弯曲作用,但在岩溶软岩隧道中锚杆主要受到轴向拉伸和横向弯曲的综合作用。

(2)锚杆支护区域应力越集中,锚杆横向弯曲的程度越大,锚杆弯拉受力越明显;锚杆轴力在靠近托盘的尾部部分基本保持不变,在深入岩体内部的端头部分轴力快速降低,而锚杆弯矩沿杆体长度在轴线正负两个方向呈波浪形分布,且越往岩体深部,锚杆弯矩峰值越小,锚杆弯曲变形主要集中在靠近托盘的尾部部分;锚杆发生横向弯曲变形主要出现在支护初期,随着支护时间增长,锚杆弯矩逐渐降低,而锚杆最大弯矩位置也从尾部逐渐向端部转移。

(3)锚杆在隧道对角线方向发生横向弯曲变形程度最大,锚杆偏离隧道对角线方向角度越大,锚杆弯曲变形程度越小,在隧道拱顶中心和两帮处锚杆弯曲变形程度最小。

(4)同断面隧道不同安装位置处锚杆受力具有较大差异,隧道拱顶和两帮处锚杆主要受轴向拉伸作用,拱肩和底角处锚杆同时受到轴向拉伸和横向弯曲作用。其中,拱肩处锚杆受到轴向拉伸和横向弯曲的弯拉综合作用最大。

3.5　DCP、YE预应力锚杆在机械化开挖大断面隧道中的施工应用

自20世纪70年代起,机械胀壳式锚杆支护技术作为临时支护及注浆永久支护,已经成功应用于采矿、边坡支护、水利水电及地下空间等工程中,并取得了较好的支护效果。1981年Hrkk指出机械点锚式锚杆通常是胀壳式或楔缝式的。国内胀壳式预应力中空锚杆最早应用于锦屏水电站,卢小刚(1998)基于锦屏Ⅱ级水电站引水隧洞锚杆施作,通过试验总结了胀壳式预应力中空锚杆较砂浆锚杆具有更好的锚固效果。杨瑞莲等(1991)针对水电站地下洞室薄层、陡倾角灰岩、夹软弱页岩提出了采用钢质楔头胀壳式预应力中空注浆锚杆新技术。赵应文(1986)基于现场实际施工,得出胀壳式预应力锚杆较普通砂浆锚杆对强岩爆围岩快速加固效果尤其突出。周益龙基于不同类型锚杆的拉拔试验,从锚固力的角度阐述了

胀壳式金属锚杆较砂浆锚杆强。汪波等(2001)以公路隧道为例,通过现场试验研究了不同预应力及间距下胀壳式预应力中空注浆锚杆的防爆效果,针对中等岩爆段锚杆的初始预应力值、锚杆间距和锚杆长度提出了最优设计值。何思明等(2011)通过推导锚杆在完全黏结条件下界面剪应力分布公式,阐述了预应力锚杆的荷载传递特性,提出了锚杆剪应力仅仅分布在锚杆前缘有限范围内。王四巍等(1996)采用 UDEC 模拟分析坡体碎裂区与严重碎裂区杆体的轴力和剪力分布特征,从数值模拟剪力分布特征方面说明了中空注浆锚杆加固效果要优于全黏锚杆。叶东方(1995)运用 FLAC 3D 模拟隧道支护过程中中空注浆锚杆支护和普通砂浆锚杆支护 2 种工况下的隧道顶板沉降量、衬砌的塑性区和剪应力场的变化,分析得出中空注浆锚杆能够更好地实现封闭压力注浆,使浆液向围岩孔隙和裂缝中扩散,提高锚固作用。徐佑林等(2006)采用多物理场数值模拟软件,模拟了砂浆锚杆和高预应力锚杆在煤与瓦斯突出隧道中的控制作用,但未提出具体的量化指标。王同旭等(1998)采用数值模拟方法研究了不同节理位置和节理倾角等节理特征下,预应力锚杆支护前后节理面及巷道稳定性变化规律。综上所述,已有文献主要针对锚杆的剪应力分布特征、工艺、锚固力、拉拔力等方面进行理论分析、数值计算、现场试验分析,并未研究锚杆支护对围岩松动圈的作用。本书基于郑万高铁黄家沟机械化大断面隧道施工采用胀壳式预应力中空锚杆和砂浆锚杆支护案例,介绍了胀壳式预应力中空锚杆的原理和工艺流程,通过注浆试验对比分析,提出合适的隧道锚杆注浆比例,并结合锚杆轴力监测和地层位移监测阐述胀壳式预应力中空锚杆对围岩松动圈的作用,为隧道机械化大断面施工初期支护优化以及建造智能动态设计系统提供条件。

3.5.1 工程概况

郑万高速铁路,简称郑万高铁,是郑渝高速铁路(郑州—重庆)的重要组成部分,同时也是联系华北、华中地区和西南地区的主要高速客运通道,兼顾沿线城际及旅游客流运输。郑万高铁湖北段全线建筑长度 296km,估算总投资 380 亿元。设计行车速度为 350km/h。途径湖北省襄阳市襄城区、南漳县、保康县、神农架林区、兴山县、恩施州巴东县,进入重庆市内,连接渝万高铁。

试验工点黄家沟隧道位于襄阳市南漳县和保康县内,隧道起止里程为 D1K467+230～DK476+237,断链(D1K476+020.279=DK476+200)长度 179.721m,隧道全长 7 827.279m,是标段范围内最长的隧道,最大埋深 209.4m。隧道中部设一横洞,全长 244m,横洞与隧道正洞右线相交于 D1K472+150。全隧道按进口、横洞、出口共计 3 个工区 4 个作业面组织施工,其中进口工区承担 2 572m(明洞 11m,Ⅴ级围岩 69m,Ⅳ级围岩 2 092m,Ⅲ级围岩 400m);横洞工区承担正洞 3 798m(Ⅴ级围岩 150m,Ⅳ级围岩 3 648m);出口工区承担 1 457.279m(Ⅴ级围岩 237.279m,Ⅳ级围岩 1 200m,明洞 20m)。该隧道总工期 39 个月。全隧道以Ⅳ级围岩为主,设计长度 6 940m,占全隧道长度的 88.7%;Ⅲ级围岩 400m,Ⅴ级围岩 456.279m。

3.5.2 工程地质及水文地质

黄家沟隧道洞身穿越地层为志留系砂质页岩夹碳质页岩,隧道右侧发育区域性断裂田家沟大断层。线路平行于该断层前行,间距100～300m,受该断层影响,隧道范围内岩层产状紊乱,节理裂隙发育,岩体挤压破碎严重,局部地段岩体遇水软化严重,呈泥状,开挖后局部易发生小范围滑塌现象,整体稳定性差。横洞大里程方向开挖揭示岩性为青灰色薄层状砂质页岩,质软、强度低,受田家沟断层及岩层顺层偏压影响,次生褶皱及节理裂隙发育,岩层挤压严重,岩体呈碎屑—碎块状。开挖后风化现象严重,揉搓易碎,存在局部滑塌、掉块现象,围岩自稳能力较差,围岩开挖后掌子面岩层湿润,日常无裂隙水渗出,雨天有裂隙水渗出,但在沟谷、褶皱核部及存在裂隙水。

黄家沟隧道所穿山体南侧斜坡上有多条冲沟为干沟,雨时有水,雨过即止。地下水主要类型有第四系孔隙潜水和基岩裂隙水,主要为大气降水及地表水补给。全隧道预测正常涌水量9 395m³/d,最大涌水量18 790m³/d。

3.5.3 支护参数

原设计支护参数见表3-5-1。

表3-5-1 隧道初期支护参数表

围岩级别	C25喷射混凝土		Φ6钢筋网		锚杆			钢架		
	位置	厚度/cm	设置部位	网格间距/cm	设置部位	间距(环×纵)/m	长度/m	设置部位	规格	间距/m
Ⅴa	拱墙	28	拱墙	20×20	拱部	组合中空锚杆 1.2×1.0	4.0	全环	I20b型钢	0.8
	仰拱	28			边墙	砂浆锚杆 1.2×1.0	4.0			
Ⅳa2	拱墙	25	拱墙	20×20	拱部	组合中空锚杆 1.2×1.2	3.5	拱墙	I18型钢	1.2
	仰拱	10			边墙	砂浆锚杆 1.2×1.2	3.5			

注:设计超前支护采用ϕ51mm(壁厚1cm)自进式超前中管棚,环向间距0.5m,纵向长度25m,每循环50根。

3.5.4　DCP、YE 锚杆技术参数

3.5.4.1　锚杆结构

(1)DCP 锚杆:由螺母、注浆管、拱形垫板、注浆囊、全螺纹实心杆体、波纹套管、钢制胀壳锚固件组成(图 3-5-1)。钢制胀壳锚固件外径 4cm,全螺纹实心杆体直径 22mm,波纹套管外径 4cm,注浆球囊外径 6.6cm,单根长度 4.05m,重量 13.55kg。

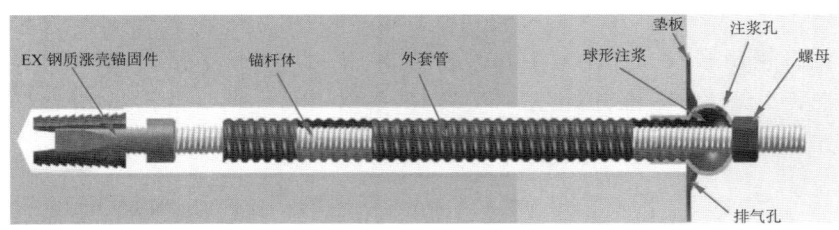

图 3-5-1　DCP 锚杆组成构件图

(2)YE 锚杆:由全螺纹中空锚杆体、半球形钢制垫圈、螺母、拱形垫板、钢制胀壳锚固件组成(图 3-5-2)。钢制胀壳锚固件外径 4.4cm,全螺纹中空杆体直径 25mm,单根长度 4.05m,重量 11.95kg。

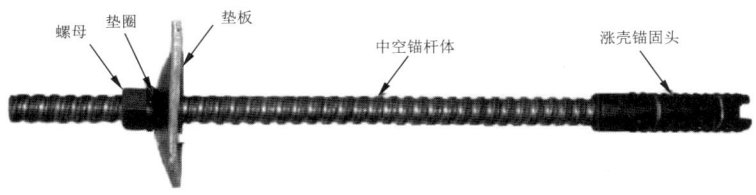

图 3-5-2　YE 锚杆组成构件图

3.5.4.2　施工原理

锚杆安装时,通过外拉、旋紧锚杆杆体使锚杆前段胀壳头张开,与围岩有效接触,给锚杆施加一定的初锚力(初始张拉力),并通过旋紧螺母使安装在孔口的锚杆垫板对岩壁形成约束力,第一时间形成压力拱效应,然后通过注浆,即用水泥浆作填充黏结剂,使锚杆和孔壁黏结牢固,提供摩擦阻力,阻止岩体发生位移,最终达到抑制围岩变形或承受围岩荷载的效果。

3.5.5　施工工艺

隧道开挖完毕并对掌子面及开挖断面初喷完成后,全电脑三臂凿岩台车就位,利用提前导入台车电脑的锚杆布置图进行锚杆定位,三臂凿岩台车钻臂根据锚杆点位钻孔,通过台车

作业框人工将组装好的DCP/YE锚杆送入孔内,当锚杆至孔底后采用风动扳手上紧螺栓,使锚杆胀壳扩张与孔壁卡紧,钻孔及安装锚杆平行作业。待锚杆全部安装完毕后,利用注浆泵向孔内灌注水泥浆,待浆液从垫板后溢出视为注满,施工完成。

3.5.5.1 钻孔及清孔工序

1)钻头的选择

(1)DCP锚杆钢制胀壳头直径为40mm,高家坪隧道进口目前岩层整体性较好,硬度较高,坚硬岩体钻头采用45mm球齿合金钻头,钻孔成孔48mm,钻孔完毕后间隔2h内及时安装,可顺利插入。较软岩地段建议采用48mm钻头钻孔,避免塌孔缩孔,造成杆体插入困难。

(2)YE锚杆钢制胀壳头直径为44mm,试验采用51mm钻头钻孔,成孔直径约54mm,插入锚杆后胀壳头无法有效涨开;由于岩层较好,采用45mm钻头钻孔,部分锚杆安装困难,需施加外力方可插入锚杆。采用48mm钻头钻孔,YE锚杆可顺利安装。

2)钻孔顺序

现场钻孔受空间影响仅采用1台三臂凿岩台车钻孔,由于锚杆沿开挖轮廓布置,打孔顺序为由上至下钻孔,先钻拱部120°范围,再钻边墙锚杆孔,为锚杆安装平行作业提供有效作业面,达到钻孔安装平行作业,提高施工效率。

3)钻孔角度及方向

将锚杆设计布置图导入台车电脑,台车定位后,调整台车钻臂开始钻孔,钻孔角度及方向沿开挖轮廓线法线方向(部分地质情况较差地段应根据现场岩层产状及节理裂隙发育情况调整锚杆布设位置及角度),保证锚杆安装后,垫板与围岩基面密贴,避免注浆后浆液外流。

存在问题及优化建议:由于开挖轮廓基面不平整,台车操作人员距离较远,无法观察钻臂在岩壁上开孔位置基面平整度,导致部分钻孔锚杆安装后垫板与围岩不密贴,影响锚固质量。建议三臂凿岩台车厂家在钻臂前端安装摄像头,使操作人员在驾驶室内能够清晰观察基面平整情况,选择合适位置开孔起钻,保证后续锚杆安装质量。

4)清孔

钻孔成孔后,利用三臂凿岩台车钻杆反复抽插注水洗孔2~3次(特别是拱腰以下锚杆孔),将孔壁及孔内岩屑冲洗干净(图3-5-3)。

5)工艺要点

(1)锚杆钻孔施工,要根据全电脑凿岩台车的钻臂划分好每个钻臂的钻孔范围及顺序,使全电脑凿岩台车的3个臂尽可能实现平行作业,充分发挥全电脑三臂凿岩台车的性能及功效。

(2)锚杆钻孔顺序采用先上后下形式或集中完成一个区域,使钻孔施工和锚杆安装能够平行作业。避免钻孔放置时间过长导致缩孔、塌孔,影响锚杆安装。

(3)根据围岩情况调整钻头直径,围岩较差部位适当扩大钻头孔径,以保障锚杆能有效安装。

图 3-5-3 凿岩台车钻孔与清孔

3.5.5.2 杆体推送工序

1）杆体推送

钻孔完毕后,利用三臂凿岩台车工作筐进行锚杆安装。将锚杆放置在作业筐的锚杆挂架中,升高挂架,将锚杆头插入孔内,调整方向,在操作筐中操作举升操作平台,将锚杆送入孔中。

2）胀壳头固定

插入锚杆前,检查塑料扎带是否存在断裂破损,如存在扎带破损情况应立即更换扎带进行重新绑扎。将锚杆前端钢制胀壳锚固件有效旋入螺纹杆体,保证胀壳头与杆体有效连接。

3）工艺要点

（1）DCP 锚杆组装时,注浆囊必须与螺纹套管旋紧,防止注浆时浆液外漏,影响注浆质量。

（2）锚杆安装时,当杆体将完全至孔底时,可用力快速将锚杆送入,使锚杆快速进入孔底并受自重作用使锚杆前端胀壳头张开固定到孔内。

（3）DCP 锚杆螺栓上紧前,调整锚杆注浆囊孔口方向,使其在一个方位,便于快速注浆。

3.5.5.3 初始张拉力施加工序

将锚杆插入到位后,手动用力外拉、旋转锚杆体,随着杆体被拉出旋转,使得胀壳头充分涨开,胀壳与岩壁充分咬紧;安装垫板、螺母,通过三臂凿岩台车操作筐中高压风口,带动风炮机扭紧锚杆螺栓,对锚杆施加初始张拉力,使垫板与岩壁充分接触。锚杆试验过程中对现场安装后的锚杆孔口张拉力进行了测试,采用孔口测力计安装在锚杆垫板与基面之间,并用风动扳手上紧锚杆螺栓,经测试采用风动扳手紧固锚杆能达到的张拉力为 45kN 左右（图 3-5-4 和图 3-5-5）。

工艺要点:为保证胀壳头有效、快速张开,在锚杆安装前,将胀壳头"U"形钢片向两侧撬开一定角度,在初始的时候起到悬挂作用,增大与孔壁摩擦,使胀壳头快速胀开。

图 3-5-4 装杆

图 3-5-5 施加初始张拉力

3.5.5.4 注浆工序

1)浆液材料及拌合

注浆采用螺杆泵注浆机低压注浆,浆液采用 0.38∶1 单液水泥浆,注浆压力 0.5~1MPa。浆液拌合采用先加水,再加入水泥,保证浆液拌合均匀。现场配备标准量具,避免每次称重降低工效。为加快注浆速度,配备 2 台注浆机及 1 台注浆车辆,将注浆设备及材料整合集中在车辆中,形成注浆工序单元,提高注浆施工效率。

2)注浆

DCP 锚杆注浆将注浆嘴插入锚杆注浆囊,待垫板与岩面漏浆后停止注浆(图 3-5-6);

图 3-5-6 DCP 锚杆注浆球及注浆嘴

YE 锚杆注浆将注浆快速接头与中空锚杆杆体旋紧,待垫板与岩面溢浆后停止注浆,拆除快速接头,封堵锚杆孔(图 3-5-7 和图 3-5-8)。

3)工艺要点

(1)由于 DCP 锚杆注浆嘴孔径较小,浆液浓稠,极易造成堵管,浆液拌合后,在注浆机进浆口安装滤网,过滤浆液中杂质及因拌合不均形成的水泥板结,避免注浆过程中堵管。

(2)锚杆安装完毕后统一注浆,浆液随拌随用,保证注浆作业的连续性,如注浆过程中有中断,则必须将注浆管用清水清洗干净后,方可停止注浆,且需保证注浆桶内剩余浆液搅拌

图 3-5-7　YE 锚杆注浆接头

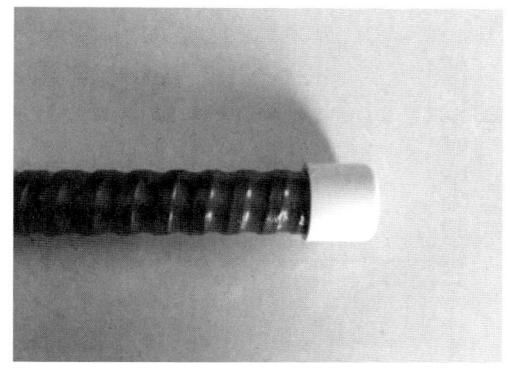

图 3-5-8　YE 锚杆注浆封堵盖

不能停止,避免堵管。

(3)采用低压注浆,严格控制注浆压力,避免由于注浆压力过大造成孔内空气无法有效排出,注浆不密实。

(4)对拱顶位置锚杆注浆完毕后,需用专用配备的塑料封盖将注浆口进行封堵,避免浆液外流,影响注浆质量。

4)注浆试验

现场进行注浆参数试验。注浆浆液采用水泥净浆,根据经验数据,结合现场设备情况,选取 5 种配合比进行对比试验。注浆时间及注浆量由注浆自动记录仪测定,注浆饱满判定标准根据注浆时间、注浆压力、注浆量、浆液外溢等情况判定。浆体饱满度由锚杆锚固质量检测仪测定。现场平行试验结果见表 3-5-2 和图 3-5-9～图 3-5-12。

表 3-5-2　现场锚杆平行注浆试验结果

试验编号	水灰比	组数	有效组数	平均值				注浆现象
				注浆压力/MPa	注浆时间/s	注浆量/L	注浆饱满度/%	
1	0.34:1	4	2	1.15	4.05	5.30	77.5	2 组堵管
2	0.36:1	4	3	1.10	4.77	6.17	87.0	1 组堵管
3	0.38:1	4	4	1.00	4.97	7.05	91.5	
4	0.40:1	4	4	0.98	5.73	8.18	85.5	回流较大
5	0.42:1	4	4	0.90	5.68	7.98	81.0	返浆快

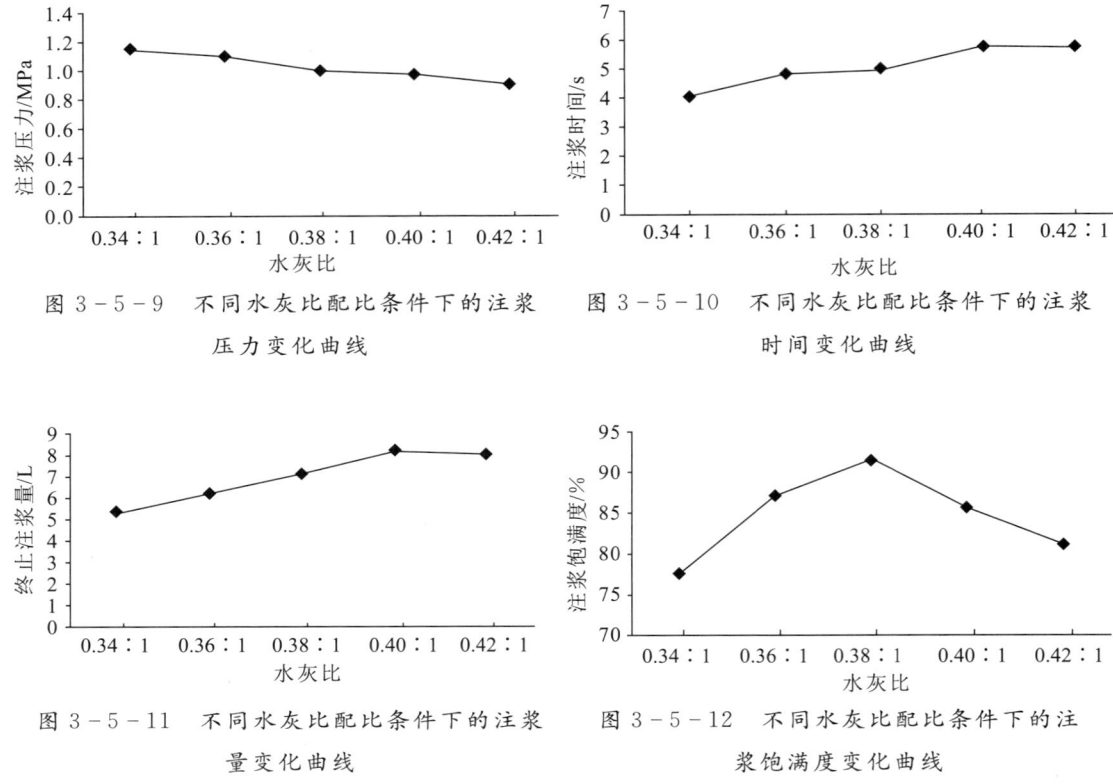

图 3-5-9 不同水灰比配比条件下的注浆压力变化曲线

图 3-5-10 不同水灰比配比条件下的注浆时间变化曲线

图 3-5-11 不同水灰比配比条件下的注浆量变化曲线

图 3-5-12 不同水灰比配比条件下的注浆饱满度变化曲线

3.5.6 设备配置

锚杆施工主要设备：ZYS113全电脑三臂凿岩台车、SCD112多功能拱架安装台车、7462冲击式风动扳手、JRD500B拌合灌浆一体机及BJ-300注浆自动记录仪等机械化设备。具体设备见表3-5-3。

表 3-5-3 锚杆施工设备统计表

序号	设备名称	型号	数量/台
1	全电脑三臂凿岩台车	ZYS113	1
2	多功能拱架安装台车	SCD12	1
3	冲击式风动扳手	7462	2
4	拌合灌浆一体机	JRD500B	2
5	注浆自动记录仪	BJ-300	2
6	单排座注浆车	江淮	1

3.5.7 质量验证

3.5.7.1 无损检测

采用 LX-10M 型锚杆锚固质量检测仪对已施作 DCP/YE 多重防腐锚杆锚固质量进行检测。通过对后置第 1 循环 23 根 DCP 锚杆进行无损检测,新型 DCP 锚杆注浆效果较好,检测合格率为 100%(图 3-5-13、图 3-5-14)。

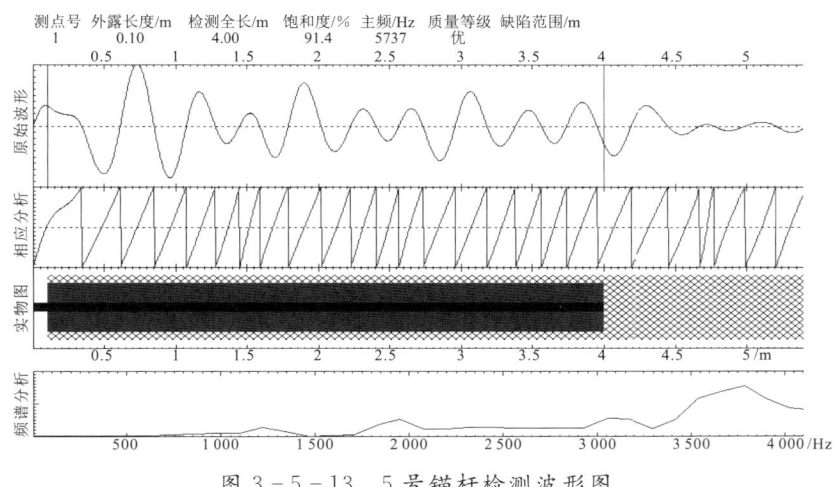

图 3-5-13　5 号锚杆检测波形图

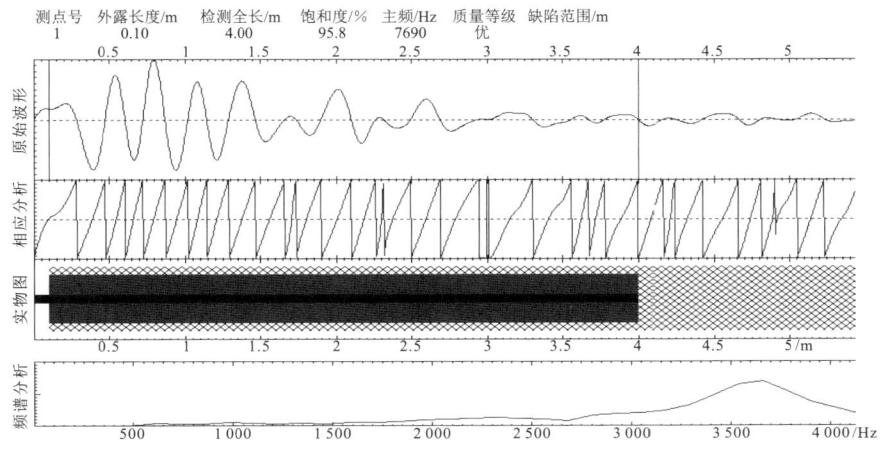

图 3-5-14　17 号锚杆检测波形图

3.5.7.2 抗拉拔试验

根据《中空锚杆技术条件》(TB/T 3209—2008)中的要求,对锚杆进行了抗拉拔试验,合格率100%,数据见表3-5-4。

表3-5-4 拉拔力试验检测报告

断面里程	所处位置	设计值/kN	实测值/kN	允许值	平均值/kN	检测结果
DK152+049	左边墙	120	121.1	28d拉力平均值≥设计值,最小拉力≥0.9倍设计值	120.6	合格
	左边墙	120	120.4			合格
	左边墙	120	120.2			合格
DK153+152	右边墙	120	120.6	28d拉力平均值≥设计值,最小拉力≥0.9倍设计值	120.6	合格
	右边墙	120	121.0			合格
	右边墙	120	120.2			合格

3.5.7.3 锚杆受力和围岩变形分析

通过布置锚杆轴力计及多点位移计,结合围岩沉降收敛变形监测,对砂浆锚杆及胀壳式锚杆受力情况及围岩变形情况进行分析,监测结果如图3-5-15所示。

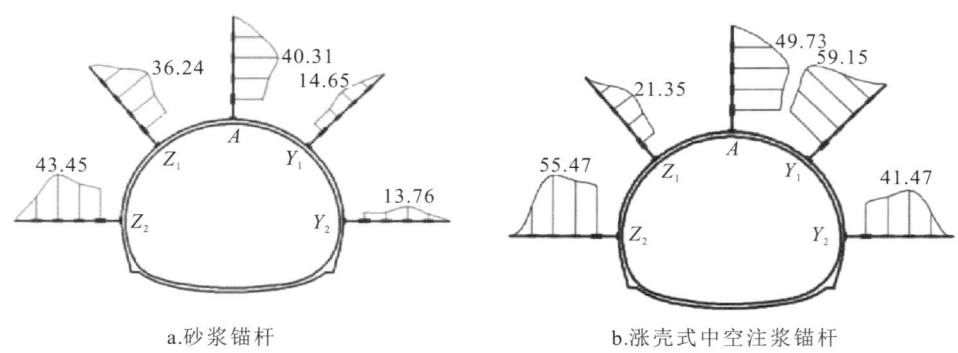

a.砂浆锚杆　　　　　　　　　b.涨壳式中空注浆锚杆

图3-5-15 锚杆轴力分布(单位:kN)

由监测数据及分析可知,胀壳式锚杆轴力的变化可分为3个阶段:第1阶段为快速增长期,持续时间为隧道开挖至5d左右,这一阶段胀壳式中空锚杆轴力的变化特征表现为快速增长,增长斜率K值较大,5d轴力可增长至31kN;第2阶段为缓慢变化期,增长斜率K减小,增长时间至14d,其中锚杆轴力变化比较频繁,出现波动的原因主要是岩体及锚杆的内部应力调整,产生压缩、回弹的反复过程;第3阶段为平稳期,锚杆轴力变化较小,增长率K趋于0,锚杆轴力最大值达48kN,但尚未达到锚杆的屈服极限,尚有70%多的强度富余。砂浆锚杆轴力变化可分为2个阶段:第一阶段为快速增长期,持续时间为隧道开挖至20d左右,这一阶段砂浆锚杆轴力的变化特征表现为匀速增长,增长斜率K值较胀壳式锚杆增长斜率小,5d轴力可增长至8kN;第二阶段为平稳期,增长斜率K趋于0,锚杆轴力最大值达40kN(图3-5-16)。

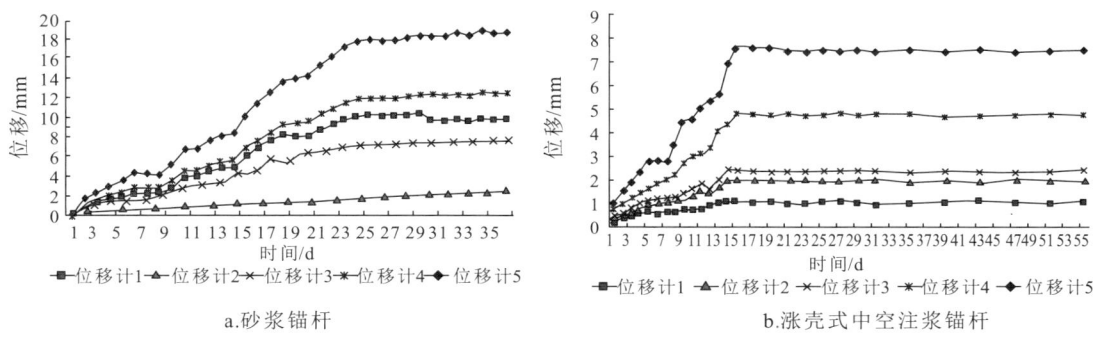

a.砂浆锚杆　　　　　　　　　　　　b.涨壳式中空注浆锚杆

图3-5-16　拱顶地层位移时程曲线

通过对锚杆轴力与地层位移监测结果分析可知,普通砂浆锚杆21d,胀壳式中空注浆锚杆13d左右监测数据基本趋于稳定。这表明与普通砂浆锚杆相比,胀壳式中空注浆锚杆不仅能及时、有效地将张拉荷载传递给围岩,使锚杆轴力显著提升,而且后期注浆能提高锚杆整体的锚固效果,降低围岩变形,围岩松动圈半径减少10%。施作胀壳式锚杆可使快速锚固范围内的围岩产生一定厚度的应力拱,从而显著提高隧道软弱围岩开挖后的稳定性。

3.5.8　与传统锚杆效果对比分析

3.5.8.1　加固效果对比

在Ⅳ级深埋全断面法条件下开展了砂浆锚杆、YE锚杆、DCP锚杆作用效果对比试验,结果表明3种锚杆均呈受拉状态,YE锚杆和DCP锚杆轴力值提升了1.6~2.4倍。效果对比见表3-5-5,现场测试结果见图3-5-17。

表3-5-5　预应力锚杆与传统锚杆加固效果对比

锚杆类型	初始围岩压力拱范围	最终围岩压力拱范围
传统砂浆锚杆	0	2~3
预应力锚杆	>4	>4

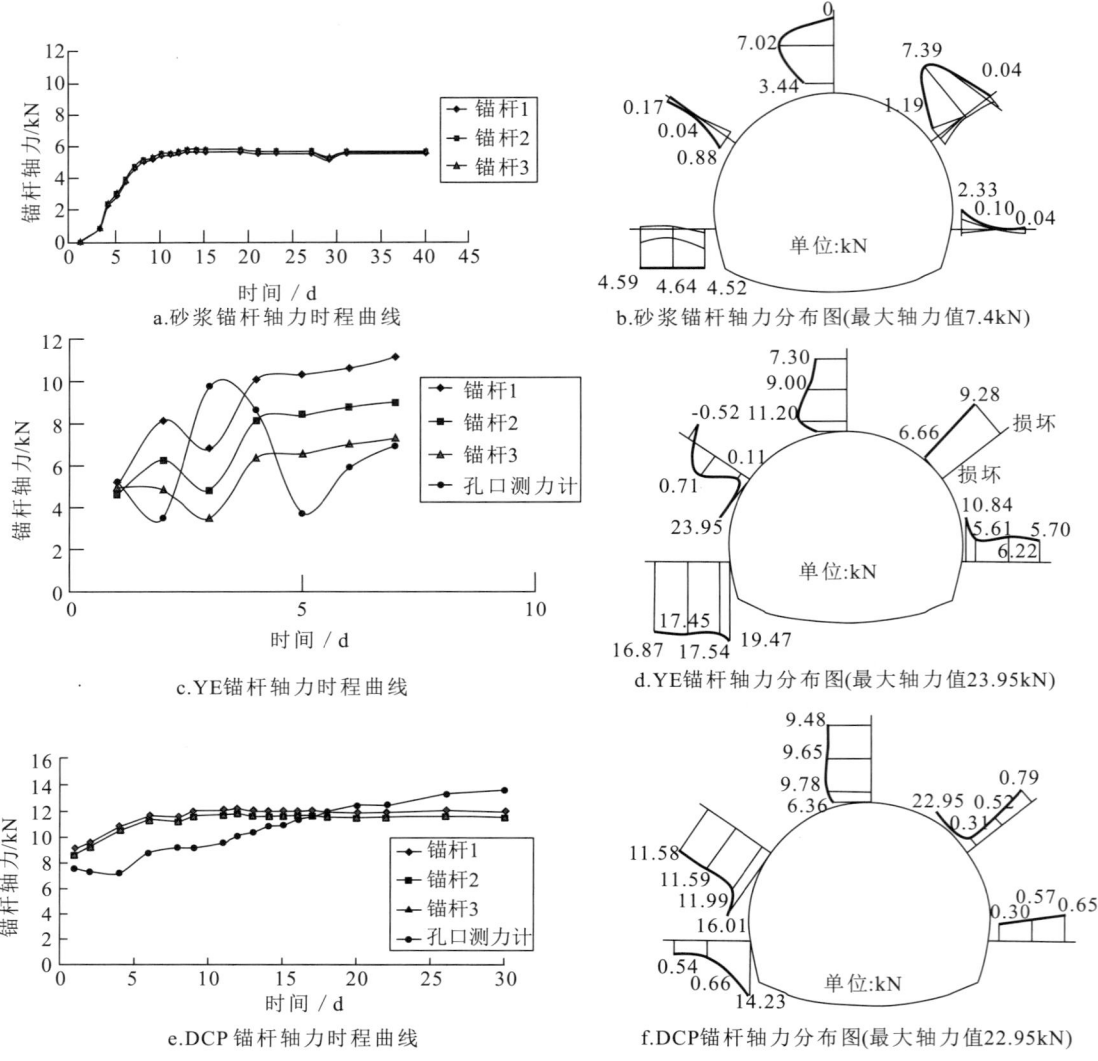

图 3-5-17 拱顶地层轴力时程曲线及其分布图

3.5.8.2 工效对比

1）DCP 锚杆工效分析

经过 1~6 个循环 DCP 锚杆试验，前 3 个循环由于工艺不熟悉、调整工序、设备不配套及现场组织不到位等原因，造成工序时间较长，单循环时间不具备代表意义；4~6 个循环工艺、工装及工序固化后，可基本代表 DCP 锚杆单循环时间，开挖进尺 3.2m，施作 69 根 DCP 锚杆，平均每个循环时间为 5.63h，单根锚杆平均作业时间 6.36min（钻孔时间 1.5min，锚杆安装 2.18min，施加张拉力 1.48min，注浆 1.2min）。

2)YE 锚杆工效分析

经过 7~15 个循环 YE 锚杆试验,由于第一个循环 YE 锚杆试验,钻孔过程调整钻头直径,导致钻孔及安装时间较长,锚杆施工共计耗时 7.48h,单根锚杆作业时间为 9.61min(钻孔时间 3.36min,锚杆安装 3.78min,施加张拉力 0.8min,注浆 1.67min);8~15 个循环对钻头、工装及工序固化后,基本可以代表 YE 锚杆单循环时间,平均每个循环时间为 5.75h,单根锚杆平均作业时间 6.7min(钻孔时间 1.8min,锚杆安装 2min,施加张拉力 1.2min,注浆 1.7min)。

3)传统锚杆工效

传统系统锚杆施工,全断面 69 根,布置 8 把风枪施工,钻孔人员 10 人,平均每把风枪钻 8.6 个孔,单根钻孔时间约 15min/根,钻孔时间共计约 125min。装杆人员 8 人,2 人一组,装杆约 6min/根(拱部组合中空锚杆固定困难,注浆口封口时间较长),装杆锚固时间共计 103.5min,注浆 3 人,注浆单根时间约 4min/根,共计 207min。循环施工时间约 7.25h。平均单根锚杆施工时间约 25min。

3.5.9 结 论

新型锚杆与传统锚杆的优势及不足,具体如下。

(1)第一时间形成初始张拉力。DCP/YE 锚杆可通过前端胀壳头对围岩施加初始张拉力,第一时间约束围岩,使围岩形成应力拱效应,控制围岩变形。

(2)劳动力配置减少。传统风枪施工锚杆钻孔、锚杆安装及注浆人员为 8~12 人,采用机械化施工 DCP 锚杆仅需作业人员 6~8 人,作业强度低,施工安全性高。

(3)安装速度快。传统单根锚杆安装含封堵固定需 5~6min,采用机械化施工 DCP 锚杆仅需 3min,杆体送入锚杆孔中后,采用风炮机扭紧螺母,钢质胀壳锚固件可通过推拉使胀壳锚头胀开,能够快速形成端头锚固支护,约束围岩变形。

(4)注浆工艺简单、速度快、功效高。传统单根锚杆注浆需 3min,且可能需要反复注浆,采用机械化施工 DCP 锚杆仅需 1.2min 即可达到较好效果,注浆仅需将注浆嘴插入圆形注浆囊即可注浆,无需封堵,浆液无回流。

(5)质量可控。人工钻孔拱部角度无法保证,采用三臂凿岩台车钻孔锚杆角度标准规范,可充分发挥锚杆应力拱效应;组合中空锚杆安装排气管方可注浆,排气管在安装过程中极易损坏,无法保证注浆质量,DCP 锚杆安装无需封堵,注浆工艺简单,密实度高。

4 PMS 超前地质预报预警系统

4.1 概 述

PMS 超前地质预报管理系统是以设计图纸结合现场地质探测数据为基础，经数据分析后形成超前地质预报台账、地质探测信息图表、超前地质监控报告、洼地预警模块、预警推送模块等数据模型。

4.1.1 系统功能结构图

系统从功能结构划分主要包括配置类功能和业务类功能。

配置类功能主要包括组织管理、平台管理、项目配置、系统参数配置。

业务类功能主要包括探测方法设计、超前地质预报、超前地质预报台账、超前地质预报监控、现场施工、地质探测信息、预警推送模块、洼地预警模块（图 4-1-1）。

4.1.2 数据流图

数据流图主要包括业务数据、处理过程、存储三类内容。

本系统主要描述了对"采集设计预报方法""采集工点现场预报数据""现场施工数据"的处理与存储过程。处理方法主要包括台账处理、设计与实际对比、监控数据处理、预警处理等。经过处理后的数据，最终形成台账、报告、图表、预警信息等（图 4-1-2）。

4.1.3 数据结构

本节主要描述超前地质预报系统重点业务数据在计算机中的存储方式。

超前地质预报系统有 9 张主要业务表，分别为：①超前地质预报主表；②超前地质预报里程段落表；③超前地质预报风险信息表；④超前地质预报设计信息表；⑤超前地质预报统计表；⑥洼地调查表；⑦单位工程；⑧子单位工程；⑨分部工程。

下面将通过字段名称、类型、是否允许为空、默认值等内容对 9 张业务表进行详细描述。

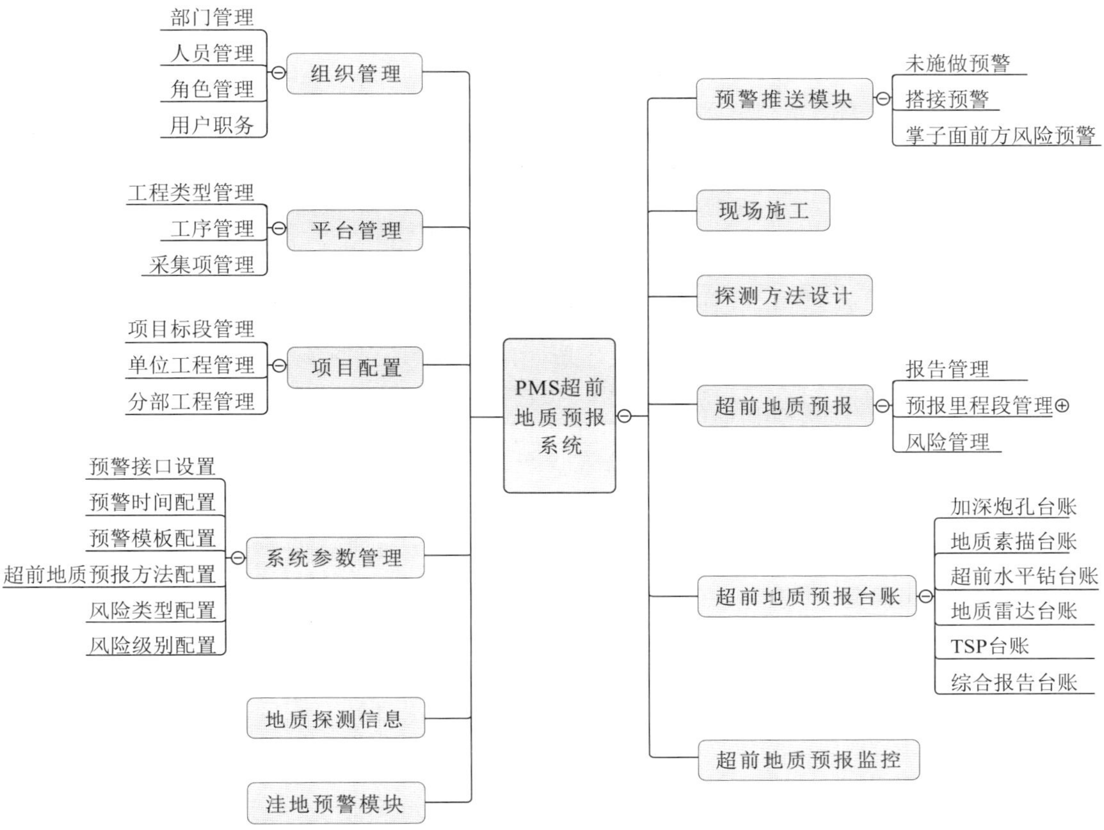

4 PMS超前地质预报预警系统

图 4-1-1 PMS超前地质预报系统

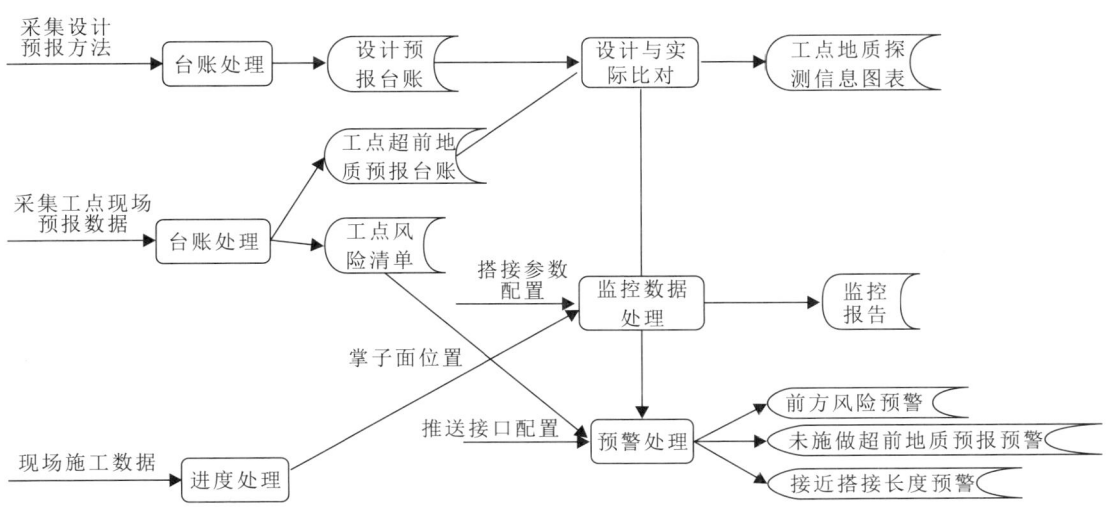

图 4-1-2 PMS智能超前地质预报预警系统数据统图

（1）超前地质预报主表，主要用于存储现场施作超前地质预报后形成的结论信息，每一次施作会在下表中存入一条唯一的记录（表 4-1-1）。

表 4-1-1 超前地质预报主表

名称	类型	空	默认值	其他	备注
id	varchar(36)	否			
dept_id	varchar(250)	是	<空>		分部 id
dot_id	varchar(200)	是	<空>		工点 id
title	varchar(255)	是	<空>		标题
report_date	datetime	是	<空>		上报日期
content_	text	是			内容
remark_	text	是			备注
create_user_id	varchar(45)	是	<空>		申请人 id
create_real_name	varchar(45)	是	<空>		申请人真实姓名
create_dept_id	varchar(45)	是	<空>		
create_dept_name	varchar(45)	是	<空>		交底单位
create_date	datetime	是	<空>		创建时间
select_all	int(11)	是	<空>		
report_type	varchar(45)	是	<空>		报表类型
view_count	int(11)	是	<空>		查看次数
range_	varchar(45)	是	<空>		预报里程
start_left	varchar(45)	是	<空>		开始里程左数字
start_right	varchar(45)	是	<空>		开始里程右数字
end_left	varchar(45)	是	<空>		结束里程前数字
end_right	varchar(45)	是	<空>		结束里程后数字
yb_code	varchar(255)	是	<空>		预报编号
yb_length	varchar(255)	是	<空>		预报长度
yb_date	datetime	是	<空>		预报日期
yb_dept	varchar(255)	是	<空>		预报单位
confirm_flag	tinyint(1)	是	<空>		验证标志

续表 4-1-1

名称	类型	空	默认值	其他	备注
confirm_complete_flag	tinyint(1)	是	<空>		验证完成标志
sub_id	varchar(255)	是	<空>		单位工程
cycle_num	varchar(255)	是	<空>		循环进尺
work_part	varchar(255)	是	<空>		施工部位
design_num	varchar(255)	是	<空>		设计孔数
work_num	varchar(255)	是	<空>		施作孔数

(2)超前地质预报里程段落表。该表是用于存储超前地质预报范围内不同的围岩里程段落(表 4-1-2)。

比如:TSP 预报范围 120m。DK000+000~DK000+15 为Ⅲ级围岩;DK000+15~DK000+85 为Ⅳ级围岩;DK000+85~DK000+120 为Ⅴ级围岩。

每一个里程段落存储一条记录,通过 parent_id 与主表关联。

表 4-1-2 超前地质预报里程段落表

名称	类型	空	默认值	其他	备注
id_	varchar(36)	否			
parent_id	varchar(45)	是	<空>		超前地质预报 id
start_left	varchar(45)	是	<空>		开始里程左数字
start_right	varchar(45)	是	<空>		开始里程右数字
end_left	varchar(45)	是	<空>		结束里程前数字
end_right	varchar(45)	是	<空>		结束里程后数字
mileage_	varchar(255)	是	<空>		里程段
wy_level	varchar(55)	是	<空>		围岩级别
sort_	int(11)	是	<空>		序号

(3)超前地质预报风险信息表(表 4-1-3)。该表用于存储本次预报范围内存在的地质风险。比如:TSP 预报范围 120m。

DK000+25~DK000+45 存在涌水风险,风险等级为黄色;DK000+86~DK000+100 存在突泥风险,风险等级为红色。

每一项风险存储一条记录,通过 key_id 和主表关联。

表 4-1-3 超前地质预报风险信息表

名称	类型	空	默认值	其他	备注
id_	varchar(50)	否			风险 id
key_id	varchar(50)	否			地质预报 id
risk_type	varchar(255)	是	<空>		风险类型
risk_level	varchar(255)	是	<空>		风险级别
risk_step	varchar(1 000)	是	<空>		处置措施
create_user_id	varchar(100)	是	<空>		创建者 id
create_real_name	varchar(100)	是	<空>		创建者姓名
create_date	datetime	是	<空>		创建时间
start_left	varchar(45)	是	<空>		里程开始左
start_right	varchar(45)	是	<空>		里程开始右
end_left	varchar(45)	是	<空>		里程结束左
end_right	varchar(45)	是	<空>		里程结束右
mile_	varchar(255)	是	<空>		里程

(4) 超前地质预报设计信息表,主要用于存储施工设计蓝图中规定的地质探测方法(表4-1-4)。

表 4-1-4 超前地质预报设计信息表

名称	类型	空	默认值	其他	备注
id_	varchar(36)	否			主键
dept_id	varchar(36)	是	<空>		分部
sub_id	varchar(36)	是	<空>		单位工程
dot_id	varchar(36)	是	<空>		工点
report_type	varchar(200)	是	<空>		预报类型
pre_	varchar(50)	是	<空>		开始前缀
start_mile_pre	varchar(100)	是	<空>		开始里程前段数字
start_mile_suf	varchar(100)	是	<空>		开始里程后段数字
end_mile_pre	varchar(100)	是	<空>		结束里程前段数字
end_mile_suf	varchar(100)	是	<空>		结束里程后段数字

续表 4-1-4

名称	类型	空	默认值	其他	备注
length_	varchar(100)	是	<空>		设计长度
remark_	varchar(255)	是	<空>		
create_user_id	varchar(36)	是	<空>		创建用户
create_date	datetime	是	<空>		创建日期

(5)超前地质预报统计表,超前地质预报施作完成后的结论数据,经过"监控处理"方法加工后,形成便于利用的统计数据(表 4-1-5)。

表 4-1-5 超前地质预报统计表

名称	类型	空	默认值	其他	备注
id_	varchar(36)	否			主键
dept_id	varchar(200)	是	<空>		分部
sub_id	varchar(36)	是	<空>		单位工程
dot_id	varchar(36)	是	<空>		工点
dot_type	varchar(100)	是	<空>		
report_type	text	是			预报类型
pre_	varchar(50)	是	<空>		开始前缀
start_mile_pre	varchar(100)	是	<空>		开始里程前段数字
start_mile_suf	varchar(100)	是	<空>		开始里程后段数字
end_mile_pre	varchar(100)	是	<空>		结束里程前段数字
end_mile_suf	varchar(100)	是	<空>		结束里程后段数字
length_	varchar(100)	是	<空>		设计长度
remark_	varchar(255)	是	<空>		
create_user_id	varchar(36)	是	<空>		创建用户
create_date	datetime	是	<空>		创建日期

(6)洼地调查表,该表用于存储单位工程范围内的洼地信息、对施工可能存在的影响、主要风险及处置措施(表 4-1-6)。

表 4-1-6 洼地调查表

名称	类型	空	默认值	其他	备注
id_	varchar(36)	否			洼地编号
name_	varchar(255)	是	<空>		洼地名称
dot_code	varchar(255)	是	<空>		工点代号：DK、H1DK 等
mileage_left	varchar(255)	是	<空>		里程左
mileage_right	varchar(255)	是	<空>		里程右
mileage_extension	varchar(255)	是	<空>		里程扩展
location_	varchar(255)	是	<空>		里程位置
elevation_	varchar(255)	是	<空>		洼地标高/m
orbital_elevation	varchar(255)	是	<空>		对应的线路轨面标高/m
elevation_difference	varchar(255)	是	<空>		高差（洼底-轨面）
situation_	varchar(255)	是	<空>		洼地地质概况
dropsy_	varchar(255)	是	<空>		下雨后积水情况
effluent_	varchar(255)	是	<空>		是否从地下冒水
elimination_	varchar(255)	是	<空>		降雨后消水情况
type_	varchar(255)	是	<空>		洼地分类
area_	varchar(255)	是	<空>		洼地地表汇水面积/km²
affect_mileage	varchar(255)	是	<空>		洼地影响里程段
impact_assessment	varchar(255)	是	<空>		洼地岩溶水对隧道的影响评价
risk_assessment	varchar(255)	是	<空>		洼地坍方冒顶风险评价
proposal_	varchar(255)	是	<空>		工程措施建议
dot_id	varchar(255)	是	<空>		工点 Id
dept_id	varchar(255)	是	<空>		部门 id
class_id	varchar(255)	是	<空>		工班 id
remark_	varchar(255)	是	<空>		备注
create_date	datetime	是	<空>		创建时间
create_user_id	varchar(45)	是	<空>		创建人 id
create_real_name	varchar(45)	是	<空>		创建人姓名
sub_id	varchar(45)	是	<空>		工程 id

（7）单位工程表，该表属于基础业务表，主要用于存储当前项目标段划分的单位工程信息（表 4-1-7）。

表 4-1-7 单位工程表

名称	类型	空	默认值	其他	备注
sub_id	varchar(36)	否			主键
parent_id	varchar(45)	是	<空>		父 id
name_	varchar(200)	是	<空>		名称
type_	varchar(50)	是	<空>		类型
project_type	varchar(45)	是	<空>		工程类型
code_	varchar(50)	是	<空>		编码
depth_	int(11)	是	<空>		深度
sort_	int(11)	是	<空>		排序
period_start	date	是	<空>		开始时间
period_end	date	是	<空>		结束时间
mileage_start	varchar(255)	是	<空>		开始里程
mileage_end	varchar(255)	是	<空>		结束里程
lengths_	numeric(10,3)	是	<空>		长度
coords_	varchar(255)	是	<空>		地理位置
dept_id	varchar(255)	是	<空>		所属分部
content_	varchar(1 000)	是	<空>		内容
describe_	varchar(1 000)	是	<空>		描述
remark_	varchar(1 000)	是	<空>		备注
create_date	datetime	是	<空>		创建时间
create_user_id	varchar(36)	是	<空>		创建人
create_real_name	varchar(50)	是	<空>		创建人姓名
qr_code	varchar(255)	是	<空>		二维码
last_update_date	datetime	是	<空>		最新更新时间

（8）子单位工程表，该表用于存储单位工程的二级细目，如永顺隧道在施工设计时分为"永顺隧道进口"和"永顺隧道出口"（表 4-1-8）。

表 4-1-8 子单位工程表

名称	类型	空	默认值	其他	备注
id_	varchar(36)	否			主键
parent_id	varchar(45)	是	<空>		父 id

续表 4-1-8

名称	类型	空	默认值	其他	备注
name_	varchar(200)	是	<空>		工点名称
type_	varchar(50)	是	<空>		类型
project_type	varchar(45)	是	<空>		工程类型
code_	varchar(50)	是	<空>		编码
depth_	int(11)	是	<空>		深度
sort_	int(11)	是	<空>		排序
period_start	date	是	<空>		开始时间
period_end	date	是	<空>		结束时间
mileage_start	varchar(255)	是	<空>		里程开始
mileage_end	varchar(255)	是	<空>		里程结束
lengths_	numeric(10,2)	是	<空>		长度
coords_	varchar(255)	是	<空>		地理位置
dept_id	varchar(255)	是	<空>		所属分部
remark_	varchar(1 000)	是	<空>		备注
create_date	datetime	是	<空>		创建时间
create_user_id	varchar(36)	是	<空>		创建人
create_real_name	varchar(50)	是	<空>		创建姓名
qr_code	varchar(255)	是	<空>		二维码
sign_num_zk	numeric(10,2)	是	<空>		成桩或开挖设计数
sign_num_cz	numeric(10,2)	是	<空>		承台或支护设计数
sign_num_de	numeric(10,2)	是	<空>		墩身或二衬设计数
sign_num_ygcz	numeric(10,2)	是	<空>		仰拱初支设计数
fzr_	varchar(45)	是	<空>		施工单位负责人
ysr_	varchar(255)	是	<空>		监理单位验收人
mobile_show_flag	int(11)	是	<空>		移动端进度是否显示
dot_type	varchar(55)	是	<空>		
suidao_director	varchar(100)	是	<空>		隧道方向
detail_id	varchar(36)	是	<空>		分部分项 id

(9)分部工程表,隧道子单位工程再次进行分解后,形成分部工程,然后进行存储。如永顺隧道出口再次分解为加固处理、洞口及缓冲结构工程、洞身开挖、支护、衬砌、辅助坑道及

附属洞室(表4-1-9)。

表4-1-9 分部工程表

名称	类型	空	默认值	其他	备注
detail_id	varchar(36)	否			
parent_id	varchar(45)	是	<空>		父id
name_	varchar(200)	是	<空>		分项名称
type_	varchar(50)	是	<空>		类型
project_type	varchar(45)	是	<空>		工程类型
code_	varchar(50)	是	<空>		编码
depth_	int(11)	是	<空>		深度
sort_	int(11)	是	<空>		排序
period_start	date	是	<空>		开始时间
period_end	date	是	<空>		结束时间
mileage_start	varchar(255)	是	<空>		里程开始
mileage_end	varchar(255)	是	<空>		里程结束
lengths_	numeric(10,2)	是	<空>		长度
coords_	varchar(255)	是	<空>		地理位置
dept_id	varchar(255)	是	<空>		所属分部
remark_	varchar(1 000)	是	<空>		备注
create_date	datetime	是	<空>		创建时间
create_user_id	varchar(36)	是	<空>		创建人
create_real_name	varchar(50)	是	<空>		创建人姓名
qr_code	varchar(255)	是	<空>		二维码
complete_flag	int(1)	否	0		项目完成标识
ygjj_flag	int(1)	是	<空>		验工计价标志
qrcode_id	int(11)	是	<空>		二维码id
other_detail_id	varchar(500)	是	<空>		关联墩id
suidao_director	varchar(45)	是	<空>		隧道里程方向(大里程小里程)
dot_type	varchar(50)	是	<空>		正洞、辅助坑道
dot_code	varchar(55)	是	<空>		工点代号:DK、H1DK等
construction_method	varchar(200)	是	<空>		
three_type	varchar(100)	是	<空>		

续表 4-1-9

名称	类型	空	默认值	其他	备注
stage_	int(11)	是	<空>		节段
dot_id	varchar(36)	是	<空>		工点 id
path_	varchar(400)	是	<空>		分部分项路径
complete_date	datetime	是	<空>		完成时间
quality_flag	int(1)	否	0		质检标识
quality_date	datetime	是	<空>		质检时间
class_id	varchar(255)	是	<空>		绑定工班 id
last_update_date	datetime	是	<空>		
user_id	varchar(255)	是	<空>		卡控负责人 id
user_name	varchar(255)	是	<空>		卡控负责人姓名

4.2 环境状态反馈

环境状态反馈见表 4-2-1～表 4-2-8。

表 4-2-1 工序报验表

序号	PMS001	模块名称	（现场施工）
依赖模块			
1.组织管理:部门管理、角色管理、人员管理、用户职务 2.平台配置:工程分类、工序配置、采集项配置 3.项目配置:单位工程、分部工程			
输入参数			
1.单位工程 2.分部工程 3.工序 4.里程桩号 5.围岩类别 6.施工部位 7.采集项			
输出内容			
1.隧道开挖进度 2.施工台账			

4 PMS超前地质预报预警系统

表4-2-2 探测方法设计表

序号	PMS002	模块名称	
依赖模块			
1.组织管理:部门管理、角色管理、人员管理、用户职务 2.平台配置:工程分类、工序配置、采集项配置 3.项目配置:单位工程			
输入参数			
1.单位工程 2.里程桩号 3.超前地质预报类型			
输出内容			
探测方法设计台账			

表4-2-3 超前地质预报

序号	PMS003	模块名称	
依赖模块			
1.组织管理:部门管理、角色管理、人员管理、用户职务 2.平台配置:工程分类、工序配置、采集项配置 3.项目配置:单位工程 4.系统配置:预报方法字典表、风险类别字典表			
输入参数			
1.单位工程 2.里程桩号 3.超前地质预报类型 4.报告文件 5.报告结论 6.预报方位围岩情况:里程、围岩级别 7.风险类型、风险类别、处置措施、风险位置			
输出内容			
超前地质预报台账			

表 4-2-4 地质探测信息

序号	PMS004	模块名称	
依赖模块			
1.组织管理:部门管理、角色管理、人员管理、用户职务			
2.工序报验			
3.平台配置:工程分类、工序配置、采集项配置			
4.项目配置:单位工程			
5.系统配置:预报方法字典表、风险类别字典表			
输入参数			
1.单位工程			
2.时间			
输出内容			
单位工程探测方法设计情况及超前地质预报落实情况对比图表			

表 4-2-5 超前地质预报监控

序号	PMS005	模块名称	
依赖模块			
1.组织管理:部门管理、角色管理、人员管理、用户职务			
2.工序报验			
3.超前地质预报			
4.平台配置:工程分类、工序配置、采集项配置			
5.项目配置:单位工程			
6.系统配置:预报方法字典表、风险类别字典表			
输入参数			
1.单位工程			
2.掌子面进度			
3.超前地质预报台账			
4.搭接参数配置			
输出内容			
1.单位工程掌子面进度			
2.单位工程当前超前地质预报施作情况			
3.超前地质预报初次预警剩余长度			
4.超前地质预报红线预警剩余长度			
5.超前地质预报报告文件			
6.掌子面前方地质情况说明			

4 PMS超前地质预报预警系统

表 4-2-6 超前地质预报台账

序号	PMS006	模块名称	
依赖模块			
1.组织管理:部门管理、角色管理、人员管理、用户职务 2.超前地质预报 3.项目配置:单位工程 4.系统配置:预报方法字典表、风险类别字典表			
输入参数			
1.单位工程 2.超前地质预报			
输出内容			
1.加深炮孔台账 2.超前水平钻台账 3.TSP台账 4.地质雷达台账 5.地质素描台账 6.综合报告台账			

表 4-2-7 洼地预警

序号	PMS007	模块名称	
依赖模块			
1.组织管理:部门管理、角色管理、人员管理、用户职务 2.项目配置:单位工程			
输入参数			
1.单位工程 2.洼地详情 3.影响里程段落 4.风险评估 5.措施建议			
输出内容			
洼地信息台账			

表 4-2-8 微信预警模块

序号	PMS008	模块名称	
依赖模块			
1.组织管理:部门管理、角色管理、人员管理、用户职务 2.项目配置:单位工程 3.超前地质预报 4.工序报验(现场施工) 5.预警模板配置 6.预警接口配置 7.预警时间配置 8.搭接参数配置 9.洼地预警 10.探测方法设计			
输入参数			
1.单位工程 2.洼地详情 3.探测方法设计数据 4.现场施工进度 5.已施作超前地质预报数据 6.预警时间参数 7.预警模板 8.预警接口 9.搭接参数			
输出内容			
1.未施作预警 2.搭接预警 3.风险预警 4.洼地预警			

4.3 PMS地质预报施工组织调度与工程管理

4.3.1 超前地质预报设计方法采集

由工程技术人员参考施工设计蓝图,将隧道需施作的超前地质预报方法录入系统,如图4-3-1所示。

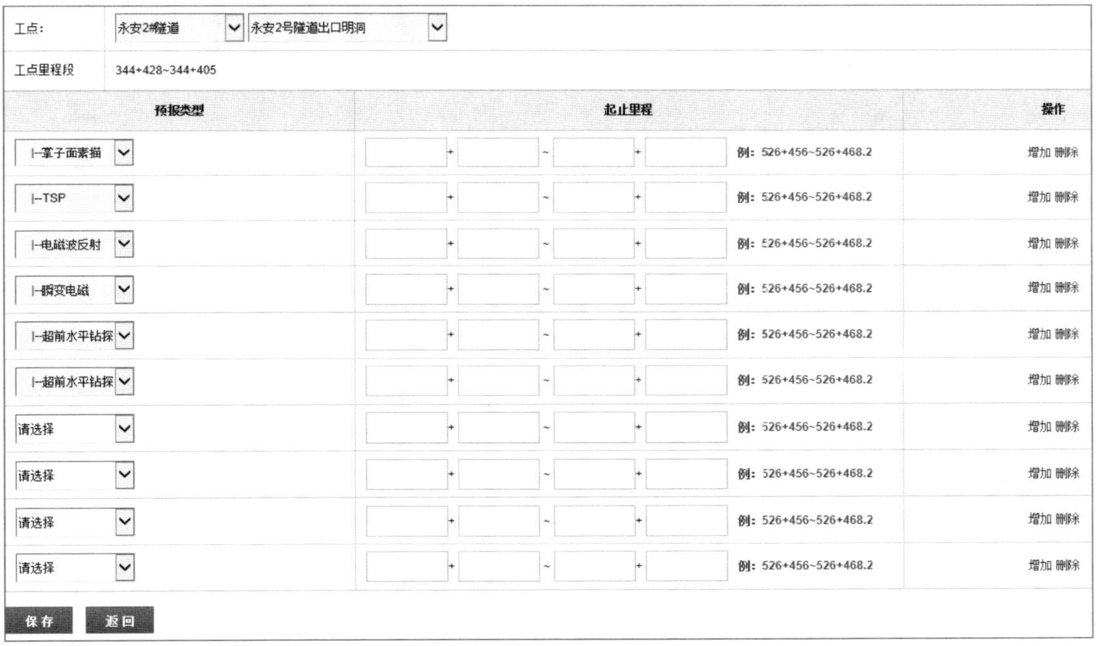

图4-3-1 永安2号隧道出口明洞超前地质预报方法录入系统明细

4.3.2 超前地质预报采集

工程技术人员在隧道开挖之前按照设计要求施作超前地质预报,并将预报结果录入系统,系统自动将该超前地质预报信息推送给施工队工班长(图4-3-2)。

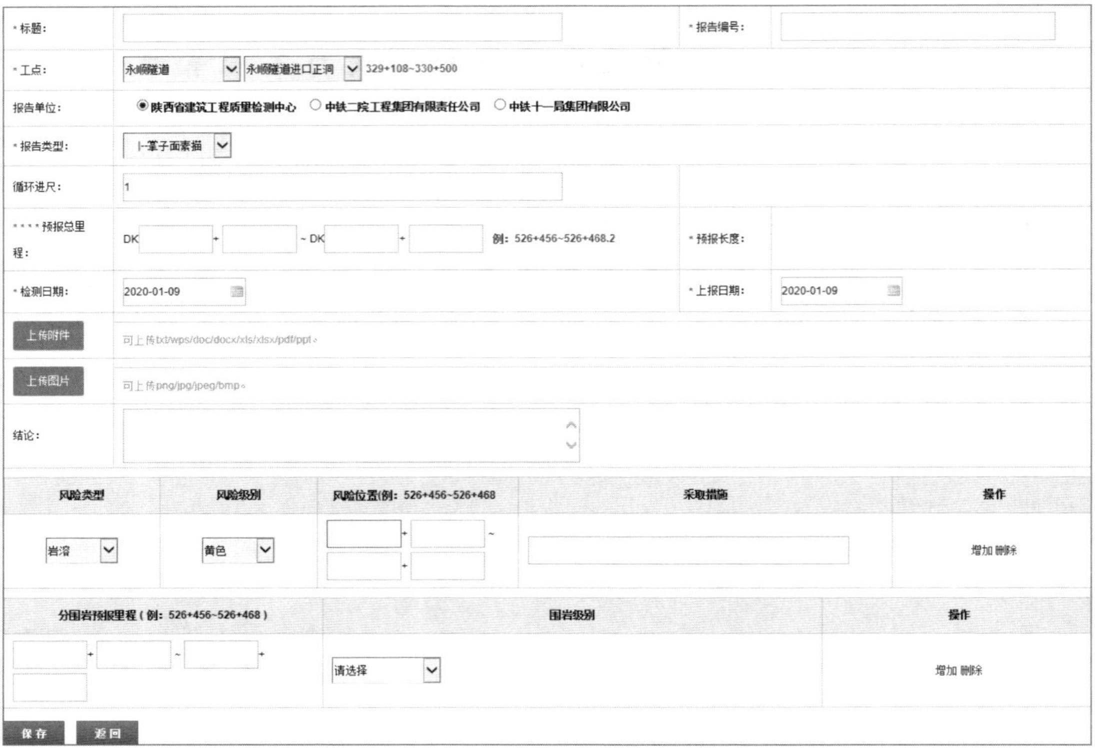

图4-3-2 超前地质预报信息推送给施工队班长信息图

4.3.3 现场施工

施工队施工之前通过系统掌握掌子面前方地质情况,如图4-3-3所示。
施工完成后,通过系统自动更新掌子面里程(图4-3-4)。

4.3.4 超前地质预报监控

该模块主要负责提醒超前地质预报责任技术人员是否需要进行施作超前地质预报(图4-3-5)。

示例如下。

系统配置:TSP剩余15m时进行初次预警;剩余10m时进行红线预警;当前掌子面DK342+000,当前TSP预报里程DK342+24.8,则距离初次预警剩余9.8m,距离红线预警剩余14.8m。

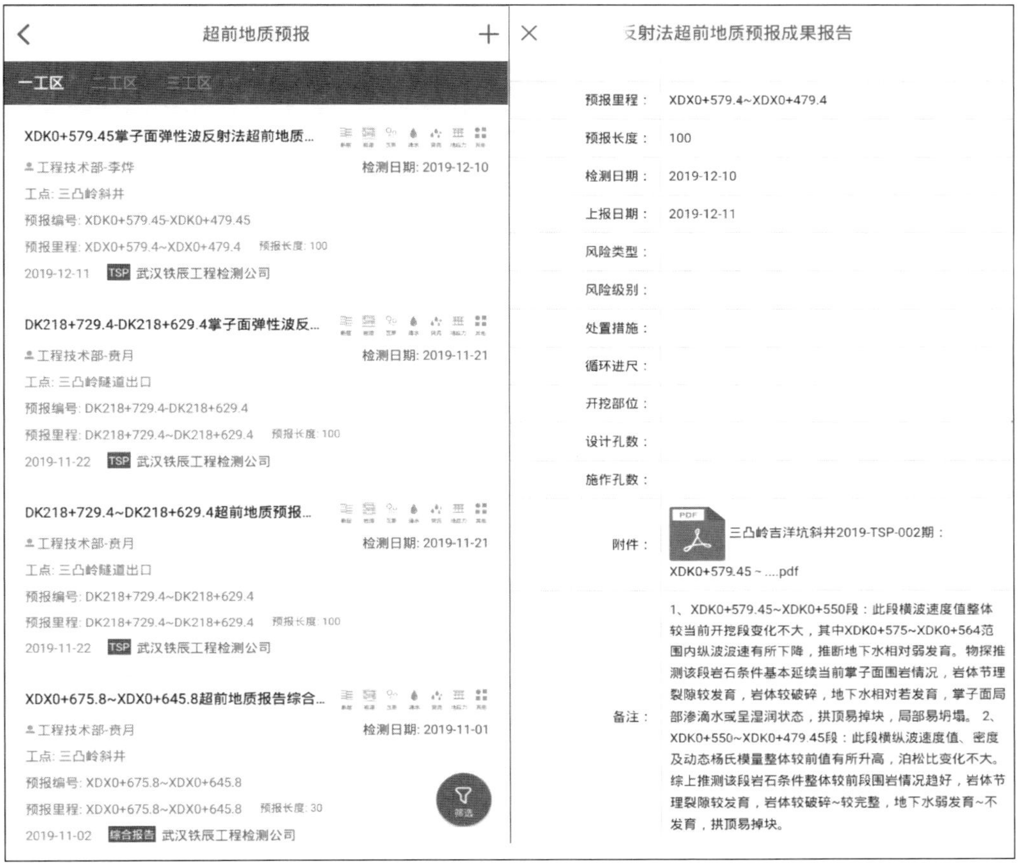

4 PMS超前地质预报预警系统

图 4-3-3　施工前通过系统掌握掌子面前方地质信息图

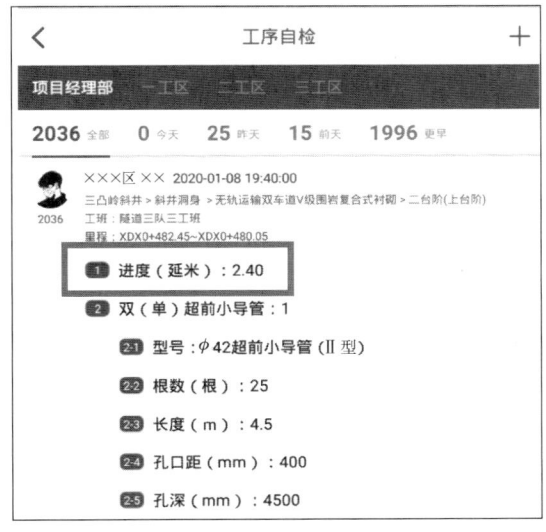

图 4-3-4　施工后通过系统自动更新掌子面里程图

全部　一工区　二工区　三工区　四工区　五工区

工点名称	掌子面里程	预报方法	预报里程	初次预警剩余米数	红线预警剩余米数	报告编号	备注
永安1#隧道正洞	DK342+24.8	TSP	DK342+000	9.0	14.0	2019-GN6-YA1CK-DZ-001	DK342+110.4~+85.2围岩较破碎~破碎，岩质较软~软，节理裂隙发育~很发育，渗水~局部含水，其中 DK3...
永顺隧道出口正洞	DK339+187	TSP	DK338+370	802.0	807.0	J20检贵南-YSSD-DZ-01	DK338+490~ +470 该段围岩较破碎，节理裂隙较发育，局部夹泥，岩溶 弱发育。DK338+470~+448 ...
		超前水平钻探	DK339+163	14.0	19.0	GNC19-YSCK-ZH-25	DK339+193 掌子面实施超前水平钻，施作深度 30m，超前钻钻进过程返渣为灰白色岩粉，钻速均匀，进尺一...
		瞬变电磁	DK339+117	60.0	65.0	J19检贵南-YSSD-SBDC-01	在测线位置上的探测里程范围内反演电阻率断面图中相对电阻率值为300~1000Ω·m，反演电阻率断面图显示...
永顺隧道出口洞门		TSP	DK329+770	60.0	65.0	GNC19-YSJK-ZH-17	段围岩较破碎，围岩受附近区域断层影响，局部 充填黏土的溶蚀裂隙发育

图 4-3-5　超前地质预报监控图

4.3.5　超前地质预报预警

掌子面前方存在地质风险时，工班长、现场技术员、总工可接收到系统自动推送的预警信息，如图 4-3-6 所示。

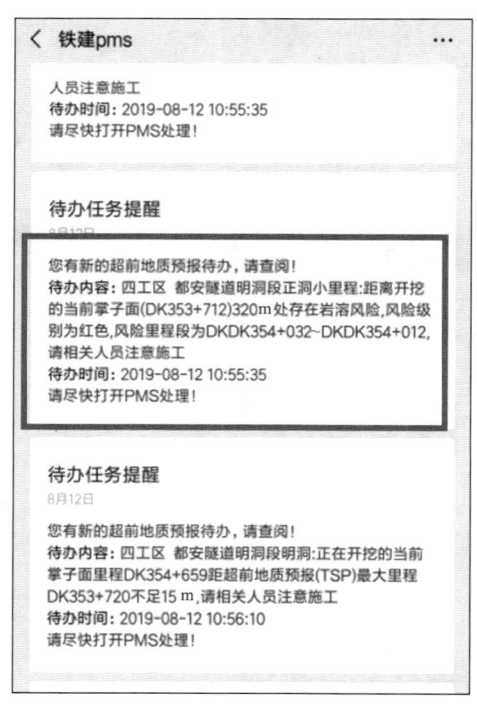

图 4-3-6　超前地质预报预警图

掌子面里程接近预报里程时,提示责任人尽快施作超前地质预报。

4.4 本章小结

(1)由于物探结果具有多解性,单一预报方法往往无法全面掌握隧道地质信息,采用综合地质预报技术,结合不良地质体在计算机中的解译标志,可以得出较为可靠的结论,能够大大减少误报和漏报情况。

(2)综合超前地质预报技术体系是对各种物探方法的综合探索,具有很强的实践性。工程实例以地质物探超前钻孔组合的方法,优化了传统的将各种超前地质预报方法相叠加的预报结果,同时也消除了单一物探方法带来的多解性误差。事实证明,这种预报体系能更准确地对隧道施工前方不良地质情况和可能存在的地质灾害进行有效地预报,避免盲目施工而造成突水、突泥、跨塌等工程事故,实现了安全、经济、高效的目标。

(3)综合超前地质预报所选用的预报方法应形成上下对照、长短结合、相互印证的完整系统,并与开挖后的实际情况形成对照,防止重复探测、效率低下。

(4)本书建立隧道超前地质预报信息管理系统,实现了隧道可视化、数字化管理,将空间数据与属性数据相结合,为地质预报者、施工管理者和施工人员提供了可交互的操作平台,提高了预报数据管理效率,为隧道施工提供了参考资料。

5 软弱破碎地质隧道爆破智能设计系统

5.1 概　述

计算机技术在工程爆破领域的应用一方面促进了爆破技术的发展,另一方面缩短了设计时间,提高了设计精度,带来了巨大的经济效益。因此开发隧道爆破专家辅助设计系统,一方面可以提高技术人员的爆破设计水平和爆破图表的绘制速度,实现了爆破方案的实时调整,指导现场施工;另一方面也便于现场施工人员的按图作业,加强了施工管理,保证了爆破效果,尤其是光爆效果,减少了后续爆破的工作量和材料消耗量,提高了经济效益。同时,该项目的开展和实施,将先进的智能系统应用于铁路隧道施工工程,准确、快捷、自动并且现场应用方便,把工程技术人员从繁琐的手工计算、绘制图表中解放出来,并为隧道爆破施工设计和分析提供了一种强有力的新手段,改善施工效果,提高经济效益,实现快速高效优质的生产,推动高铁施工建设企业生产科学技术的迅速发展。

目前,我国使用钻眼爆破技术的隧道建设具有以下特点:

(1)在施工组织设计中一直沿用固定的爆破设计参数,但是这样并不能保证在施工现场的地层岩性随深度变化较大时数据的正确性,导致施工过程后期维护工作繁重。

(2)设计人员大量使用经验,凭直觉选取爆破相关参数,从而出现不可预计的错误或误差。

(3)基于手工方面的计算量复杂且巨大,效率低下。人工绘制的炮孔布置图精确度难以保证,费时费力。

(4)现场完成设计方案执行后,爆破人员开始后期清理工作并记录施工数据返回数据存档,这其中的人工记录规范性差,后期查阅繁琐,并且不能够帮助数据总结与后期智能专家数据库的创建。

(5)应用于实际施工过程中的钻孔爆破设计方案不能够智能地寻求最优爆破设计方案,并且对于接近地质地貌间的不同设计方案没有量化比较,相对于独立钻爆设计方案而言,系统化专家智能系统数据库做后台支持可以为隧道施工提供保证。

目前,关于爆破参数的研究有两种方法:一种是理论型方法。它从力学角度出发,用数值模拟描述炸药爆炸后在岩体中的发展过程,根据模拟结果和动态应力场分布进行爆破设计或者从爆破能量在岩体中的分布出发,分析能量的转化关系。最优的爆破设计应使爆破能量在岩体中充分均匀地分布,并使大部分能量转化为岩体中破碎功;或者利用计算机可以迅速处理大量数据的特点,依靠经验公式建立设计程序,通过比较不同的方案,达到最佳选择。另一种是最近几年发展起来的应用人工智能理论建立的实用型方法。该方法可将许多重要的参数用统计方法或分类的方法进行定量处理,还可用知识库中积累的许多规则协助设计人员进行推理判断,从而制定最佳设计方案。

基于以上分析,两种方法各有优缺点。理论型方法侧重于爆破机理的研究,试图通过应力场或能量密度分布指导爆破设计,但这种方法较为复杂,需要许多理论上的假设和大量的现场条件,难以获得输入变量,使其显得难以驾驭,尚需进一步的发展完善。实用型方法一般侧重经济指标的计算,实质上是将经验公式或半经验公式用计算机来表达,并未从岩体破碎机理方面研究如何获得最佳破碎效果,只是一种辅助性的设计手段,所以这些实用型方法只能使爆破在现行水平下徘徊,不可能有较大的提高。总之,理论型方法与实际应用有一定差距,而实用型方法又缺乏一定的理论基础。可见,理想的设计方法应当与应用相结合,既要有理论基础支持,又要面向实际应用。因此,开发一个结合爆破理论和实际经验以及现场实例建立的爆破智能设计系统将具有十分重要的意义。随着经济的快速发展和计算机应用知识的普及,把计算机知识应用到隧道爆破设计中,具有极其重要的理论意义和生产实践意义。

5.2　隧道爆破智能设计系统研发

5.2.1　隧道爆破智能设计系统概述

5.2.1.1　系统概述

利用计算机智能技术和爆破专业知识,建立了具有智能化的推理机、内容丰富的知识库和解释系统,基本具备了隧道爆破设计优化以及爆破断面工程图自动绘制功能。该系统的完成旨在基于爆破专业性知识和计算机智能技术提供爆破方案、优化爆破参数、改善爆破效果,达到安全高效施工的目的。系统从设计到开发调试,一直基于现场实用性,在不同施工现场进行长期反复使用反馈的基础上进行了多次升级和完善。应用该系统对实际爆破案例进行方案决策和优化,咨询结果与实际情况基本吻合,证实了系统决策的可靠性,同时开发了智能化的爆破图表自动绘制系统。隧道爆破智能设计系统为我国隧道施工信息化建设和爆破技术发展提供了参考。

5.2.1.2 系统特点

1)简约的界面设计,"傻瓜式"的操作模式

(1)简约的界面设计。基于多年来与生产一线技术人员的交流沟通,根据实际需求和用户体验,在保证了系统开发一定的原则下不断改进和优化系统界面设计,达到充分满足技术人员使用习惯和要求。简约的界面设计,便于用户在短时间内熟悉系统操作窗口,减少繁琐步骤,便于使用。

(2)"傻瓜式"的操作模式。该模式为系统的主要特色。生产一线技术人员水平的参差不齐,我国施工企业"粗放式"的生产管理特点促使"实用、好用、能用"为系统开发的首要原则。对于需要用户输入的原始参数要能达到生产一线技术人员通俗易懂的程度,需要数据能够简便获取,不需要复杂、理论性强的运算,这种实用性原则要求系统要像"傻瓜式"相机一样便捷,使得普通的没有受过较强理论专业训练的人也能轻松使用。

2)智能化方案决策和图形绘制

(1)对参数的适用条件和一般使用范围进行了限定,用户操作失误或超出一般情况下的数值时,系统具有自动提醒功能,保障输入的准确性,有利于推理方案的合理和实用。

(2)隧道爆破工程图包含元素众多,涉及因素较多,仅仅通过有限的原始参数的输入不可能全部反映真实的结果。通过知识库和推理机的设计、完善,系统会根据用户的输入进行智能性的判断、分析、自动匹配等完成方案的正确推理和标准化的图形绘制。

3)标准快捷的爆破断面工程图表自动绘制

爆破断面工程图表自动绘制是该系统的一大特色。前后几十次的用户体验反馈和无数次的升级,使该套系统的图表绘制功能已基本满足不同实际生产需求。

(1)断面图及相关表格完全按照国家铁路隧道制图标准设置。对于管理水平及专业技术水平不一的生产单位而言,系统的使用和推广可以提高相关生产单位工作人员的管理水平和技术水准。

(2)系统的结构设计和参数输入充分体现了智能性,实现了最少的输入、最简单的操作完成最大的工作量,同时保证了图表内容的完整性和较高的质量。

4)内容丰富的"专家级"爆破知识库

方案决策知识库丰富,主要来源于两个方面。

(1)基于隧道爆破施工相关专家、科研工作者多年来的经验性知识,这些专家经验性知识已经过大量的不同工程实例进行了验证,达到了方案的实用、专业、智能的要求。

(2)根据系统测试调研不同实际施工的典型案例知识,不同的施工地域的生产条件和技术条件具有差异,因此,任何系统的使用范围和最终推理方案都不可能"一刀切",基于保证施工安全和坚持设计原则,根据不同工程特点进行改进使用,这样才能最大程度地发挥系统的实用性和有效性。

5)人性化和灵活的原始参数输入与选择机制

大范围调研了同类系统在使用中的反应和存在的主要问题,对于开发方案及设计进行

了不断完善与改进,充分考虑在不同生产条件和特殊情况下系统的使用,在系统的原始参数输入中,在保证参数原则性的限定范围基础上尽可能放开限制,让用户根据实际巷道情况和工程具体情况对参数进行调整输入,采用了"系统建议"和"用户自主选择"的原始参数输入机制,大大提高了系统的实用性,也反映系统的人性化。

6)完善的使用说明和帮助系统

为了让用户更好地了解系统,快速掌握使用方法,准确获得推理方案和结果,该系统进行了完善的帮助子系统设计。系统的联机帮助中使用说明书设计新颖,内容丰富,包括了系统的功能概述、使用流程、操作指南、生产图表的各因素的含义和所有用到的知识原理,应用实例说明等,提供全面的、内容丰富的使用帮助系统,旨在让用户能快捷、方便、正确地使用系统,以达到预期要求。

5.2.2 隧道爆破智能设计系统分析

系统分析是系统设计的基础和前提,并且是一个不可逾越的工作过程。系统分析的基本工作是系统调查和分析。它有两大任务:一是分析系统的需求和结构特征,具体了解并掌握系统的服务对象、设计目的、结构要素、性能指标、工作环境、工作流程及系统保护策略;二是分析系统的业务和数据现状,逐步建立系统的实体模型和概念模型。考虑到系统的实用性及今后的推广使用,充分考虑目前和将来的用户需求,深入生产一线详细了解并认真分析目前隧道爆破设计实际施工的现状、未来的发展与功能的需求,由此来确定系统的基本服务对象和内容。

5.2.2.1 目标分析

隧道施工是一个复杂的大规模的生产活动,它涉及到大量的人力、物力和财力。这样一个大的生产实体高效率、高质量的运转,需要管理者有较高的管理水平。在当今的隧道爆破设计施工中,传统的生产技术管理已不能很好地满足现代化生产施工需求,采用计算机进行信息化的生产技术管理是解决问题的最好途径。

尽管目前计算机辅助设计系统类别众多,但是针对隧道爆破设计系统还非常有限且少见。另外,已经开发出的相关系统在图形的输出工具、开发语言的选择等方面有很大的局限性,加之不同的生产条件会有较大的不同,使得这些系统很难被推广和应用。因此结合现有的理论知识和工程实践经验,把最新的计算机知识应用到传统的隧道施工中,开发隧道爆破智能设计系统,改变传统方法费时费力、科技含量低、精度不高的局面,将具有重要的理论和生产实践意义。

5.2.2.2 可行性分析

20世纪70年代初,计算机革命导致了专家系统(Expert System,ES)的诞生。专家系统是一个具有专门知识的程序系统,它应用人工智能(Artificial Intelligence,AI)技术,根据一个或多个人类专家提供的特殊领域知识进行推理,模拟人类专家作决定的过程来解决那些需要专家才能解决的复杂问题。

专家系统的核心是强有力的知识体,它是在系统构筑过程中积累起来的,而知识的搜集和编码是专家系统最重要的方面之一。专家系统能够根据需要不断增长知识,主要特征如图 5-2-1 所示。

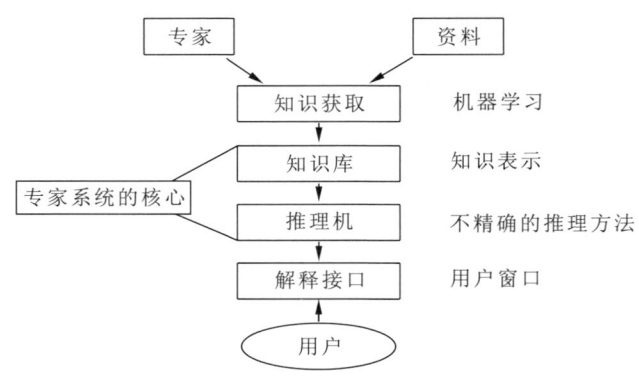

图 5-2-1 专家系统的主要特征

专家系统不能取代人类专家,但可以完成人类专家的决策过程,特别是在现场没有人类专家的时候。专家系统有以下几个方面的优点:

(1)比人类专家更规范、更快地提供专家知识,这些知识可靠性和一致性高。
(2)决策时考虑许多相互作用的复杂因素。
(3)把许多来源的知识集成一体。
(4)提高设备可靠性和劳动生产率。
(5)使专家脱离日常任务进行更有创造性的工作。
(6)对一般人员提供训练,以提高专家知识的可利用率。

但现实告诉我们,有些类型的问题比较适合于专家系统去解决,而有些类型的问题不适宜专家系统去解决。人们在实践中总结出适合专家系统的问题应满足下述 3 个先决条件:

(1)必须有一个或几个可以与之合作的大家所公认的解决此类问题的领域专家。有些问题可能没有这种得到公认的领域专家存在。这主要有两种情况:一种是这类问题已有了成熟的解决方法,领域中的一般科技人员都能较好地处理这类问题;另一种情况则是这类问题太复杂,以至于人类到目前为止还不能较好地解决它。

(2)人类专家系统是通过启发方式来解决此类问题的。专家系统的特点是启发性,所以在一般人还没彻底掌握的、不存在成熟解法的问题领域里,专家系统才能显示其优越性。

(3)人类专家解决此类问题可以用语言表达清楚。因为专家系统开发需要将专家解决问题的知识整理出来并加以形式化。

根据专家系统研制的阶段特点和开发条件,结合爆破参数优化的本身特点可以看出该领域适合开发专家系统。第一,目前隧道大型装备的应用和高效施工要求,急需大量的科研人员进行大量的试验,这将浪费大量的人力、物力和时间,况且爆破技术人员有限。第二,由于地质环境的复杂多变,给问题的处理带来相当大的困难,但由于中深孔在一定的地质条件下,布孔参数的相似性,设计思路的固定性,给专家系统进行推理提供了便利条件,适合专家系统的开发。第三,用优秀的爆破专家知识进行爆破设计能可靠保证爆破效果,并将专业人员从大量的近似重复的设计中解放出来。第四,计算机软硬件的迅速发展为专家系统的开发提供了可能性,国内外各种爆破优化模型的建立为专家系统模块化设计带来了便利且运行良好。以上都说明隧道爆破智能设计系统的开发是可行的。

隧道爆破智能设计系统是在了解工程实际需求的情况下,依据隧道施工设计原则,在立足应用、强调实用和兼顾技术先进性的指导思想下进行的。

任何事物的产生和发展都有其一定的前提条件和适用范围,智能系统也不例外。一般情况下,某个领域建立智能系统的前提条件是:①本领域内有专家存在;②专家能够解释和描述他们用于解决本领域问题的方法;③该问题具有认知技能的特征;④复杂的问题能够分成较小的、相对独立的问题来解决。

研究团队在爆破理论研究和施工技术应用方面做了大量工作,多项科研成果曾获得国家级和部委级科技进步奖,已经具备了充分的和必要的条件。在长期的科研和工程实践中,该领域涌现了一批具有丰富经验的专家。这些专家基本上能够把自己处理问题的思路和方法描述出来。当然,在实际工程中还有许多问题尚未解决,但已经有了许多可以直接利用的领域知识。

5.2.3 基于人工智能设计系统原理

智能系统不但能够按照人工的方法获取隧道爆破地质资料、选取爆破设计参数、布孔设计参数、施工设计参数,以及爆后效果评价,还能够正确模拟人的思维具有人工智能并对设计参数和数据进行管理的功能。如果要使智能系统具备上述功能,使它能够很好地完成爆破设计任务,那么首先需要分析和建立系统的组成与结构。

5.2.3.1 系统基本结构

智能系统的结构是指智能系统各组成部分的构造方法和组织形式。智能系统一般由知识库、数据库、推理机、解释机构、知识获取机构和人机接口 6 个部分组成,如图 5-2-2 所示。

要实现隧道爆破智能化设计,必须解决传统的爆破设计如何与计算机技术相结合的问题。因此,需要从 3 个方面入手:一是如何实现用计算机代替人工进行爆破设计;二是如何把爆破专家的经验知识应用于计算机爆破设计过程中,以使设计人员能够快速简捷地获取最丰富的设计经验;三是如何把某些爆破设计知识和推理解释清楚。

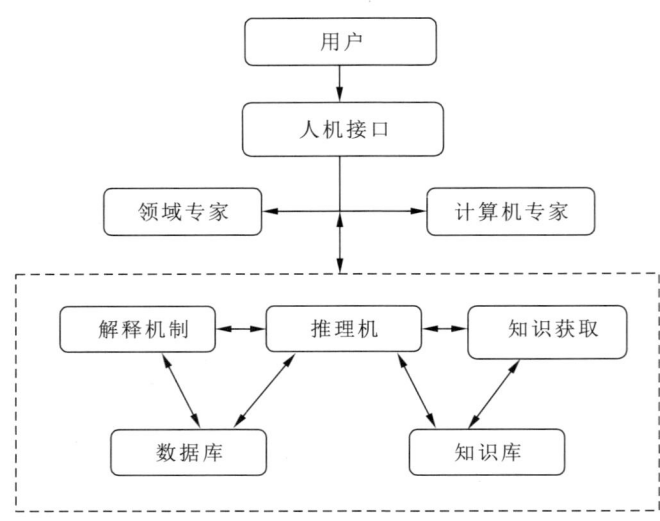

图 5-2-2　智能设计系统结构图

对于第一个方面,为了使计算机能够模拟人工思维而进行隧道爆破设计,把爆破设计过程分解成若干个计算机可以识别的步骤,如人工设计时根据地质条件、岩石性质、坚固性系数等选择爆破参数,然后用计算机语言描述并基于推理机制实现这些设计步骤和过程。例如,要根据地质条件使计算机自动选择爆破参数,就必须先把地质参数输入计算机中;要实现计算机输入功能,则首先应有输入界面即用户界面;要使计算机能够自动选择爆破参数则必须给定相应的法则,这些法则也要预先输入计算机中;要使计算机能够按爆破参数进行自适应布置炮孔,必须给定相应的布孔原则并设计好计算机如何按此原则进行推理布孔。对于第二个方面,为了能在隧道爆破设计过程中可以借鉴爆破专家设计经验,可先把爆破专家经验知识输入到计算机预先创建的知识库中,在利用计算机进行隧道爆破设计时调用或搜索这些知识并合理地加以处理再作为爆破设计参数,以爆破专家经验和 AI(人工智能)专家知识建立的推理机制进行炮孔布置等设计。对于第三个方面,要使在对某个参数的意义及如何确定其数值或不清楚设计流程或发生歧义时可向系统查询,应先把需要说明或解释的问题输入计算机中。在确定智能系统应解决的3个方面问题后,还需实现计算机如何具体解决的办法。

基于上述分析,完成隧道爆破智能设计系统的结构设计。以系统框架和各个完成功能的具体模块为主的用户、爆破专家和人工智能专家均可通过人机接口进行相应系统操作,具体包括以下6个方面:第一,爆破专家把基于一定原始参数下的隧道爆破设计所需经验知识收集并分门别类列出,AI专家按规定的知识表示方法把这些爆破经验知识表示成为计算机可以识别和利用的知识,再通过知识获取机构,即专家知识模块界面把专家知识输入并保存于知识库中;第二,爆破专家和 AI 专家根据隧道爆破设计工艺及经验确定炮孔布置的推理机制;第三,在解释机构即帮助或提示文档模块界面,把某些必须解释或说明的(如操作完成上一步后,下一步如何进行等)信息输入并保存于数据库中,以便在设计过程中进行查询;第四,用户进行隧道爆破设计时,通过用户界面输入必需的地质资料和断面参数,系统自动根据知识获取机构的搜索策略在知识库中搜索出最合理的爆破设计参数;第五,系统依据知识库由推理机完成爆破方案设计,并把爆破参数和布孔过程中得到的设计参数保存于数据库中;第六,设计完成后,系统自动生成爆破工程表并允许用户在界面中打印输出爆破设计结果。由此,可实现隧道爆破智能化设计,并且在设计过程中可优化爆破参数和设计。

5.2.3.2 系统知识库

知识库是智能系统的核心元素之一,是智能系统的知识存储器,用来存放求解问题的知识集合。知识库中需要存储诸如隧道爆破参数、炸药单耗等知识,但这些知识必须转化为计算机识别的语言,才能有效进行知识的利用和提取工作。对领域问题的经验性知识,首先需要用相应的知识表示方法将其表示出来,然后再进行形式化,并经过编码放入知识库中。通常,知识库中的知识分为两大类型:一类是领域中的事实,称为事实性知识,这是一种广泛公用的知识,即书本上的知识及常识,比如炸药单耗的选取;另一类是启发性知识,它是领域智能在长期工作实践中积累起来的经验总结。知识库是决定一个专家系统性能是否优越的主要因素。实际上,一个专家系统性能高低取决于知识库的 3 种性能:可用性、可靠性和完善性。因此,知识库的设计与建造是专家系统的一个技术关键。

知识是人们在改造客观世界的实践中积累起来的认识和经验,表示方法有一阶谓词逻辑表示法、产生式表示法、语义网络表示法、框架表示法、脚本表示法、过程表示法、面向对象表示法以及一些不确定知识的表示法等。基于隧道爆破智能设计系统的实际需要,系统中采用产生式表示法,下面对产生式表示法进行介绍。

1)事实的表示

事实可看作是断言一个语言变量的值或断言多个语言变量之间关系的陈述句。其中,语言变量的值或语言变量之间关系可以是数字,也可以是一个词等。

(1)确定性知识表示。一个事实可以用一个三元组(对象,属性,值)或(关系,对象1,对象2)来表示,其中,对象就是语言变量。这种表示方式在机器内部可用一个表来实现,例如炸药单耗知识可表示为(炸药单耗,取值1.0),即炸药单耗取值为1.0。

(2)不确定性知识表示。一个事实可以用一个四元组(对象,属性,值,可信度因子)来表示。其中,可信度因子是指该事实为真的相信程度,可用一个 0 到 1 之间的数来表示。

2)规则的表示

规则描述的是事物之间的因果关系,产生式表示形式称为产生式规则,其基本形式可以表达为:

$$P \longrightarrow Q$$

或者

IF P THEN Q

其中,P 是产生式的前提,也称为产生式的前件,它给出了该产生式可否使用的先决条件,由事实的逻辑组合构成；Q是一组结论或操作，也称为产生式的后件，它指出当前提P满足时应该推出的结论或应该执行的操作。

3）产生式系统的结构

产生式系统的基本结构包括综合数据库、规则库（知识库）和控制系统库3个主要部分。

（1）综合数据库，也称为事实库，是一个用来存放与求解问题有关的各种当前信息的数据结构。比如问题的初始状态、输入的事实、推理得到的中间结论和最终结论等。在推理过程中，当规则库中某条规则的前提可以和综合数据库中的已知事实相匹配时，该规则被激活，由它推出的结论将被作为新的事实放入综合数据库中，成为后面推理的已知事实。

（2）规则库。规则库是一个用来存放与求解问题有关的所有规则的集合。它包含了将问题从初始状态转换成目标状态所需要的所有变换规则。隧道爆破设计所涉及的规则库主要包括循环进尺、掏槽、荒径、周边、辅助、掘进孔孔网参数以及炸药单耗等规则在内的专家经验知识规则。

（3）控制系统。控制系统也称为推理机，它由一组程序组成，用来控制整个产生式系统的运行，决定问题求解过程的推理线路，实现对问题的求解，主要工作如下：①按一定策略从规则库中选择规则和综合数据库中的已知事实进行匹配。②当匹配成功的规则多于一条时，推理机构应该能够按照某种策略从中选出的一条规则去执行。③对要执行的规则，如果该规则的后件不是问题的目标，则当其为一个或多个结论时，把这些结论加入到综合数据库中。当其为一个或多个操作时，执行这些操作。④对要执行的规则，如果该规则的后件满足问题的结束条件则停止推理。⑤在问题求解过程中，记住应用过的规则序列，以便最终能够给出问题的求解路径。

4）产生式系统问题求解的基本过程

产生式系统问题求解算法流程如图5-2-3所示。

5.2.3.3 数据库

数据库也称为全局数据库或综合数据库，用来存储有关领域问题的事实、数据、初始状态（证据）和推理过程中得到的各种中间状态及目标等。实际上，它相当于智能系统的工作存储器，用来存放用户回答的事实、已知的事实和由推理得到的事实。

5.2.3.4 推理机

推理机是一组用来控制、协调整个智能系统的程序。它根据数据库当前输入的数据，利用知识库中的知识，按一定的推理策略求解当前的问题、解释外部输入的事实和数据，推导出结论并向用户提示等。

用计算机模拟人工推理进行隧道爆破设计，主要要解决两个方面的推理机制问题：一是如何模拟人脑从记忆中搜索出诸如炸药单耗等经验知识，然后以此作为爆破设计参数；二是按照爆破参数如何模拟人工思维进行炮孔布置，比如在按照一定顺序布置炮孔后剩余空间不一定恰好能够布置一个炮孔，此时应如何处理。基于这两个方面的考虑，智能系统应该具

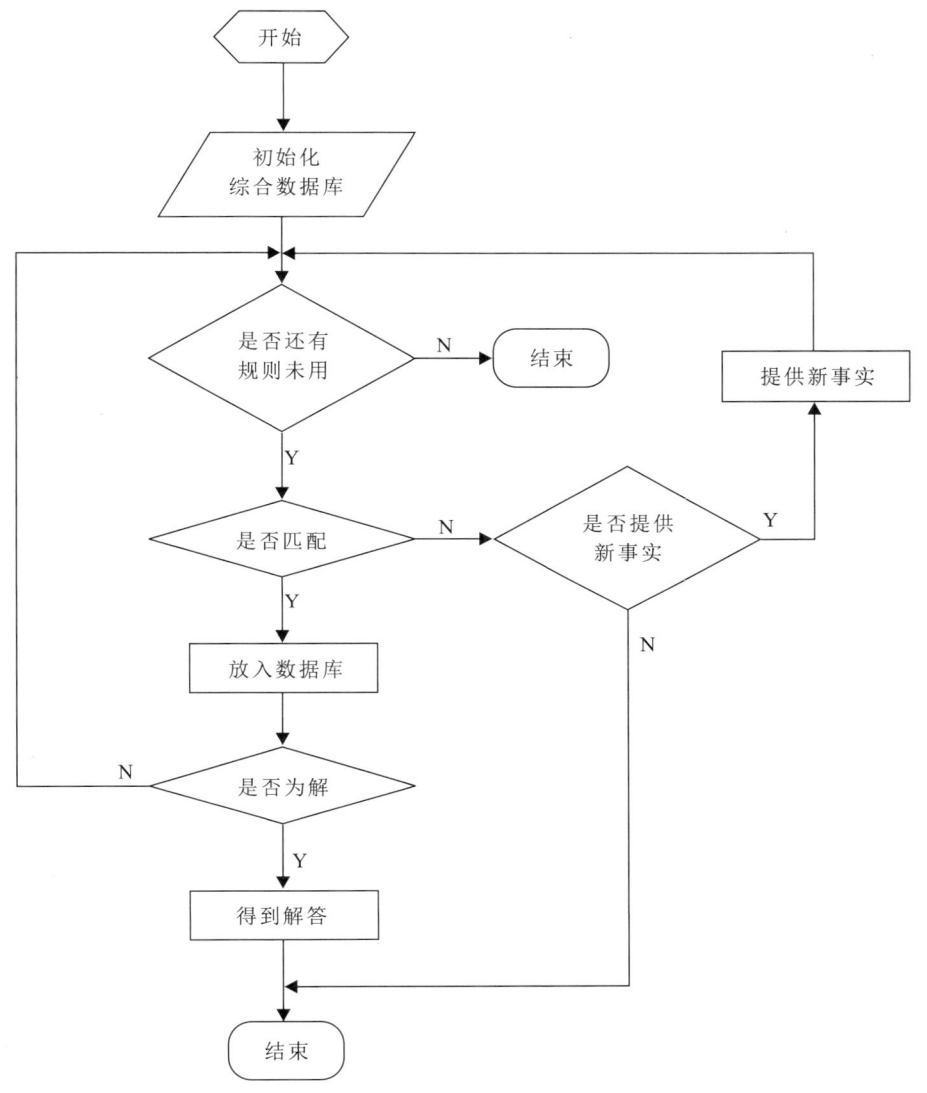

图 5-2-3 产生式系统问题求解算法流程图

备这两方面的推理机,第一种类似于前面所述的控制系统,第二种主要包括掏槽、周边、辅助布置等推理系统。

5.2.3.5 解释机构

智能系统应该能够以用户便于接受的方式解释自己的推理过程。解释机构实际上也是一组程序,它包括系统提示、人机对话、能书写规则的语言以及解释部分程序,其主要功能是解释系统本身的推理结果,回答用户的提问,使用户能够了解推理的过程及所运用的知识和数据。因此在设计解释机构时,应预先考虑好在系统运行过程中,应该回答的问题,根据这些问题要设计好回答形式及内容。目前大多数智能系统的解释机构都是采用人机对话的交互方式。

5.2.3.6 知识获取

知识获取是智能系统的一种辅助功能,指从某些知识源中获取系统实现问题求解所需要的专门知识并以某种形式在计算机中存储、传输和转移。它可为修改知识库中的原有知识和扩充新知识提供相应手段。它把知识加入到知识库中,并负责维持知识的一致性和完整性,建立起性能良好的知识库。目前,智能系统的知识获取一般是由知识工程师和智能系统中的知识获取机构共同完成的。为了使得爆破设计在计算机化过程中能够借鉴如炸药单耗、炮孔布置孔网参数等爆破专家经验知识,必须先把这些知识输入到计算机中,然后计算机再根据当前爆破条件搜索或调用这些专家知识,即获取专家知识作为爆破参数。隧道爆破智能设计系统正是通过知识获取机构来完成上述功能,知识获取机构主要包括炸药单耗、各类炮孔参数等专家知识模块。在这些模块中,用可以实现专家知识的输入、修改等操作与管理,并且可以通过编程实现对所有专家知识的搜索与调用。

5.2.4 隧道智能爆破设计系统组成

按照隧道爆破设计原理和方法,结合计算机智能系统开发技术,分析并确定该系统由人机接口、知识库、数据库、推理机、解释机 5 个部分组成。

5.2.4.1 人机接口

人机接口是计算机与用户进行人机对话的窗口,是用户应用软件功能的平台,因此在设计系统界面的时候应当遵循直观性和实用性的原则。直观性是指从用户的思维及视觉角度去考虑软件界面设计,用具界面必须能即时提供当前任务的执行状态,应该提供清晰的帮助信息以便用户在遇到问题时能及时得到帮助。实用性是指能够被用户接受并且易于使用。

在遵循上述几条原则的前提下,系统界面设计如图 5-2-4 所示;系统参数输入界面如图 5-2-5 所示。

5.2.4.2 知识库

爆破设计方案合理、准确的前提是系统知识库丰富,覆盖面广,知识结构科学合理。为了解决爆破经验知识借鉴问题,首先,要分析隧道爆破设计中有哪些既要按理论又要凭经验处理的环节,即在哪些设计细节中需要专家知识。其次,通过查阅大量文献参考资料或直接从爆破专家获取并分析综合得到爆破专家知识。最后,把这些知识存放在数据库(知识库)中,以便计算机在需要时搜索并调用。

5 软弱破碎地质隧道爆破智能设计系统

图 5-2-4 系统主界面

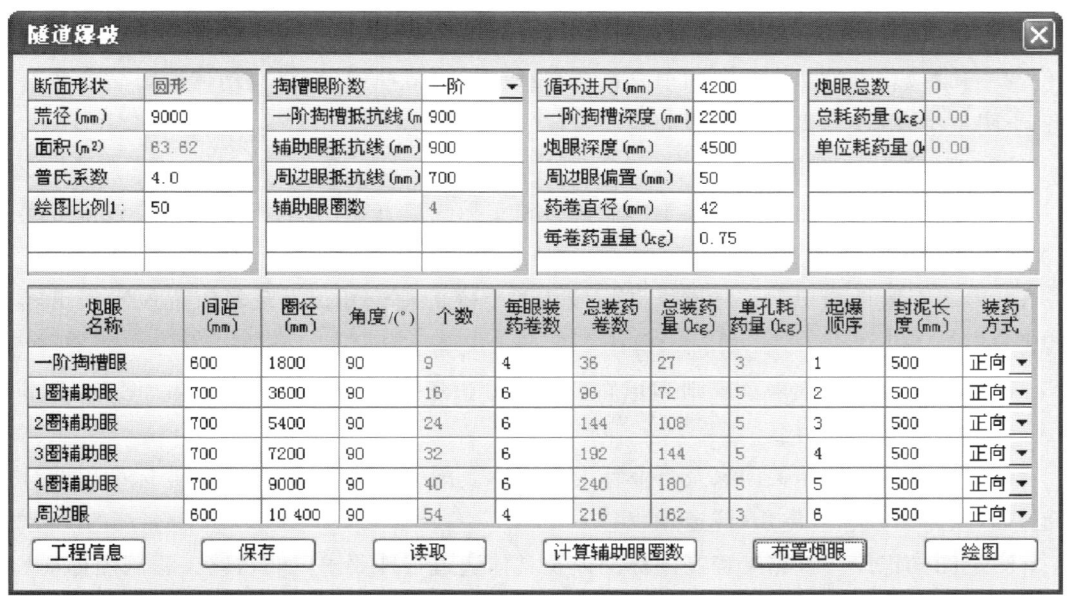

图 5-2-5 系统参数输入界面

1)知识库组成

基于隧道爆破智能设计系统开发实际需要,知识库主要由专家经验知识(涵盖典型案例知识)、爆破规则知识以及隧道图表知识所组成,如图 5-2-6 所示。

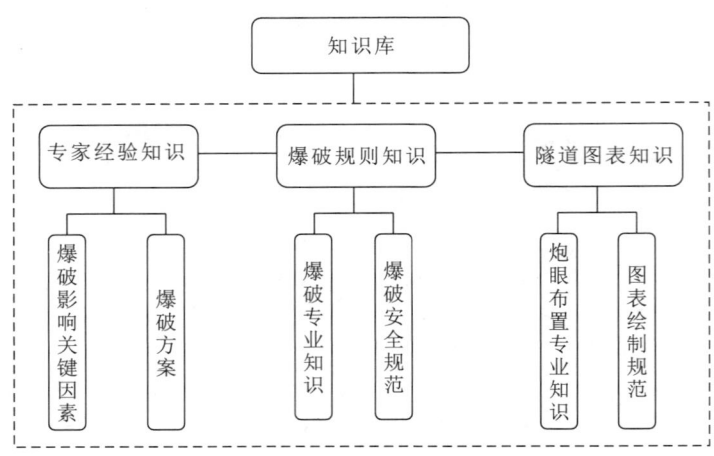

图 5-2-6 隧道爆破设计知识库

在图 5-2-6 中,爆破参数知识主要是指事先由爆破专家输入到计算机数据库(知识库)中,并在隧道爆破设计过程中可由计算机调用的经验知识,包括掏槽眼、辅助眼、周边眼等的相关参数。爆破规则知识是指在确定爆破参数后,系统自动按照适合当前地质和断面条件的布孔原则与方法进行自适应炮孔布置、调整以及计算实际炮孔参数,包括布孔原则、孔位调整和参数计算;隧道图表知识是指在系统完成方案推理后,会自动读取爆破参数并反馈到绘图系统,由计算机实现图表的自动生成。

2)知识库知识的获取

(1)典型爆破案例知识库。基于作业规程和实际施工方案,提取不同隧道爆破掘进实例纳入案例知识库。

(2)专家经验性知识库。隧道爆破领域相关专家的理论知识及现场工程技术人员经验知识。

(3)爆破理论研究成果及规则知识库。总结分析爆破相关领域学术专著、论文、技术报告、鉴定成果等文献资料。

(4)爆破方案设计相关国家及行业标准知识库。国家行业标准、地方行业标准以及行业规范,如《铁路工程预算定额(隧道工程)》。

(5)绘图知识库。铁路工程制图标准以及具体隧道特殊要求,如《铁路工程制图标准》。

5.2.4.3 数据库

隧道爆破设计智能系统数据库主要由隧道爆破设计与施工所涉及的参数、数据、图表和材料规格等组成,包括用户信息、爆破设计总体信息、断面参数、爆区地质数据、爆前数据、掏槽孔爆破参数、辅助孔爆破参数、周边孔爆破参数等。

5.2.4.4 推理机

推理机的作用是使知识库的知识得到充分、合理、有效地利用,使各个组成部分构成一个统一的协调一致的有机整体。爆破设计专家系统提供产生式以及最大匹配度推理策略,基于规则(Rule Based Reasoning,RBR)和专家经验(Case Based Reasoning,CBR)两种推理途径。

为了能使计算机按隧道原始地质和断面等条件选取爆破参数并按这些参数进行自适应布置炮孔,就必须详细地告诉计算机如何具体实施,或让计算机知道按现有条件并依据给定的规则和方法得到结论,即要给系统规划出各种推理机制。

隧道爆破设计智能系统的任何一项设计工作都通过推理完成,例如在输入隧道地质资料和断面参数后,按照搜索策略及推理方法,计算机自动从知识库寻找与条件相匹配的包括炸药单耗、掏槽孔、周边孔、辅助孔等爆破参数经验知识,并以此作为基础加以处理后,作为爆破参数再进行后续设计。隧道爆破设计智能系统中的设计过程是一种测试—反馈—修正—测试的循环过程,其推理过程是从原始数据或条件出发向结论方向的正向推理。

5.2.4.5 解释机

解释机部分是一组程序,一个专家系统必须能够解释它所给出的决策和建议。系统解释机能够解释爆破方案专家系统两种推理策略的推理过程、推理结果、相关计算公式依据、系统操作说明、知识库知识来源、意义以及适用条件等。

5.2.5 隧道爆破智能设计系统的实现

5.2.5.1 系统开发环境

从广义上讲,任何一种计算机语言都可用来开发专家系统,也就是说,任何一种计算机语言都可以看作是专家系统的开发工具(从另一方面讲,任何一种专家系统开发工具也可以理解为一种计算机语言)。但从经济、方便、灵活性等方面考虑,人们更愿意使用既方便灵活,又经济可靠的来开发实用的专家系统。所以,在选择开发工具时,既要考虑其方便性又要考虑其灵活性;既要考虑其经济性又要考虑其可靠性,工具的好坏对开发工作有较大的影响。

本系统的开发环境为 Microsoft Visual Studio,依赖的开发平台为.NETFrameWork、MFC、STL,开发语言为 VC++。图形平台为 AutoCAD 和 ObjectARX;数据库为 SQLite;文件存储格式为 XML。

5.2.5.2 系统实现的功能

(1)建立隧道爆破专家知识库及推理机,实现爆破方案智能推理。

(2) 根据地质及生产条件,包括岩石特征、节理发育、岩石可爆性级别、普氏系数等关键因素,推理出爆破效果预测优化结果。

(3) 系统推理实现炮眼合理布置、理想的掏槽效果和炮眼利用率,节省材料消耗,人工工时,提高掘进速度,从而提高工作效率,产生较大的经济效益。

(4) 基于系统推理方案,自动生成隧道爆破工程图表,实现爆破图纸的自动、标准、合理和快捷绘制。

5.2.5.3 隧道爆破智能设计系统结构

首先是根据地质和断面条件选取爆破设计的原始参数,再以此参数进行炮孔布置和药量计算等设计。但是倘若利用计算机系统来完成一个完整的隧道爆破设计,它就必须具备输入、处理、输出、绘图等功能,即应包括地质资料与断面参数输入、爆破参数选取与计算、布孔设计和装药结构、起爆系统设计、爆破结果数据、原始资料和设计结果查询、设计图表显示与打印等。这些工作应该全部由爆破设计系统自动完成,设计者只需要在设计过程中按照界面提示选择输入或键入少量的数据即可。另外,组成隧道爆破设计智能系统的模块除了应有必需的功能外,还应综合考虑安全、实用、质量、用户特点等多种因素(图5-2-7)。

如图5-2-7所示,隧道爆破智能设计系统结构设计基于6部分组成,即用户、人机接口、解释子系统、知识库、系统推理机以及绘图子系统。其中,用户主要是爆破工程设计技术人员,他们是操作该系统的主要用户。技术人员通过人机接口可以直接根据系统提示进行爆破方案的流程化设计工作。基于该系统开发实际需求和系统特点,解释子系统目前只是能够回答用户特定的问题,同时,解释子系统也提供完整的系统使用流程和原理说明文档。知识库主要包括了专家经验知识、典型案例知识、爆破规则知识、爆破图表知识等。推理机主要涵盖了由原始参数输入开始,到爆破参数设计、爆破效果预测、图表绘制的一系列流程。采用面向对象的编程技术及ObjectARX接口技术开发出通用的基于AutoCAD平台的绘图系统,并在此基础上实现系统与专家知识库的结合,使之具有较高的智能化水平。系统实现了基于爆破方案的自动绘制炮眼布置图、爆破效率参数表,输出爆破说明书等。

5.2.5.4 系统智能模块化功能

1) 基于系统整体模块设计

模块化和流程化设计是隧道爆破智能设计系统的特点之一,这种设计方法的优点在于使得系统各个部分能够相互独立运行,同时又共享某些关键数据。还实现了系统运行的稳定性、高效性、可扩展性、独立性等功能。该系统模块设计流程如图5-2-8所示。

由图5-2-8可以看出,系统分为了3个层,分别为用户界面层、应用逻辑层和数据服务层。

(1) 隧道爆破设计推理系统。用户界面层主要包含了推理启动界面、原始参数交互界面、保存读取界面、推理结果显示界面等。界面层是用户与系统直接进行人机对话的窗口,是用户操作系统的第一层级;应用逻辑层包含了推理启动界面、爆破推理模块、结果展示模

5 软弱破碎地质隧道爆破智能设计系统

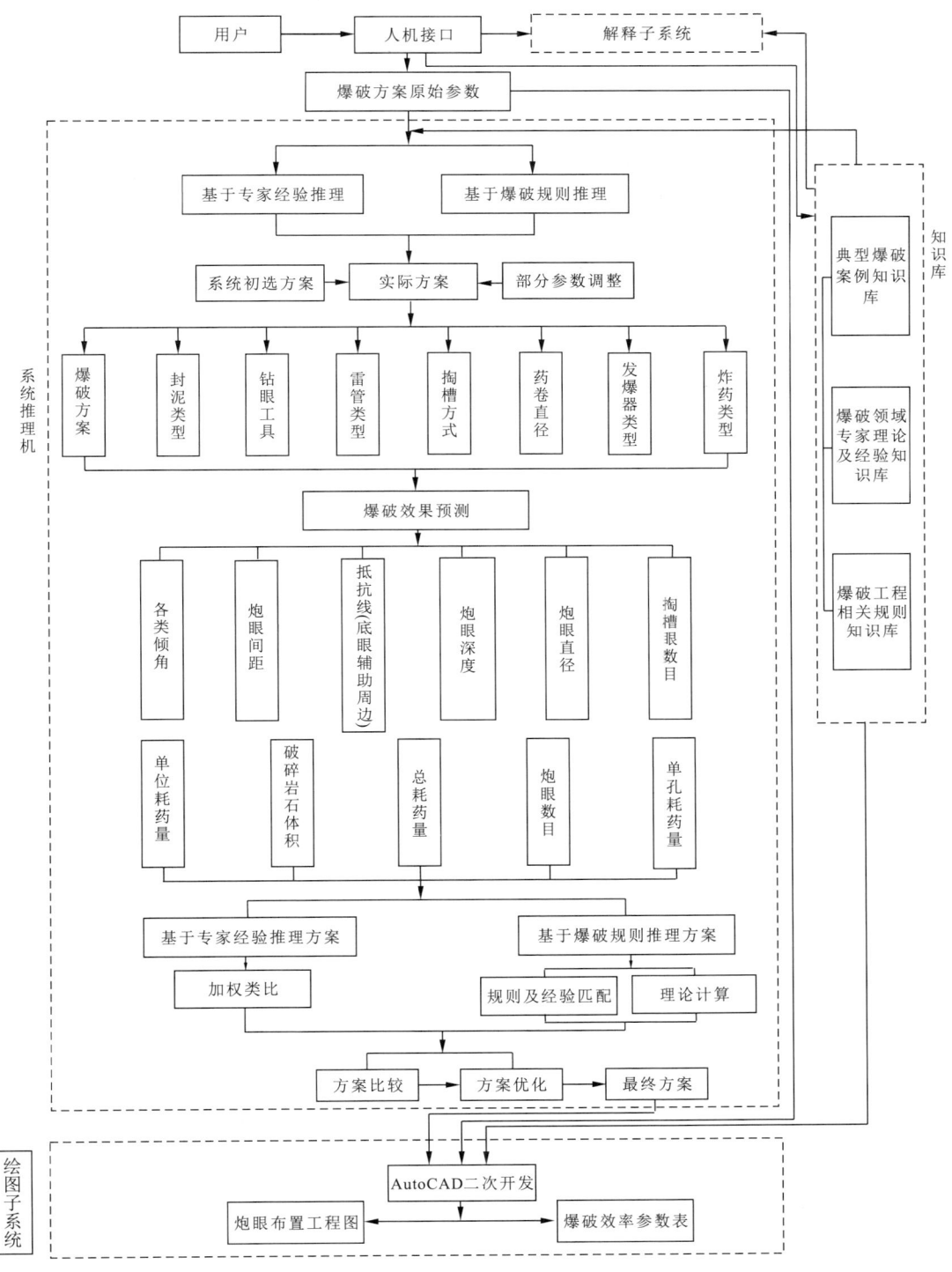

图 5-2-7 隧道爆破智能设计系统结构图

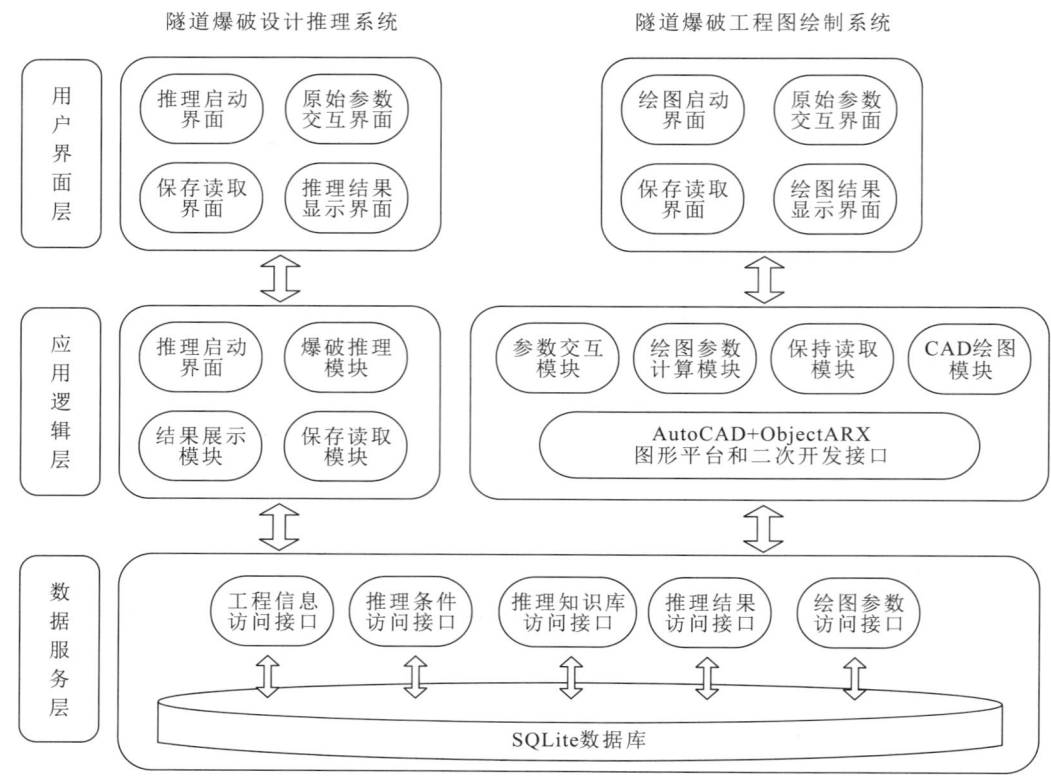

图 5-2-8 系统模块化设计结构流程图

块以及保存读取模块,该层级实现的核心功能就是知识信息的传递和推理,是系统的核心层级;数据服务层涵盖了工程信息访问接口、推理条件访问接口、推理知识库访问接口、推理结果访问接口以及绘图参数访问接口。该层级实现了数据库数据的传递以及用户对系统进行后台管理的功能。

(2)隧道爆破工程图绘制系统。用户界面层涵盖了绘图启动界面、原始参数交互界面、保存读取界面以及绘图结果显示界面。应用逻辑层主要涉及到参数交互模块、绘图参数计算模块等 5 个模块。其中,绘图参数计算模块是实现绘图功能的核心环节,由上一层级数据库获取的绘图数据将由该模块进行计算,并传递到绘图指令函数。AutoCAD 绘图模块是根据绘图子系统绘图计算数据最终实现图形的可视化。同时,AutoCAD+ObjectARX 图形平台开发接口是用户与系统进行交流的窗口,所有绘图的程序编码的修改和完善都是通过这个接口来完成的。数据服务层的功能与隧道推理系统是共享的。

2)各子模块结构

隧道爆破智能设计系统分为了 5 个子模块,分别为系统管理、数据管理、参数设计(Ⅰ、Ⅱ)、工程信息管理,结构如图 5-2-9 所示。

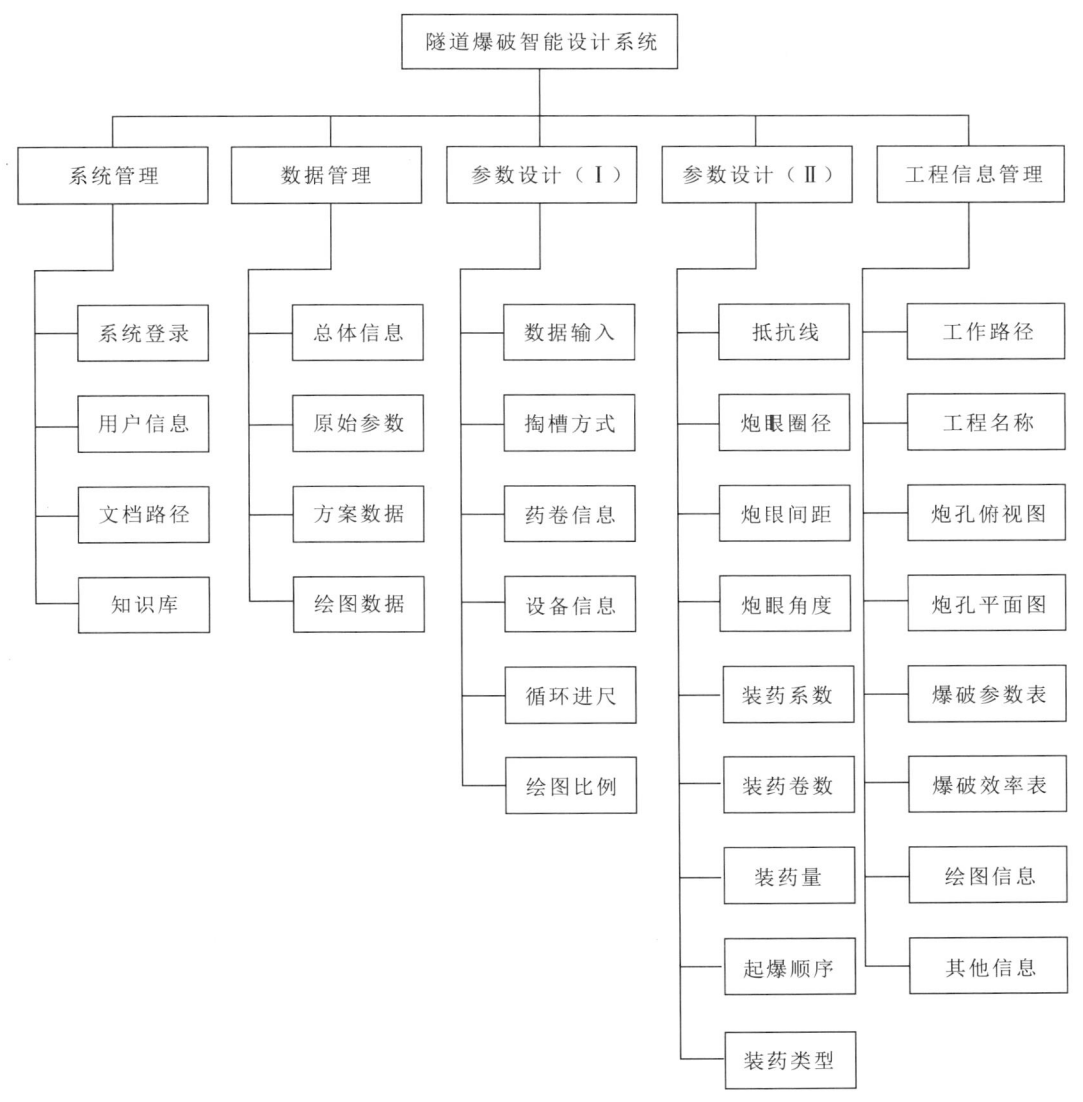

图 5-2-9 隧道爆破智能设计系统子模块结构图

各个子模块包含了不同的设计信息,这些信息组合成了隧道爆破智能设计方案,包括绘图系统。在工程信息里面,需要技术人员输入相应的工程基本资料,所有原始数据和系统推理机计算的数据均会保存到用户指定的工作路径,也就是说所有方案均是以数据的形式来保存和管理。

5.2.5.5 系统功能实现流程

1) 隧道爆破设计流程

系统推理主要处理流程如图 5-2-10 所示,处理流程说明如下:

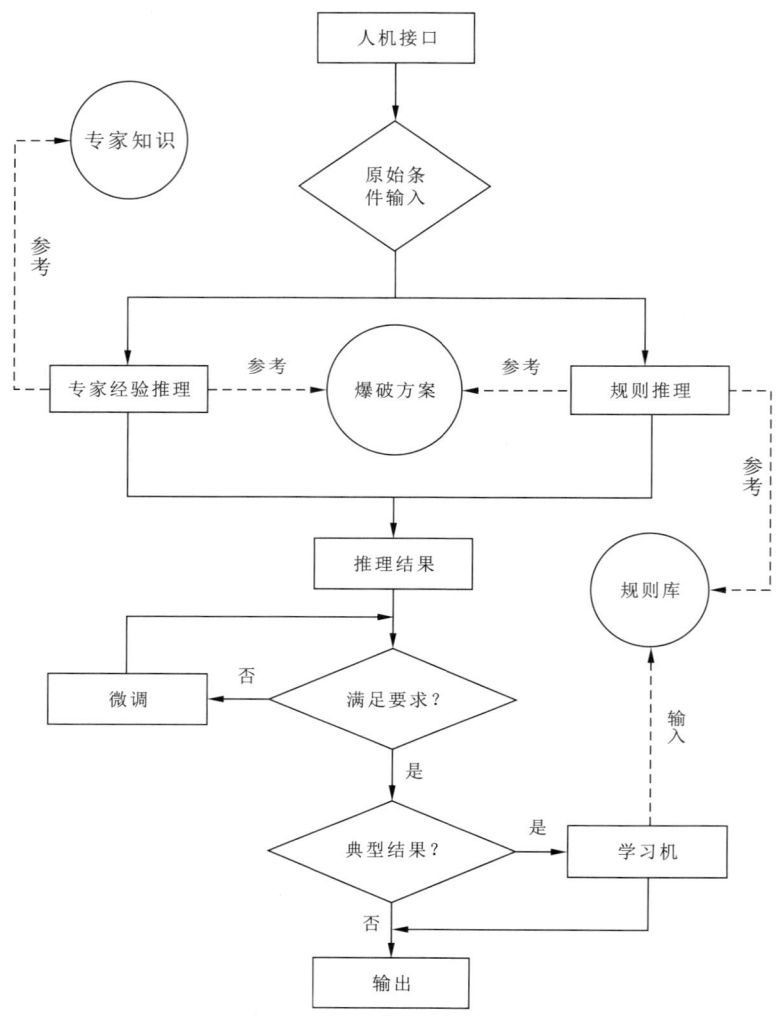

图 5-2-10 系统主要处理流程图

第一,用户通过人机接口进行原始条件录入模块,输入爆破推理所需的各个原始参数。

第二,系统根据用户原始参数的输入进行分析计算和推理,完成隧道爆破方案设计,给出隧道爆破设计相关参数。

第三,用户对推理结果进行评估,必要时进行微调,以使其完全符合现场的实际情况。

按照以上处理流程,可将系统分为三大模块进行分别论述:原始条件是系统数据获得的主要途径,也是主要的人机交互界面,用户通过此界面输入爆破推理所需的原始数据;推理机是系统的核心部分,它以原始条件输入的数据为原型,参照规则库或实例库,按照即定的算法运算推理结果;知识库、规则库和实例库一起组成的知识库,是原始数据和推理结果之间连接的桥梁。

2)隧道爆破绘图流程

隧道爆破绘图子系统是该系统推理方案的最终体现环节。系统的架构设计充分体现了人性化特点,隧道爆破设计模块与绘图模块是相辅相成的,但又是相互充分独立,用户可以直接根据推理结果由系统自动生成图表,也可以单独使用绘图模块完成隧道爆破图表的绘制(图5-2-11)。

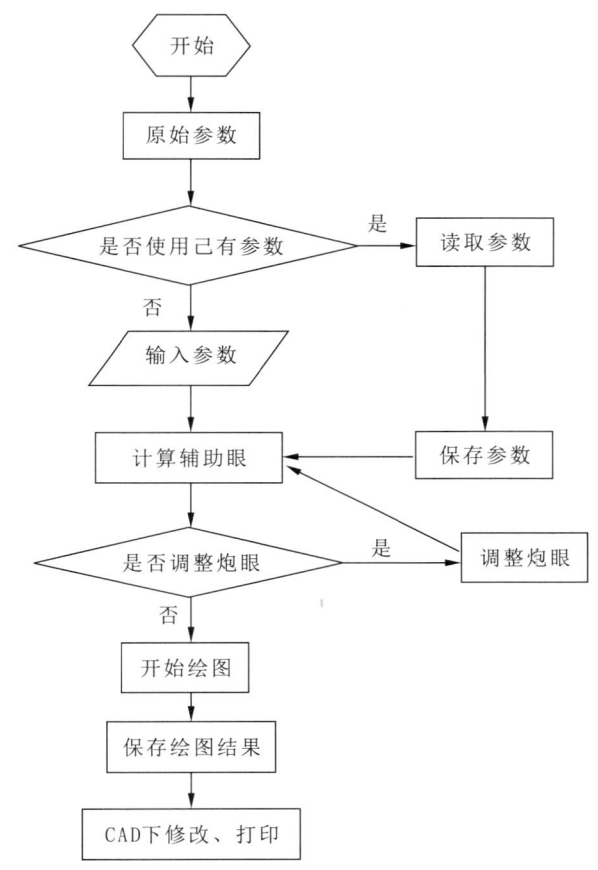

图 5-2-11 隧道爆破绘图流程图

在绘图模块中,用户可以通过不同的选择项根据工程实际需要对相关参数进行调整,同时,还可以进行图形参数的保存和读取功能,便于图形以"数字"形式进行保存和编辑,这对技术文档管理和工作效率的提高具有重要意义。

3)系统信息流程

隧道爆破设计是基于系统给定的原始参数推理爆破设计参数,数据经流过程如下:

(1)用户根据需要选择工程项目工作路径,如图5-2-12所示。

(2)进入系统原始参数输入模块,需要用户选择或者输入系统给定的参数数值,具体参数如图5-2-13所示。

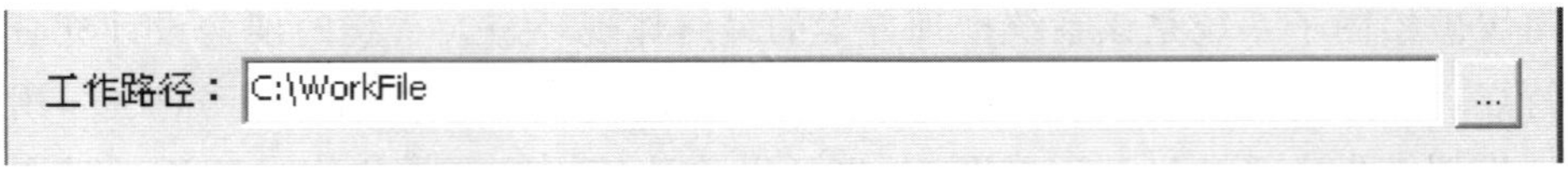

图 5-2-12　工作路径选择

图 5-2-13　原始参数输入模块

(3)方案推理模块，在该模块中系统给出了隧道爆破设计方案参数界面，便于修改和保存，该系统采用了 *.txt 格式来展示，如图 5-2-14 所示。

隧道爆破方案推理结果(专家经验)

爆破方案　基岩　岩石坚固性系数
f<1.5
断面形状　圆形　荒径
9 000mm
断面积　63.62m²　掏槽眼阶数　一
阶
掏槽方式　直眼掏槽　药卷直径
45mm
钻眼工具　伞钻　炸药类型　乳化炸药/水胶炸
药
封泥类型　黄土炮泥　循环进尺
4 500mm
炮眼深度　5 000mm　掏槽眼深度
5 200mm
周边眼偏置距离　50mm　每卷药长度
400mm

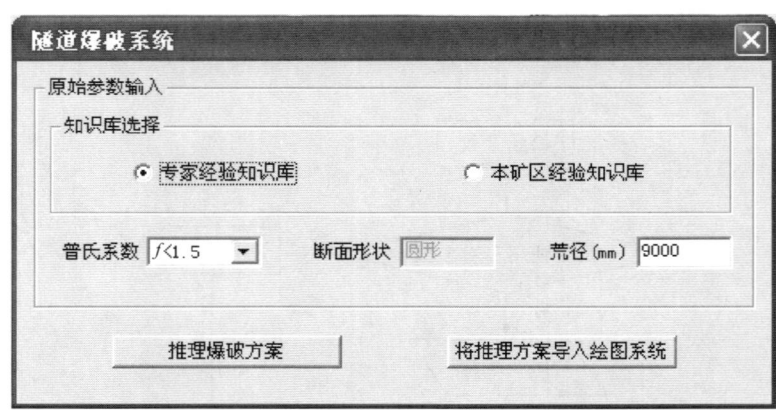

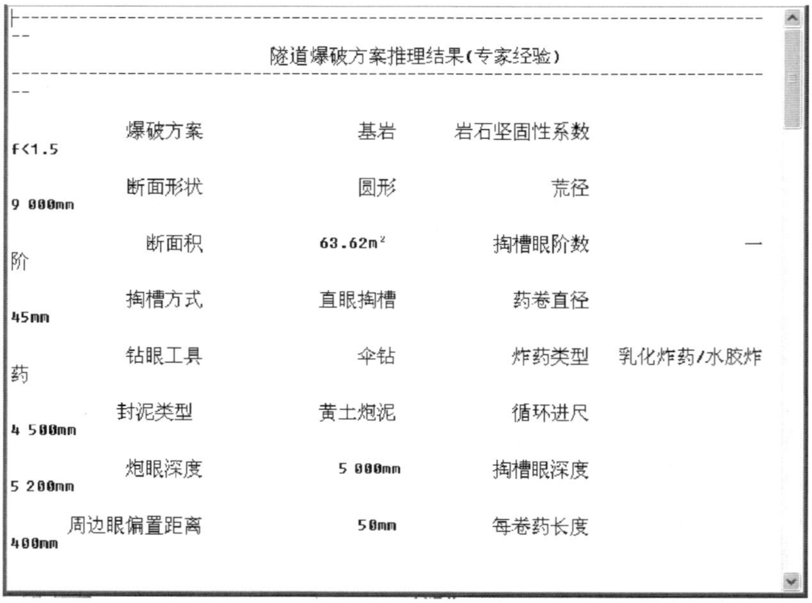

图 5-2-14　隧道爆破设计方案

(4)根据设计结果进行现场炮孔布置并结合现场情况调整孔位，进行局部修改，如图 5-2-15所示。

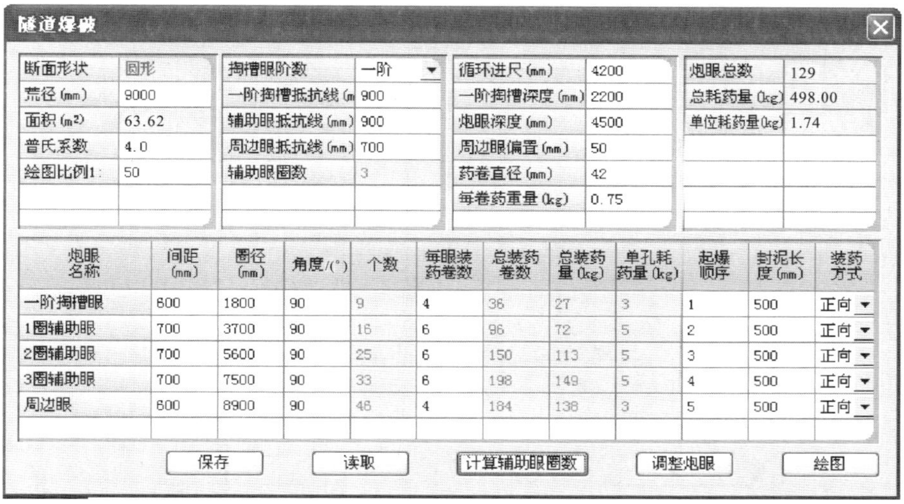

断面形状	圆形	掏槽眼阶数	一阶	循环进尺(mm)	4200	炮眼总数	129
荒径(mm)	9000	一阶掏槽抵抗线(m	900	一阶掏槽深度(mm)	2200	总耗药量(kg)	498.00
面积(m^2)	63.62	辅助眼抵抗线(mm)	900	炮眼深度(mm)	4500	单位耗药量(kg)	1.74
普氏系数	4.0	周边眼抵抗线(mm)	700	周边眼偏置(mm)	50		
绘图比例1:	50	辅助眼圈数	3	药卷直径(mm)	42		
				每卷药重量(kg)	0.75		

炮眼名称	间距(mm)	圈径(mm)	角度/(°)	个数	每眼装药卷数	总装药卷数	总装药量(kg)	单孔耗药量(kg)	起爆顺序	封泥长度(mm)	装药方式
一阶掏槽眼	600	1800	90	9	4	36	27	3	1	500	正向
1圈辅助眼	700	3700	90	16	6	96	72	5	2	500	正向
2圈辅助眼	700	5600	90	25	6	150	113	5	3	500	正向
3圈辅助眼	700	7500	90	33	6	198	149	5	4	500	正向
周边眼	600	8900	90	46	4	184	138	3	5	500	正向

图 5-2-15　隧道爆破设计绘图参数表

(5)工程图表自动绘制。基于隧道爆破智能设计系统推理结果，启动绘图系统，用户可以根据不同的 AutoCAD 版本选择绘图平台，如图 5-2-16 所示。当点击“计算辅助眼圈数”按钮时，系统会根据读入的数据自动计算，如图 5-2-17 所示。

图 5-2-16　绘图系统启动界面

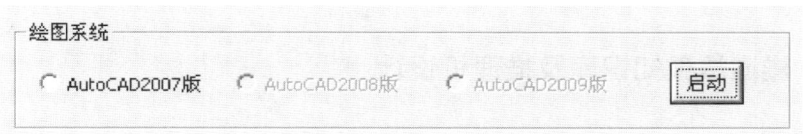

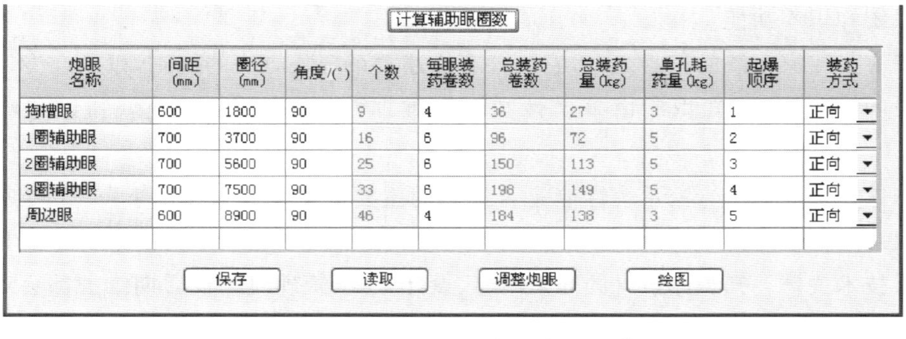

炮眼名称	间距(mm)	圈径(mm)	角度/(°)	个数	每眼装药卷数	总装药卷数	总装药量(kg)	单孔耗药量(kg)	起爆顺序	装药方式
掏槽眼	600	1800	90	9	4	36	27	3	1	正向
1圈辅助眼	700	3700	90	16	6	96	72	5	2	正向
2圈辅助眼	700	5600	90	25	6	150	113	5	3	正向
3圈辅助眼	700	7500	90	33	6	198	149	5	4	正向
周边眼	600	8900	90	46	4	184	138	3	5	正向

图 5-2-17　绘图系统自动计算

(6)打印输出已完成施工设计的炮孔平面图表等。图 5-2-18 给出了隧道爆破设计所涉及的相关数据在设计过程中的数据流向。图 5-2-19 给出了隧道爆破设计系统自动生成的隧道炮眼布置图。

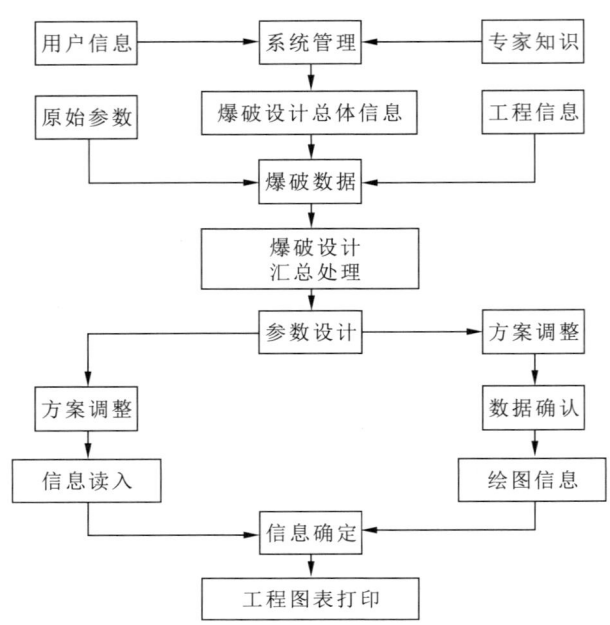

图 5-2-18 隧道爆破设计信息流程图

5.2.6 隧道爆破知识库及推理机设计

5.2.6.1 系统知识库设计

1)系统知识库功能

知识库是专家系统的核心之一,它包含有描述关系现象方法的规则,以及在专家知识范围内解决问题的知识,知识库由事实性知识和推理性知识组成,是领域知识与经验的存储器。

知识库是决定一个专家系统性能是否优越的主要因素之一。实际上,一个专家系统性能高低取决于知识库的3种性能:可用性、可靠性和完善性。知识库的设计与建造是专家系统的一个技术关键。知识库包含的知识内容、设计方式、管理模式及后期维护都会对知识库发挥作用具有重要影响,只有做好了知识库的构建工作,才能使得专家系统真正发挥"专家"级别的水平和能力。爆破智能设计系统基于以上原则,在知识库的建造方面下足了功夫,力求知识库的管理和内容都在该领域前沿,使系统达到实用、能用、高效的目的。

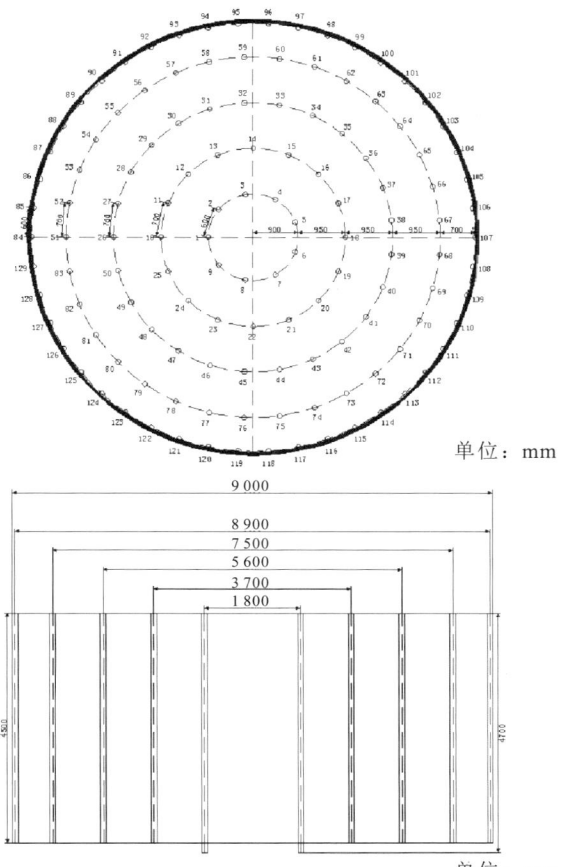

爆破参数表

炮眼编号	炮眼名称	炮眼深度/mm	圈径/mm	间距/mm	角度/(°)	个数	每眼装药卷数	总装药卷数	总装药量/kg	单孔耗药量/kg	起爆顺序	装药方式
1～9	掏槽眼	4 700	1 800	600	90	9	4	36	27.00	3.000	1	正向
10～25	1圈辅助眼	4 500	3 700	700	90	16	6	96	72.00	4.500	2	正向
26～50	2圈辅助眼	4 500	5 600	700	90	25	6	150	112.50	4.500	3	正向
51～83	3圈辅助眼	4 500	7 500	700	90	33	6	198	148.50	4.500	4	正向
84～129	周边眼	4 500	8 900	600	90	46	4	184	138.00	3.000	5	正向
总计	—	—	—	—	—	129		664	498.00	—	—	—

备注：采用乳化炸药/水胶炸药，重0.75kg/卷，φ42mm，长400mm。

爆破效率表

序号	指标名称	单位	数量
1	炮眼利用率	%	93
2	循环进尺	mm	4 200
3	爆破岩石体积	m^3	286
4	单位体积炸药消耗量	kg/m^3	1.740
5	单位体积雷管消耗量	个/m^3	0.451
6	每卷药重量	kg	0.750
7	总耗药量	kg	498

图 5-2-19 系统自动生成隧道炮眼布置图

2)系统知识库设计

隧道爆破智能设计系统知识库设计基于以下要求：

(1)便于知识的不断更新和修改完善。知识库中的知识是随着爆破技术的发展和计算机开发水平的提高而不断升级和完善的，良好的知识库设计应该能够满足知识更新、删减、修改等工作，以使知识库能更好地发挥"专家级"的作用。

(2)便于为推理机提供智能支持。推理机和知识库是专家系统的核心，两者相辅相成，推理机能否发挥"智能性"取决于知识库的内容和管理。所以，知识库的设计要充分考虑到推理机，要为推理机发挥其应有的功能提供支持。

(3)便于知识库的维护和管理。知识库作为专家系统的"大脑"要进行科学的管理和维护，爆破智能设计系统知识库涵盖了大量的专家知识和规则，知识条之间的关系错综复杂，不同类型知识的前提、结论都有其特殊性和普遍性，知识库的管理工作非常繁琐且重要。因此，知识库的设计要充分考虑系统的运行效率和稳定。

(4)便于知识的表达和输入。知识库中的知识是由源知识读取到系统知识库，也就是将源知识用计算机语言进行表达并写入到系统中。该系统的知识输入工作是由人工完成，知识的更新、删减都需要以计算机编程语言和相应的表达方式来实现。因此，知识的表达和输入也是相当重要的环节。知识库的设计要能够使得知识的表达和输入更方便、快捷和高效。

3)系统知识的存储

互联网的飞速发展促使了可扩展标记语言 XML(Extensible Markup Language)的产生，它是通用标记语言标准 SGML(Standardfor General Markup Language)的一个子集，是一种元语言。XML 不同于只能提供数据格式描述 HTML，XML 提供了数据结构的描述，从而有助于进行文件内容的结构声明和语义描述。XML 由一系列规范组成，主要包括文档类型定义(Document Type Definitions,DTD)、可扩展样式语言(Extensible Stylesheet Language,XSL)和可扩展链接语言(Extensible Linking Language,XLL)。其中 DTD 定义了用户使用的所有标记以及标记之间的逻辑关系，也就是定义了元素的类型、属性以及它们之间的联系，XML 解析器根据 DTD 实现对文档有效性的检查和验证。XSL 对 XML 文档进行格式化。XLL 是 XML 的链接语言，它与 HTML 链接相似，但功能更强大。XLL 分为 Xlink 和 XPointer，分别定义 XML 文档的链接和寻址。

该系统知识库的存储采用.xml 文件的形式，把图中的参数关系按一条一条规则依次写入到.xml 文件中去。

4)系统知识库的管理

知识库是一种专门存储、管理大量咨询知识的数据库，知识库管理是通过知识库管理平台实现的。知识库管理平台提供对知识的系统化组织、管理和控制，并能存储、查询和检索知识，是系统实施知识管理的基本工具。

(1)知识库的结构。丰富的知识库能够发挥重要作用的关键因素是知识库中知识的质量，即知识的丰富程度、专业性和先进性。知识库不是固定不变的，而是随着系统需求的不断深入逐渐完善和发展的。知识库结构设计如图 5-2-20 所示。

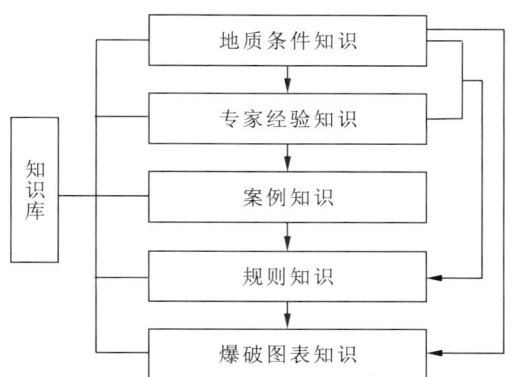

图 5-2-20　隧道爆破智能设计系统知识库结构图

(2)知识库的维护。知识库的常规性维护主要包括知识录入、查询、检索、更新、维护、删除,知识库的备份、恢复、优化和重组,以及对知识的安全性和保密性的维护。

①知识录入。它主要实现了隧道爆破智能设计系统知识库中相关知识的添加、删减、更新、修改等功能。在将新知识存入知识库中时会出现相容性和冗余性的问题,即会产生矛盾和多余知识的现象。由此,在进行相关操作时要克服以上问题,将知识转化为计算机能够识别的语言和表达方式存入知识库,进而对知识库进行可执行的相关操作。

②知识查询和检索。知识库是系统的核心,也是系统的大脑。知识库不是一成不变的,在任何需要的情况下要能够从知识库中提取知识和查看知识。在本系统中知识工程师可随时对知识库进行检索,用户通过知识引擎实现检索,可以查看想要了解的知识结构和原理。

③知识更新。系统知识库是一个动态的,随着爆破技术的发展和计算机技术的变化而不断完善。这样才能最大程度地保证知识库知识具有前沿性、先进性。因而需要不断地对知识的内容、结构、相互之间的关系以及所涉及的关键词等方面作出调整,以便能更好地为系统推理机提供支持,实现系统推理的正确性、高效性和合理性。

④知识库一致性维护。知识库的一致性维护,即语义一致性,是知识库与关于知识约束的依赖性。当用户对知识库中的知识进行了增加、删除、修改的操作后,新知识与旧知识应该在语义上保持一致。

5)知识库知识的获取

(1)典型爆破案例知识库。提取不同典型隧道爆破设计施工案例纳入案例知识库。基于系统知识库、推理机和设计需要,针对不同工程选取施工条件特殊、实际工程爆破效果理想的方案进行信息采集,委托现场技术业务骨干填写问卷,并进行问卷的分析、整理和总结,作为典型案例爆破知识库的基础性资料。

(2)专家经验知识库。爆破领域专家理论及现场工程技术人员经验知识,主要包括相关高校和科研单位专家学者著作,现场多年来从事爆破的专家经验性知识和生产现场总结的经验性知识。知识的获取主要采取调查问卷、现场访谈、专家著作知识提取等方式。针对不同方式获取的知识按照专业性原则进行分类,并基于系统知识库管理需求进行了合理科学的知识表示。

(3)隧道爆破理论研究成果及规则知识库。总结分析爆破相关领域学术专著、论文、技术报告、鉴定成果等文献资料。

(4)与隧道爆破方案设计相关的国家及行业标准知识库。国家行业标准、地方行业标准以及行业规范,如《铁路工程预算定额第三册隧道工程》(TZJ 2003—2017)。

(5)绘图知识库。矿山制图标准以及具体隧道特殊要求,如《铁路工程制图标准》(TB/T 10058—2015)。

5.2.6.2 系统推理机设计

1)基于隧道爆破专家经验推理

基于隧道爆破专家经验推理是在岩体与施工参数已知的前提下,采用隧道爆破设计的专家知识和理论知识进行运算,得出爆破设计方案并确定爆破参数的方法。专家知识包括调研收集的判断、决策等,是专家在长期工程实践中积累的应对复杂技术问题的经验。基础理论包括岩土工程专业的基础理论知识及其他相关的学科知识,是理论分析的核心内容,具体处理办法如下。

首先,将专家知识和理论模型拆分成一条一条的规则,并为每条规则设计限制条件,保存在规则库中。其中,专家知识的数量和完备程度决定着推理机的质量优劣。

其次,根据原始条件中输入的参数,与每条规则进行匹配。如果匹配,则完成一步推理,并进行下一步推理,如果不匹配,则提取下一条规则,重新进行匹配运算。

最后,按照匹配成功的规则进行初步运算,提取设备库中符合条件的设备参数,进一步运算,得出爆破参数。

基于理论分析的推理方式是一种正向推理方法,是精确的推理过程,如果考虑输入的原始条件充分且取值准确,则推理结果具有较高的可信度。

推理机的主要处理流程如图5-2-21所示。

2)基于隧道爆破规则推理

基于隧道爆破规则推理基本流程如下:

(1)用户输入地质及生产技术条件等原始数据。

(2)系统搜索爆破规则库编号为1(规则库每条规则有固定的编号)的规则,如果规则1存在,则取出其前提部分与待求解设计原始数据进行匹配,若匹配失败则进行规则库编号为2的规则继续匹配,以此类推。

(3)若某条编号为$N(1 \leqslant N \leqslant$规则库规则数量)的规则前提与待设计巷道原始条件匹配,则基于规则对涉及到的所有参数和指标进行分析、运算,并提取规则的结论为规则N的爆破设计方案。

(4)完成规则N的爆破设计方案后,系统继续进行$N+1$规则的匹配程序,若是与原始条件匹配则进行(3)的流程,作为规则为$N+1$的爆破设计方案,以此类推直到完成所有规

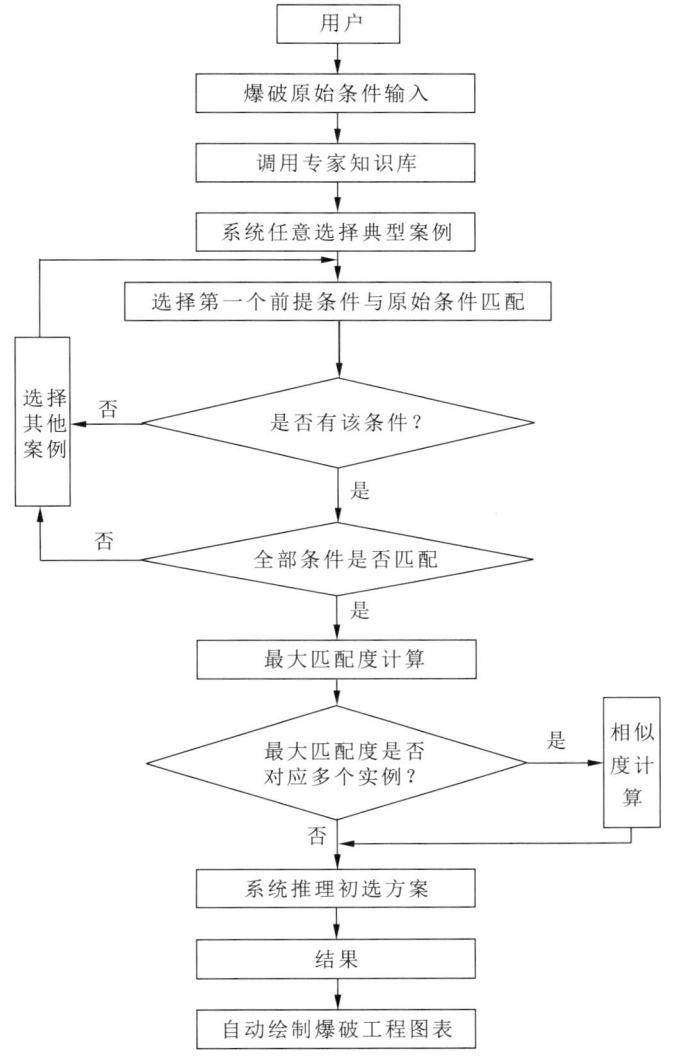

图 5-2-21 专家经验推理机流程图

则的匹配,推理流程如图 5-2-22 所示。

3)基于典型案例推理

基于典型案例推理也叫"比较类推法",是指由一类事物所具有的某种属性,可以推测与其类似的事物也应具有这种属性的推理方法,其结论必须由试验来检验,类比对象间共有的属性越多,则类比结论的可靠性越大(图 5-2-23)。

与其他思维方法相比,类比法属平行式思维的方法。无论哪种类比都应该是在同层次之间进行。类比推理是一种或然性推理,前提真结论未必就真。要提高类比结论的可靠程度,就要尽可能地确认对象间的相同点。相同点越多,结论的可靠程度就越大,因为对象间

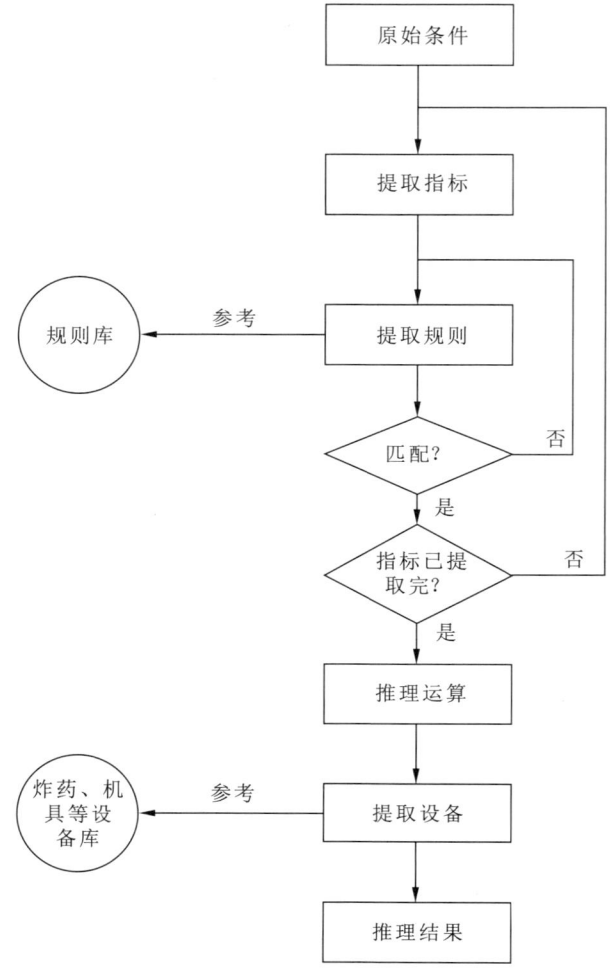

图 5-2-22 基于规则推理机的主要处理流程图

的相同点越多,二者的关联度就会越大,结论就越可能可靠。反之,结论的可靠程度就会越小。

实际设计经验表明,设计人员并不是每次都从头开始,通常根据别人或自己之前的设计经验来完成当前的设计任务。这说明工程类比的方法在实际应用中,具有较高的实用价值。基于典型案例推理通常按以下步骤工作:

(1)提出问题。输入待解决问题的初始条件及其他相关信息(原始条件,即约束条件)。

(2)提取相似实例。根据问题的要求及初始条件,从实例库中提取一组与当前问题相似的实例。

(3)修改实例。从相似实例中找出最相似的实例或通过多个实例的组合,形成目标问题的解决方案,并通过对目标方案的修改来满足当前的要求。

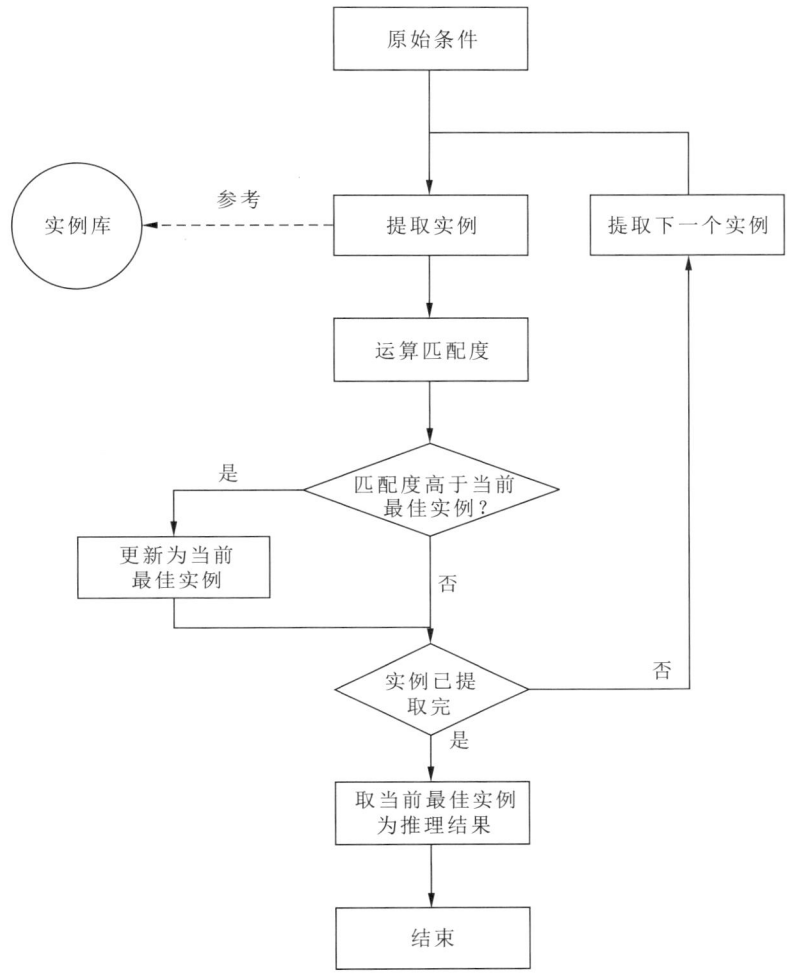

图 5-2-23 基于典型案例推理机的主要处理流程图

(4)存储实例。将设计问题的最终解作为新的实例存入实例库中,作为新的原始实例供以后设计调用。

5.2.7 爆破参数设计影响因素分析

爆破设计工作是隧道掘进中的一个日常性工作,人们往往只是凭直觉经验进行现场的爆破设计工作,虽然有许多研究者对这一工作进行了研究,但往往在进行专题研究时,有些因素考虑得过细,而在实际现场设计中,则不可能考虑到这些过细的因素。另外,科研人员在实验室所考虑的因素和爆破设计人员在现场设计时所考虑的因素有一定的偏差,因为现场设计人员主要考虑的是现场容易把握的、比较直观的因素,而科研人员则对现场不易测量的因素考虑较多,所以在开发专家系统之前,有必要对岩巷爆破设计的基本问题进行研究,避免考虑问题的片面化或扩大化,以便抓住问题的主要方面,进行深入细致的研究。只有在这一研究的基础上,才能建立更符合实际和更实用的岩巷爆破设计专家系统。也只有这样,所建立的专家系统才能利用这些因素和现场爆破设计人员进行有效的交互,达到具有专家水平爆破设计的目的。

影响爆破设计的因素很多,概括起来有4个方面:①岩石的物理力学性质;②岩体的地质构造和岩体结构;③爆破技术条件;④爆破质量要求和安全生产要求。其中每一个方面又包括许多具体因素。实际上,爆破设计不可能考虑到所有的因素。所以,必须对各方面因素进行分析,从中找出影响爆破设计的主要因素,以其作为爆破设计时要考虑的主要因素。

1)岩石物理力学性质对爆破作用的影响

岩石的密度对爆破作用的影响较大。岩石的密度越大,波阻抗也越大,岩石越难爆破。当岩石受压时,孔隙度减小。随着孔隙度的减小,冲击波和应力波在其中的传播速度降低。岩石的硬度说明岩石抵抗打眼工具钻进的能力,硬度大的岩石,钻眼与爆破难度也大。岩石的粒度是指组成岩石的颗粒大小,颗粒越细,岩石越难爆破。岩石的弹性纵波波速与岩体结构、节理裂隙、含水性等密切相关。一般说来,岩石越坚固,完整性越好,波速越高,则越难爆破。反之,岩石不坚固,裂隙发育,波速越低,则易于爆破。

岩石的各种强度指标反映了岩石抵抗各种应力,从而导致岩石破坏的能力,它们与岩石的爆破性能密切相关。试验表明,岩石的抗压强度最大,抗剪强度次之,抗拉强度最小。因此,应尽可能创造条件,使岩石处于受拉或受剪状态,以利于破碎和改善爆破效果。塑性岩石和弹性岩石受外载作用超过其弹性极限后,产生塑性变形,能量消耗大,将难以爆破;而脆性岩石、弹脆性岩石均易于爆破。通常在爆破作用下,岩石的脆性破坏是主要的、大量的。相反,靠近爆破药包的岩石,却易呈塑性破坏,虽然破坏范围小,但却消耗大部分的能量在塑性变形上。

影响岩体可爆性的因素比较多,其中,岩石的物理力学性质方面的因素有强度、密度、弹性波速,并且弹性波速和密度与炸药能量的利用率也有密切关系。所以,在实际爆破中,主要考虑的是强度、密度和弹性波速。同时,岩石的脆韧性也是一个重要因素,设计时应作为一个独立的指标考虑。由于岩体波阻抗能同时反映岩石的密度和弹性波波速的特征,所以在实际设计时,主要考虑的岩石物理力学性质为岩石的波阻抗、普氏系数和脆韧性。

2)地质构造对爆破作用的影响

(1)层理对爆破作用的影响。在爆破生产实践中,遇到最多和对爆破作用影响最大的是岩层层理和层理裂缝,特别是在灰岩、页岩、砂岩等不同种岩石相间的岩层中尤为突出。

层理对爆破作用的影响取决于两个方面:一是层理面和药包最小抵抗线的关系;二是层理的厚度。对单孔而言,当药包的最小抵抗线方向与岩层的层理面垂直时,层理对抛掷方向无显著影响,但可增加爆破方量;当药包的最小抵抗线方向与层理面平行时,层理对抛掷方向也无显著影响,但将改变爆破漏斗形状,减小爆破方量;如果最小抵抗线方向与岩层层理斜交成一定角度,对爆破的抛掷方向将有所影响,通常爆破方量将减小。

层理的厚度对爆破的破碎程度有明显的影响,这是因为药包周围岩石在高温、高压气体作用下产生新的破坏,而较远的岩石只能沿已有的层理面开裂。从实际效果观测,层薄较层厚的岩层容易发生破碎,而且岩石多沿层理面破裂成块。

(2)节理、裂隙对爆破作用的影响。地壳上的岩层通常受节理、裂隙、片理及劈理切割的,完整无缝的岩体在自然界是很少见的。可以把节理定义为可区分的弱面,沿此弱面没有明显的运动。在节理的两侧,介质具有相同的岩性和性质。应力波通过节理面的传播速度取决于节理是否结合得很紧、张开或填充,结合得很紧的节理并不像张开或填充的节理那样对应力波的传播有较大的影响。当应力波传播到岩体中的节理面时,应力波会有大幅度的衰减。此外,在应力波的传播过程中,节理面附近还会产生阻抗不匹配区,应力波可能在节理面处发生反射和折射。如果一个张开的节理面正对着炮孔,则节理面就会像自由面那样反射应力波,这种反射和入射的相互作用,能够增加上述区域的破碎,其结果可能在节理的另一面形成大块碎石。由于爆轰气体从节理面逸出引起炮孔内压力急剧下降,并致使不能有效地利用爆轰能而产生劣的破碎效果。如果这些节理扩展到自由面,会将爆轰气体过早地泄漏,并因此产生飞石。影响破碎的另一个重要因素是节理分布的疏密,如果节理面比较少,则可能增加爆破的阻力。如在块状结构的岩层中爆破,大直径的炮孔由于载荷不均匀会产生许多大的岩块,而小直径的炮孔布置,由于载荷小而爆炸能分布相对均匀,则能够得到较好的破碎块度。同时,由于节理面处的应力集中,沿已有的裂缝会产生新的裂缝。总之,它们对爆破作用的影响主要取决于节理、裂缝的展开度、组数、发育程度、频率以及它们的产状和相互切割情况。岩层中的节理、裂缝,虽然有的组数较多,但通常只有一两组对爆破作用起主导作用,其他的小节理、裂缝除对岩石的破碎程度有所影响外,一般对爆破效果无显著影响。

(3)断层对爆破作用的影响。断层或大裂隙是地层中的薄弱节,它的存在可以看作是一个新的自由面。对爆破而言,断层对爆破漏斗的形状、大小、爆破方量、抛掷距离和堆积程度都有一定的影响。但是一般的爆破设计都把断层看作是一个特例处理,不必作为常规爆破的一个重要因素来考虑。

从以上分析可以看出,影响爆破效果的主要地质结构面是层理面、节理面以及节理的发育程度。经验和理论表明,在众多结构面中,对爆破效果起主导作用的结构面常常只有一组或两组,这些结构面叫主结构面。主结构面的产状和参数对爆破效果有较大的影响。此外,节理的发育程度对爆破破碎程度也有较大的影响。所以,进行爆破设计时,应根据现场情况,找出主结构面,然后根据主结构面的产状及节理发育程度进行爆破设计。

3)岩体结构对爆破效果的影响

岩体结构实际上包括结构面和结构体。结构面就是前面所述的切割岩体的各种地质界面;结构体是不同产状的结构面结合起来,将岩体切割成的单元体。所以,结构体是受结构面控制的。结构面和结构体不同组合构成各种类型的岩体结构。不同的岩体结构对岩体的可爆性和破碎度分布有较大的影响,所以设计时,岩体结构以及岩体的可爆性应作为要考虑的一个主要因素。

4)爆破质量和安全方面的影响

爆破质量和安全方面的指标有炮眼利用率、眼痕率、超欠挖、爆震裂缝、巷道成形、目标块度尺寸等。在这些因素中,主要考虑的是炮眼利用率、眼痕率和超欠挖,其他因素不作为爆破设计时考虑的主要因素。

总之,通过以上分析,进行爆破设计时应考虑的主要因素有岩石的波阻抗、普氏系数、脆韧性、节理发育程度、岩体结构、渗水情况、瓦斯及岩尘、掘进断面面积、定向断裂技术应用情况等。

5.2.8 隧道爆破设计因素的确定

目前,隧道掘进施工过程中隧道爆破设计需要考虑很多指标,这些指标在提取的过程中,由于考虑了众多复杂的因素,因而很大程度上受到了人为因素的影响。为减少这种影响,鉴于层次分析法(Analytic Hierarchy Process,AHP)在处理大量数据时,采用了对非定量事件作定量分析的简便方法,也是对人为主观判断作客观描述的一种有效方法,因此,下面将利用层次分析法对这些指标进行科学的计算、分析和筛选,最终合理地确定出隧道爆破设计所需的指标。

层次分析法是将与决策有关的元素分解成目标、准则、方案等层次,在此基础之上进行定性和定量分析的决策方法。该方法是美国运筹学家匹兹堡大学教授萨蒂(Saaty)于20世纪70年代初,在为美国国防部研究"根据各个工业部门对国家福利的贡献大小而进行电力分配"课题时,应用网络系统理论和多目标综合评价方法,提出的一种层次权重决策分析方法。这种方法的特点是在对复杂的决策问题的本质、影响因素及其内在关系等进行深入分析的基础上,利用较少的定量信息使决策的思维过程数学化,从而为多目标、多准则或无结构特性的复杂决策问题提供简便的决策方法,尤其适合于对决策结果难于直接准确计量的场合。

层次分析法是一种将决策者对复杂系统的决策思维过程模型化、数量化的过程,其实现过程主要包括以下5个步骤:

(1)建立层次结构模型。首先弄清楚问题范围所包含的因素、因素之间的相互关系,以及最终所要解决的问题。根据对问题的初步分析,将问题包含的因素按照是否有某些特性将它们聚集成组,并把它们之间的共同特征作为系统中断层次中的一些因素。而这些因素本身也按照另外一组特征被组合,形成另外更高层次的因素,直到最终形成单一的最高因素。

(2)构造判断矩阵。任何系统分析都以一定的信息为基础,层次分析的信息基础主要是人们对于每一层次中各因素相对重要性给出的判断。这些判断通过引入合适的标度用数值表示出来,写成判断矩阵。判断矩阵表示针对上一层次某因素,本层次与之有关因素之间相对重要性的比较。在层次分析中,为了使决策判断定量化,形成上述数值判断矩阵,一般采用1～9及其倒数的标度方法,如表5-2-1所示。根据判定事物因素的关系,得出判定矩阵

$A=(b_{ij\,n\times n})$。

表 5-2-1　层次分析法的标度表

标度	含义
1	表示两个因素相比,具有同样重要性
3	表示两个因素相比,一个因素比另一个因素稍微重要
5	表示两个因素相比,一个因素比另一个因素明显重要
7	表示两个因素相比,一个因素比另一个因素强烈重要
9	表示两个因素相比,一个因素比另一个因素极端重要
2,4 6,8	上述两相邻判断的中值
倒数	因素 i 与 j 比较的判断 b_{ij},则因素 j 与 i 比较的判断 $b_{ij}=1/b_{ij}$

(3)判定一致性。判断矩阵 A 的特征值问题 $A\cdot W=\lambda_{\max}\cdot W$ 的解 W,经归一化后即为同一层次相应因素对于上一层次某因素相对重要性排序权值。这一过程称为层次单排序。为进行判断矩阵的一致性检验,需要计算一致性指标 CI,计算随机一致性比率 CR。若 CR 小于 0.1 时,认为层次单排序的结果有满意的一致性,否则就需要调整判断矩阵,使之具有满意的一致性。

$$\text{CI}=(\lambda_{\max}-n)/(n-1) \qquad (5-2-1)$$

$$\text{CR}=\text{CI}/\text{RI} \qquad (5-2-2)$$

式中,$\lambda_{\max}$ 为判断矩阵的最大特征根;n 为参加比较的因素数目;RI 为平均随机一致性指标,其值选取如表 5-2-2 所示。

表 5-2-2　平均随机一致性指标

n	1	2	3	4	5	6	7	8	9	10	11	12
RI	0.00	0.00	0.58	0.90	1.12	1.24	1.32	1.41	1.46	1.49	1.52	1.54

(4)层次总排序。计算同一层次所有因素对于最高层(总目标)相对重要性的排序权值,称为层次总排序。这一过程是最高层次到最低层次逐层进行的。

(5)层次总排序的一致性检验。这一步骤也是从高到低逐层进行的。层次总排序随机一致性比率为

$$\text{RI}=\frac{\sum_{j=1}^{m}a_{j}\cdot\text{CI}_{j}}{\sum_{j=1}^{m}a_{j}\cdot\text{CR}_{j}} \qquad (5-2-3)$$

类似地，当 RI<0.1 时，认为层次总排序结果具有满意的一致性。

对于上述层次分析法的 5 个步骤，在具体运用的过程中，可以用数学形式简洁地表示为以下 3 个过程：

(1) 给定判断矩阵 $\boldsymbol{P}$，即

$$\boldsymbol{P} = \begin{bmatrix} b_{11} & b_{12} & \cdots & b_{1n} \\ b_{21} & b_{22} & \cdots & b_{2n} \\ \vdots & \vdots & \vdots & \vdots \\ b_{n1} & b_{n2} & \cdots & b_{nn} \end{bmatrix} \tag{5-2-4}$$

(2) 计算重要性排序。

① 计算判断矩阵每一行元素的乘积 M_i，即

$$M_i = \prod_{j=1}^{n} b_{ij} \quad (i,j=1,2,\cdots,n) \tag{5-2-5}$$

② 计算 M_i 的 n 次方根 $\overline{W_i}$，即

$$\overline{W_i} = \sqrt[n]{M_i} \tag{5-2-6}$$

③ 对向量 $\overline{W} = [\overline{W_1}, \overline{W_2}, \cdots, \overline{W_n}]^{\mathrm{T}}$ 作归一化或正规化处理，即

$$W_i = \frac{\overline{W_i}}{\sum_{i=1}^{n} \overline{W_i}} \tag{5-2-7}$$

则 $\overline{W} = (W_1, W_2 \cdots, W_n)^{\mathrm{T}}$ 即为所求特征向量。

④ 计算判断矩阵的最大特征根 $\lambda_{\max}$，即

$$\lambda_{\max} = \sum_{i=1}^{n} \frac{(pW)_i}{nW_i} = \frac{1}{n} \sum_{i=1}^{n} \frac{(pW)_i}{W_i} \tag{5-2-8}$$

$$pW = \begin{pmatrix} (pW)_1 \\ (pW)_2 \\ \vdots \\ (pW)_n \end{pmatrix} = \begin{bmatrix} b_{11} & b_{12} & \cdots & b_{1n} \\ b_{21} & b_{22} & \cdots & b_{2n} \\ \vdots & \vdots & \vdots & \vdots \\ b_{n1} & b_{n2} & \cdots & b_{nn} \end{bmatrix} \cdot \begin{pmatrix} W_1 \\ W_2 \\ \vdots \\ W_n \end{pmatrix} \tag{5-2-9}$$

式中，$(pW)_i$ 为向量 pW 的第 i 个元素。

(3) 检验。

以上得到的特征向量即为所求权值。权值的分配是否合理要通过对判断矩阵进行一致性检验来判断，即按下面公式检验：

$$\mathrm{CI} = (\lambda_{\max} - n)/(n-1) \tag{5-2-10}$$

$$\mathrm{CR} = \mathrm{CI}/\mathrm{RI} \tag{5-2-11}$$

如果 $CR<0.1$，则权值分配合理，否则需要重新给出判断矩阵。

通过运用层次分析法对隧道爆破设计影响指标进行权值分配，筛选出对隧道爆破设计影响更大的指标爆破方案、岩石坚固性系数、荒径、断面形状和掏槽眼阶数作为系数输入

指标。

根据上述分析和计算,同时结合隧道施工技术特点和理论分析,确定了如下的爆破原始参数。隧道施工过程中,把岩层地质作为第一设计因素。根据现场调研和理论分析,基于实用性和方便性原则,本书隧道爆破设计系统严格与国家标准《铁路工程预算定额第三册隧道工程》(TZJ 2003—2017)中的规定进行,采用普氏系数 f 作为岩石可爆性分级的唯一依据。结合《铁路工程预算定额第三册隧道工程》(TZJ 2003—2017)中的编制规定和参考数据知道,同样的情况下,断面大时,炸药单耗要大于断面小时的炸药单耗。因此,把隧道荒径作为设计的第三个因素。

5.3 本章小结

(1)秉持简单、实用、准确、合理的原则,基于现场经验性知识、专家经验和行业规范等建立内容丰富、设计科学合理的专家系统知识库。

(2)利用计算机智能化技术和有效算法建立隧道爆破智能设计系统推理机制,完成隧道爆破参数智能设计,实现智能爆破。

6 软弱破碎围岩智能全断面施工技术

6.1 概 述

我国铁路隧道施工机械化配套技术的研究始于 20 世纪 80 年代,建设衡广复线大瑶山隧道时首次从国外引进液压凿岩台车、混凝土喷射三联机和模板台车等大型隧道施工设备,此后很长一段时期,受国内劳动力人工成本低廉和机械化施工一次性投入费用高等因素的影响,国内隧道钻爆法施工机械化水平一度停滞不前。国外隧道的修建技术以欧洲为代表,在 19 世纪 90 年代已全面步入隧道全工序机械化施工,在新奥法理论的基础上,形成了新意法和挪威法等新的隧道理论,使隧道机械化配套施工技术得到了巨大的发展和应用。多年来,我国在部分长大隧道开挖、衬砌工序施工中引入了机械化配套施工技术,经过现场实践和探索,取得了一定的成果。中国铁路总公司于 2015 年 5 月发布了《铁路隧道工程施工机械配置技术规程》,为隧道施工机械配置规范化提供了技术支撑。国内外研究主要侧重于设备配套、组织管理及施工经济性等方面的内容,对隧道软弱围岩地段采用大断面机械化施工工法的研究相对较少。在国内,受隧道设计理论和机械装备发展水平的制约,软弱围岩隧道段普遍以台阶法、CRD 法、双侧壁导坑法等小断面多分步开挖工艺为主,其作业空间小,存在大量的临时支护,需反复安装、拆除,降低了施工进度,不利于机械化设备的连续作业,且受隧道围岩段落分布不均匀的影响,隧道机械化施工配套设备不能形成连续作业,降低了机械设备的工效。这样一来,进入施工组织中的隧道施工平均进度与工法宣扬基本一致,即在 Ⅴ 级岩溶地段,双线断面成洞速率也会是 40m/月上下(实际平均能达到 20 m/月)。

20 世纪 80 年代在衡广复线大瑶山隧道施工中,我国首次从国外引入了液压凿岩台车、混凝土喷射机等大型隧道施工机械设备,后来在大秦、侯月和京九等铁路隧道中得到了推广和应用,但受工程造价、经济发展水平以及投资管理体制等因素的影响,后续发展应用较缓慢。随着"一带一路"倡议和"中国制造 2025"国家战略等的实施,中国铁路总公司提出了"交通强国、铁路先行""2020 年率先实现铁路现代化"的行业奋斗目标。同时,我国铁路建设主战场正从东部逐步转向中西部,复杂地质条件下的长大隧道占比越来越高,修建难度越来越大。"工欲善其事,必先利其器",通过对隧道施工技术的引进、消化、吸收、创新,以及不断施工实践,研制开发了基于软弱破碎围岩的智能全断面施工技术。

6.2 软弱围岩全断面机械化施工特点

软弱围岩全断面机械化施工特点如下。

(1) 隧道配置以机械化为主的工装设备,采用大断面机械化施工,工序简单,改善了施工环境,施工组织更高效,爆破扰动次数减少,有利于围岩稳定。

(2) 采用机械化施工可减少人工作业,提高了作业效率和质量,且使用机械化施工可减少人为失误,降低了施工风险。大断面施工支护成环快,软岩钢架一次落地支撑效果好。

(3) 全电脑三臂凿岩台车一机多用,既可施作掘进炮孔和超前探孔,也可施作超前管棚和系统锚杆,设备利用率高。凿岩台车信息化程度高,可自动生成各类日志报表,实现了钻爆参数、监控量测数据、超前地质钻孔等信息化管理。

(4) 大断面机械化施工方法主要包括微台阶Ⅱ法(图6-2-1)、微台阶Ⅰ法(图6-2-2)和全断面法(图6-2-3),施工空间大,便于大型设备作业。

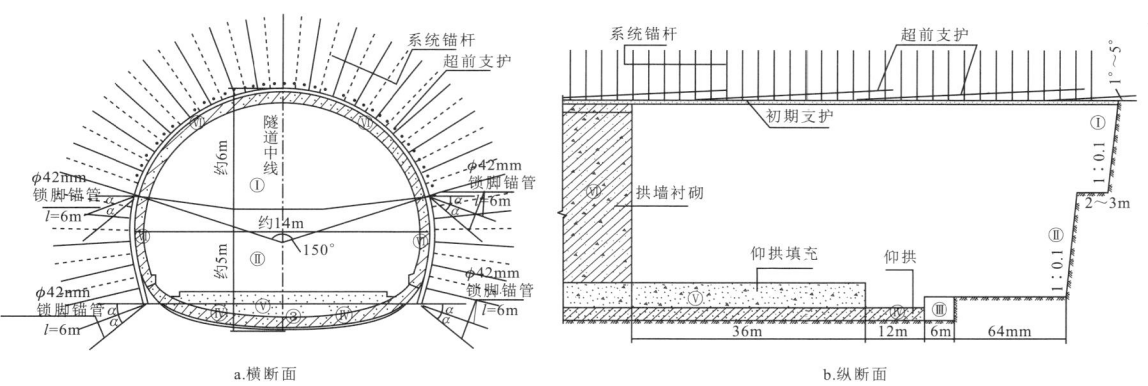

图6-2-1 微台阶Ⅱ法施工示意图

Ⅰ.上台阶开挖;Ⅱ.下台阶开挖;Ⅲ.仰拱开挖;Ⅳ.仰拱混凝土;Ⅴ.仰拱填充;Ⅵ.拱墙衬砌。

施工时,上台阶高度约6m,下台阶高度约5m,台阶长度为2~3m,仰拱单独开挖支护

(5) 微台阶Ⅱ法适用于经超前预加固处理的Ⅳ级和Ⅴ级围岩浅埋段、顺层偏压变形段、岩溶发育段及Ⅴ级围岩构造破碎带;微台阶Ⅰ法适用于Ⅱ、Ⅲ级围岩地段及经超前预加固处理的Ⅳ级围岩深埋仰拱不带拱架支护的地段;全断面法适用于经超前预加固处理的Ⅳ、Ⅴ级围岩深埋仰拱带拱架支护的地段,可实现及时封闭成环。

本章对全断面施工技术进行研究。

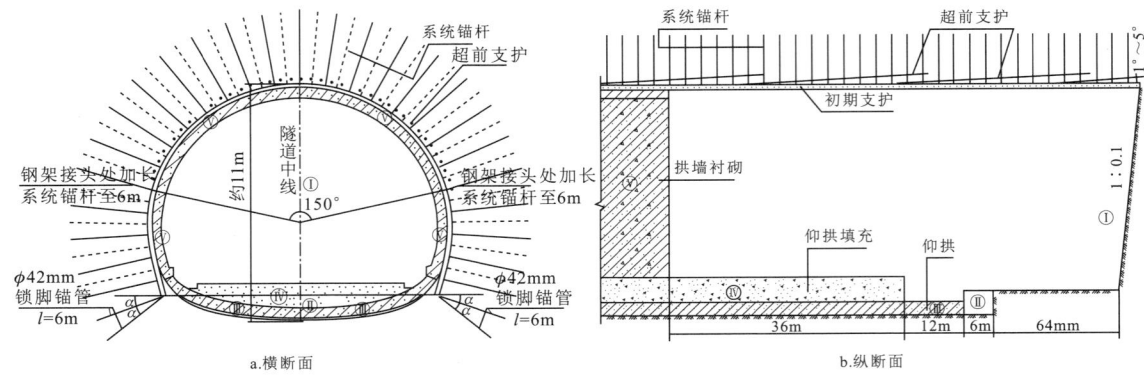

图 6-2-2 微台阶Ⅰ法施工示意图

Ⅰ.全断面不含仰拱开挖;Ⅱ.仰拱开挖;Ⅲ.仰拱混凝土;Ⅳ.仰拱填充;Ⅴ.拱墙衬砌。

施工时,按照设计轮廓,拱墙一次开挖支护成型高度约11m,仰拱单独开挖支护

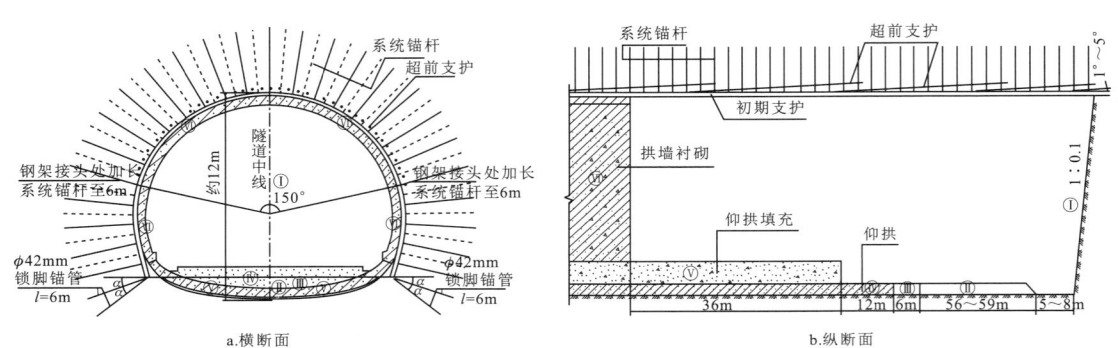

图 6-2-3 全断面法施工示意图

Ⅰ.上台阶开挖;Ⅱ.下台阶开挖;Ⅲ.仰拱开挖;Ⅳ.仰拱混凝土;Ⅴ.仰拱填充;Ⅵ.拱墙衬砌。

注:施工时,上台阶高度约6m,下台阶高度约5m,台阶长度为2~3m,仰拱单独开挖支护

6.3 掌子面预加固技术

掌子面预加固技术是软弱破碎围岩隧道机械化施工中通过工艺工装快速提高超前核心土的物理力学参数或降低超前核心土在第一主应力方向上受力,实现加固掌子面围岩的施工作业线。由于围岩地质条件不同及其开挖后掌子面的变形迹象,超前预加固的方法也因支护机理和施工工艺的不同形成了多种形式。预加固方法,根据其具体功能的不同,可以分为几类:①提高构件的弯曲刚度,从而维护围岩稳定的超前支护(如大小管棚、水平旋喷桩、超前锚杆);②改良围岩物理力学性能的注浆法;③锚杆支护;④喷混凝土加强的高强喷混凝土、钢纤维混凝土;⑤预衬砌。在软弱围岩条件下,目前隧道机械化全断面施工超前预加固

的方法,主要有管棚支护、超前小导管支护、玻璃纤维锚杆支护、水平旋喷桩支护、帷幕注浆和掌子面封闭等。

预加固技术的选择应在充分掌握各技术的基本特征基础上,并考虑施工合理性、经济性等来进行选择,超前小导管适用于较干燥的砂土层、砂卵石层、断层破碎带、软弱围岩浅埋段等地段的隧道施工。大管棚支护能力强,适用于含水的砂土层或破碎带以及浅埋隧道。注浆法适用于Ⅰ、Ⅱ类软弱围岩段、断层破碎带地段、富水围岩地段、塌方或涌水事故地段。水平旋喷桩支护适用于未固结围岩,尤其是浅埋隧道。管棚施工主要采用管棚钻机、水平定向钻机和凿岩台车等;超前小导管施工可以采用风枪、凿岩机;锚杆支护主要采用锚杆钻机、凿岩台车等进行钻孔注浆作业;水平旋喷桩采用水平钻机、凿岩台车、管棚钻机等进行钻孔注浆作业。掌子面封闭主要采用湿喷机械手进行喷浆作业。

6.3.1 预加固支护措施

6.3.1.1 预加固措施

为保证隧道施工安全,超前支护均采用 $\phi 51\text{mm} \times 10\text{mm}$ 自进式中管棚,$\phi 60\text{mm}$、$\phi 76\text{mm}$、$\phi 89\text{mm}$、$\phi 108\text{mm}$ 代替原设计超前小导管,根据掌子面揭露的地层岩性、节理裂隙发育程度、岩体破碎程度、地下水发育状况,确定玻璃纤维注浆锚杆(GFRP)的布设形式,$\phi 51\text{mm} \times 10\text{mm}$ 自进式中管棚预加固措施及适用范围见表 6-3-1,$\phi 60\text{mm}$、$\phi 76\text{mm}$、$\phi 89\text{mm}$、$\phi 108\text{mm}$ 超前支护措施及适用范围见表 6-3-2。

表 6-3-1 $\phi 51\text{mm} \times 10\text{mm}$ 自进式中管棚预加固措施及适用范围

掌子面围岩	掌子面地质情况	掌子面稳定性评价	预加固措施	备注
软弱围岩	岩体完整,见线状或小股状地下水	较稳定	$\phi 51\text{mm} \times 10\text{mm}$ 自进式中管棚	中管棚布设于拱部150°范围,环向间距40cm,每循环支护长度不小于20m(图6-3-1)
	岩体构造破碎带,节理发育风化浅埋段,地下水较不发育,多为滴水状地下水地段	较稳定—不稳定	局部玻璃纤维注浆锚杆(GFRP)+$\phi 51\text{mm} \times 10\text{mm}$ 自进式中管棚	GFRP锚杆在围岩局部破碎区布设,单根长度12m,搭接2m(图6-3-2)
	岩体构造破碎带,呈小股状至股状涌水地段,或软质岩顺层偏压地段	较稳定—不稳定	拱部玻璃纤维注浆锚杆(GFRP)+$\phi 51\text{mm} \times 10\text{mm}$ 自进式中管棚	GFRP锚杆拱部6m范围布设,间距1.5m,梅花形布置,单根长度18m,搭接3m(图6-3-3)
		不稳定	玻璃纤维注浆锚杆(GFRP)+$\phi 51\text{mm} \times 10\text{mm}$ 自进式中管棚	GFRP锚杆在拱部6m范围内布设,间距1.5m,其他部位间距2m,梅花形布置,单根长度18m,搭接3m(图6-3-4)

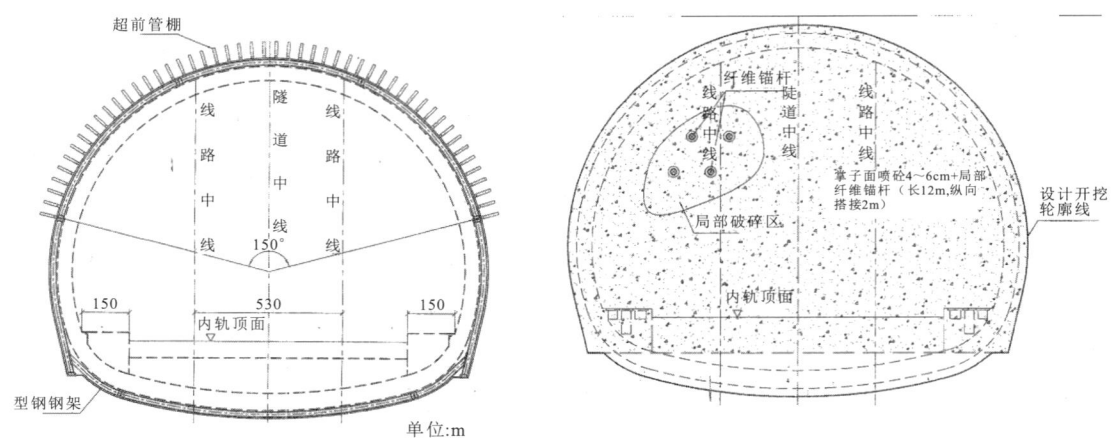

图 6-3-1　φ51mm×10mm 自进式中管棚布设图　　图 6-3-2　GFRP 锚杆局部布设示意图

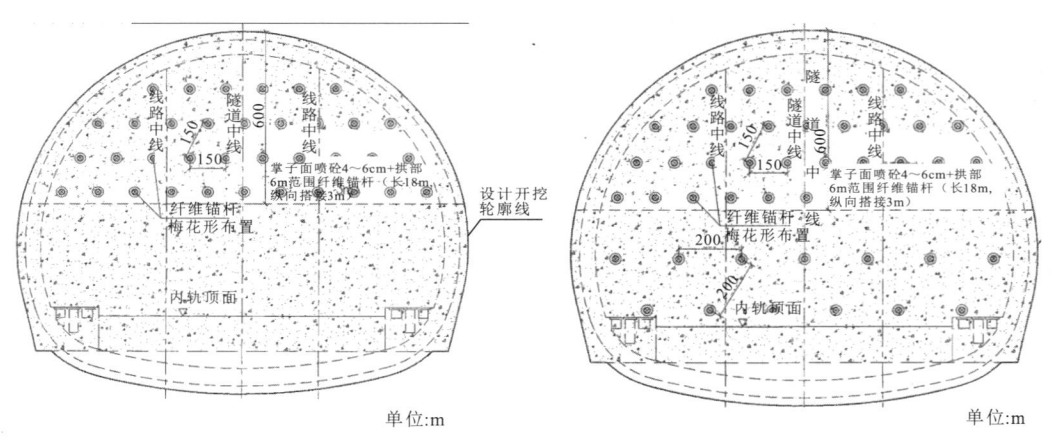

图 6-3-3　GFRP 锚杆局部布设图　　　　　图 6-3-4　GFRP 锚杆全断面布设图

6.3.1.2　预加固支护主要设备

机械设备的选型与配套直接影响隧道施工的质量、安全、工期和成本。选择设备时应考虑以下因素：方案可行性、工期、可靠性、隧道自身规模、隧道断面形状与尺寸和环保职业健康要求。预加固作业多选用以电力驱动为主的机械，少用或不用内燃设备，减少洞内粉尘、有毒有害气体和废气的排放。

掘进凿岩台车可用于棚式支护、锚杆支护、水平旋喷桩、帷幕注浆等。掘进凿岩台车又称钻孔台车，是作为隧道开挖中钻爆法施工的主导设备之一。凿岩台车是把推进梁与一台或者几台液压凿岩机安装在一定范围内移动的钻臂上，并在配上底板等设备的前提下，进行

6 软弱破碎围岩智能全断面施工技术

表6-3-2 钻孔波速检测纵波速度分析结果统计表

序号	JZ1-1注浆前 钻孔深度/m	JZ1-1注浆前 纵波波速/(m·s⁻¹)	JZ1-1注浆前 岩性	JZ3-3注浆前 钻孔深度/m	JZ3-3注浆前 纵波波速/(m·s⁻¹)	JZ3-3注浆前 岩性	平均波速/(m·s⁻¹)	FZ1-3注浆后 钻孔深度/m	FZ1-3注浆后 纵波波速/(m·s⁻¹)	FZ1-3注浆后 岩性	FZ2-5注浆后 钻孔深度/m	FZ2-5注浆后 纵波波速/(m·s⁻¹)	FZ2-5注浆后 岩性	平均波速/(m·s⁻¹)
1				2.0~9.0	2 167		2 100							
2				10.0~20.0	1 887		1 880							
3	20.0~25.5	1 881	砂岩	21.0~31.0	2 167	砂岩	2 024				20.0~22.5	2 500	砂岩	2 500
4	26.0~30.5	2 167		32.0~41.0	2 207		2 167	25.0~28.0	2 786	砂岩	23.0~30.5	2 321		2 554
5	31.0~37.0	1 733		42.0~51.0	2 017	海相泥岩	1 970	28.5~35.5	2 219		31.0~37.5	2 913		2 566
6	37.0~41.0	1 468		52.0~57.0	1 547		1 838	36.0~44.0	2 123		38.0~42.5	2 089		2 518
7	41.5~46.0	3 078	海相泥岩				2 500	44.5~53.0	1 700	海相泥岩	43.0~50.0	1 820		2 100
8	46.5~51.5	1 858					1 930	53.5~65.5	1 925		51.0~59.5	1 625	海相泥岩	1 760
9	52.0~62.0	2 241					1 890	66.0~70.5	2 340	泥岩	60.0~62.0	1 858	泥岩	1 670
10														1 890

续表 6-3-2

超前支护措施			适用范围						
管径/mm	长度/m	壁厚/mm	分类		掌子面围岩分类	代表性地层岩性（隧道）	工程地质特征	水文地质特征	掌子面变形特征	掌子面稳定性评价	围岩分级
Φ76	20	6	B	B-4	软质岩 富水、破碎	砂质泥岩、页岩、钙质泥岩、泥质砂岩、泥质粉砂岩、碳质页岩	受构造影响岩体破碎，为易软化、易崩解岩体	小股状至股状滴水	坍塌、掉块、软岩变形、掌子面突出、突水突泥	不稳定	V
			C	C-1	顺层偏压变形	硬质岩	灰岩、变质砂岩、白云岩	岩质较硬、掌子面稳定性与层厚有关、岩层倾角25°~75°	地下水不发育	偏压侧易发生坍塌、掉块	稳定	V
				C-2		砂岩夹泥岩	岩质较软、以中厚层状为主、岩层倾角25°~75°	地下水不发育	偏压侧易发生坍塌、掉块、局部变形	较稳定	V
				C-3		页岩	岩质软、以薄层状为主、岩层倾角25°~75°	地下水不发育	偏压侧易发生坍塌、掉块、大变形	较稳定—不稳定	V
				C-4		泥岩夹砂岩	岩质软、以薄层至厚层状为主、岩层倾角25°~75°	地下水发育	偏压侧易发生坍塌、掉块、大变形	较稳定—不稳定	V
			E		岩溶强烈发育灰岩	二叠系及三叠系灰岩	岩溶地貌形态发育、隧道遇溶洞管道、溶洞洞率高	岩溶水发育	掉块、突水突泥	遇溶洞时掌子面不稳定	Ⅳ

续表 6-3-2

超前支护措施			适用范围							
管径/mm	长度/m	壁厚/mm	分类	掌子面围岩分类	代表性地层岩性（隧道）	工程地质特征	水文地质特征	掌子面变形特征	掌子面稳定性评价	围岩分级
Φ108	20/25	6	D D-1	构造破碎带 无水	断层压碎岩、断层压角砾岩	岩体破碎或极破碎，呈角砾状，局部见泥化夹层	地下水不发育	坍塌、掉块	不稳定	V
			D-2	构造破碎带 富水	断层压角砾岩、断层泥砾岩	岩体破碎或极破碎，呈角砾状，局部见泥化夹层	地下水发育	坍塌、掉块、掌子面变形、突水突出、突水突泥	不稳定	V
Φ89	20/25	6	E	岩溶强烈发育灰岩	二叠系及三叠系灰岩	岩溶地貌形态发育，隧道遇岩溶管道、溶洞概率高	岩溶水发育	掉块、突水、突泥	遇溶洞时掌子面不稳定	V

钻眼工作的隧道开挖设备。凿岩台车分全电脑凿岩台车、液压凿岩台车。掘进凿岩台车配备各种型号大小的钻头、钻杆,可用于孔径不同的钻孔,钻头类型与钻孔直径、钻孔深度对比见表6-3-3。

表6-3-3 钻孔参数对比表

序号	钻孔类型	钻孔直径/mm	钻孔深度/m
1	爆破孔	45～51	1～6
2	掏槽孔	89～127	1～6
3	超前钻探孔	45～89	10～30
4	锚杆孔	41～48	1.5～6
5	注浆孔	57～64	10～30
6	管棚孔	45～142	15～30

6.3.2 基于三臂凿岩台车预加固施工工艺

6.3.2.1 管棚、小导管施工工艺

1)中管棚、小导管工艺流程

中管棚、小导管工艺流程如图6-3-5所示。

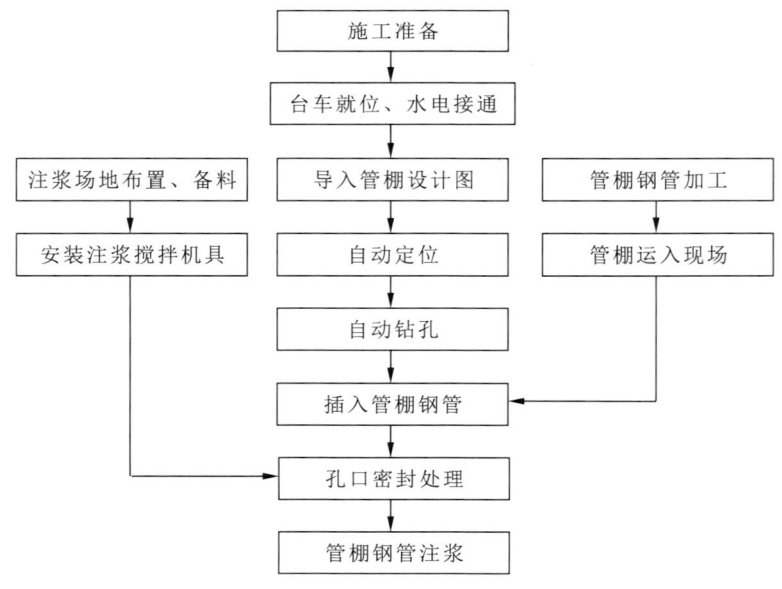

图6-3-5 中管棚、小导管工艺流程图

2)大管棚施工工艺流程

大管棚施工工艺与中管棚施工工艺有不同之处,施工工艺流程:施工准备—导向墙施工—开挖—架立定位型钢—埋向导向套管—立模混凝土浇筑—拆模—管棚施工。

3)操作要点

管棚布置见图6-3-6。

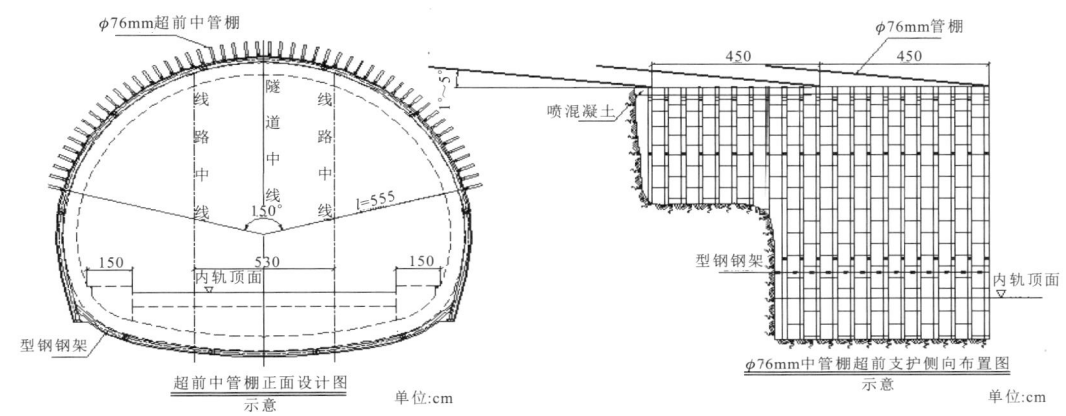

图6-3-6 超前中管棚示意图

(1)凿岩台车就位。采用1台全电脑三臂凿岩台车进行管棚施工,台车就位后,水电接通。

(2)管棚设计。通过绘制管棚设计图,将CAD图导入2台全电脑三臂凿岩台车车载电脑。

(3)自动定位。在三臂凿岩台车定位前,提前埋设台车定位标靶(如图P1、P2),通过测量放样测出P1及P2坐标;在定位过程中,根据导航-分析器固定点P1和P2,随机检测点P3,进行台车定位。ZYS113三臂凿岩台车根据导航-分析器固定点P1和P2,随机检测点P3(图6-3-7)。

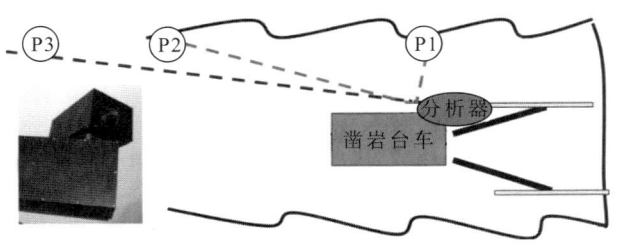

图6-3-7 ZYS113三臂凿岩台车定位示意图

(4) 自动钻孔。1台三臂凿岩台车采用2只机械臂同时进行自动钻孔作业,钻孔顺序按照提前布置好的设计图施作,位置、孔位、角度、深度等自动控制。确保打眼过程中,手臂之间相互不发生碰撞,避免机械臂出现损坏。钻孔前,对每个孔进行编号。先施工单号孔,待单号孔施工完后再施工双号孔,以防止相邻孔互相干扰,发生窜孔。

(5) 清孔验孔。钻孔成孔后,利用三臂凿岩台车钻杆反复抽插注水洗孔2~3次(特别是拱腰以下锚杆孔),将孔壁及孔内岩屑冲洗干净。

(6) 安装管棚钢管。①管棚钢管加工。根据地质条件、注浆工艺需要,管棚钢管采用有孔钢花管,钢管应在专用的管床上加工好丝扣。钢管接头采用外丝扣连接,丝扣长为50cm,钢管接头详图见6-3-8图。

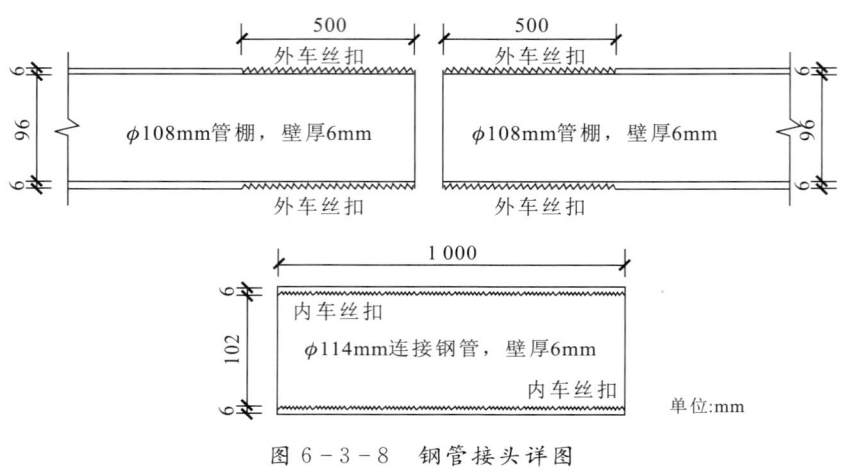

图6-3-8 钢管接头详图

钢花管上钻设孔径10~16mm,孔间距15~20cm,呈梅花形布置,尾部留不小于150cm的不钻孔止浆段;为提高导管的抗弯能力,设φ108mm管棚时可在导管内增设钢筋笼。钢筋笼由4根主筋和固定环组成,主筋直径为18mm,固定环采用短管节,按1m间距设置。管头焊成圆锥形,便于入孔。

②管棚钢管的编组。管棚钢管安装时,考虑管棚受力、整体结构等因素,相邻钢管的接头应前后错开。同一横断面内的接头数不大于50%,相邻管棚接头错开1m。

③钢管顶进。钻孔完毕后,利用三臂凿岩台车工作筐进行锚杆连接。将锚杆放置在作业筐的锚杆挂架中,升高挂架,将锚杆头插入孔内,调整方向,在操作筐中举升操作平台,通过三臂凿岩台车机械臂将锚杆送入孔中。安设钢管时,认真检查钢管质量。丝扣加工不好或钢管有轻微弯曲等均不得使用。

(7) 管棚注浆。在设计给出浆液种类、预期注浆效果等条件下,保证施工质量,在实际注浆施工前进行现场原位注入试验,确定科学的注浆方法及最优注浆参数等,来指导注浆施工,以保证注浆效果。

①管棚孔口钢管安装。注浆前,把导向管和钢管间隙密封。为保证注浆效果,孔口设排

气孔。注浆时,把排气阀打开排气,等浆液从排气阀流出时,再把排气阀关掉。

②管棚注浆。先注单号孔,再注双号孔,防止相邻孔窜浆。长管棚采用水泥浆液,水泥浆水灰比1∶1(质量比)。注浆压力:1~2MPa;注浆液必须搅拌均匀,然后经滤网放入储浆桶,再由注浆泵经管路注入到钢花管中。注浆时,控制好注浆压力和速度,在注浆泵及钢管孔口处设专人操作,认真观察压力表和孔口有无异常现象。每注完一孔,就要把孔口注浆阀关闭,以防浆液倒流。现场技术人员对注浆过程做好详细记录。

③注浆结束标准。钢花管注浆按单孔注浆量达到设计注浆量作为注浆结束标准。当注浆压力达至设计终压20min后,进浆量仍达不到设计注浆量时,也可结束注浆。另外,当注浆压力达到终压的80%时,出现较大的跑浆,经间歇注浆后,也可结束注浆。

(8)注浆效果检测。管棚注浆施工完毕后,为了探明注浆加固效果,需采取一定的检测手段对注浆效果加以评定,从中找出不足,加以改进,从而不断提高注浆技术水平。一般采取钻探取芯法和根据开挖后的实际情况进行检测。

6.3.2.2 锚杆预加固施工工艺

1)锚杆预加固工艺流程

锚杆预加固工艺流程如图6-3-9所示。

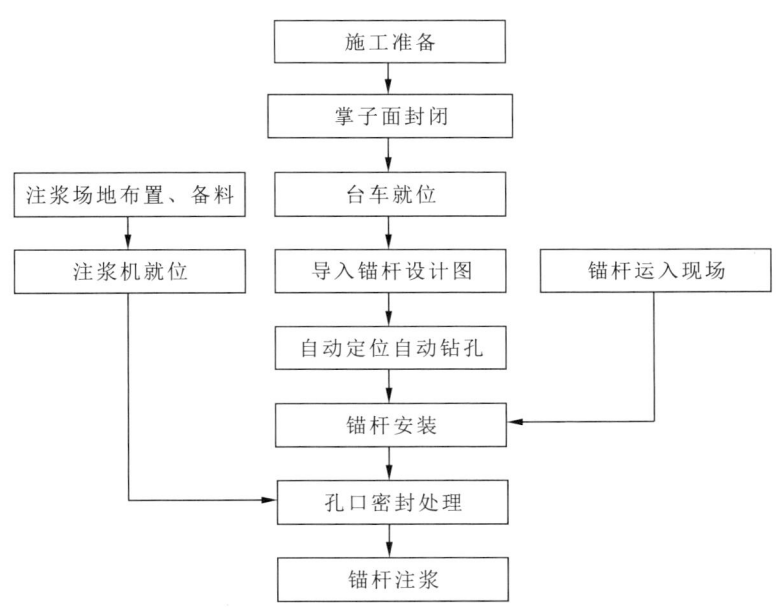

图6-3-9 锚杆预加固施工工艺流程图

2)操作要点

(1)施工准备。根据掌子面揭露的地层岩性、节理裂隙发育程度、岩体破碎程度、地下水发育状况,选择合适的锚杆间距,并根据围岩潜在发育的滑动面调整锚杆的布设位置,绘制锚杆钻孔设计图。

(2)掌子面封闭喷浆。为防止掌子面出现塌方,立即对掌子面进行封闭处理,采用喷射 C25 钢纤维混凝土封闭掌子面及围岩,厚度为 4~6cm。

(3)ZY113 三臂凿岩台车就位。作业区域场地平整、压实,ZYS113 三臂凿岩台车开至作业区域,放下支腿,水电接通,自动定位。

(4)锚杆设计。通过绘制锚杆钻孔设计图,将 CAD 图导入全电脑三臂凿岩台车车载电脑。

(5)钻孔、清孔。启动全电脑控制,自动找点、钻孔。钻孔采用 $\phi45mm$ 钻头进行钻进,成孔后 $\phi48mm$。钻孔过程中采用清水作为钻井液进行护臂,保证孔壁不出现坍塌,形成良好的返浆效益。为防止锚杆安装孔壁出现堵塞,及时通过高压风管对孔进行清孔处理。

(6)锚杆安装。利用 ZYS113 三臂凿岩台车自带吊篮作为锚杆安装平台,玻璃纤维锚杆节段间通过连接套连接。锚杆底部安装排气管。

(7)注浆:采用 1∶1 水泥单液浆,将注浆接头和锚杆体连接,并接通注浆泵,向孔内注浆,注浆压力控制在 0.5~1.0MPa 之间。注浆过程中,浆液沿孔口向孔底径流,孔内被挤压的空气沿排气管向外排出。

(8)掌子面位移监测点埋设。针对掌子面潜在发育的地质灾害,进行核心土的位移监测,监测手段主要为监控量测和滑动测微计。监控量测点布设主要从横向和纵向两个方向布设,间距1m,横向埋设 4 个点,纵向埋设 4 个点(图 6-3-10)。滑动测微计主要是通过在掌子面钻孔,埋设滑动测微计。钻孔直径 130mm,钻孔方向略向下偏,角度约 5°,埋设仪器长度 30m(图 6-3-11)。

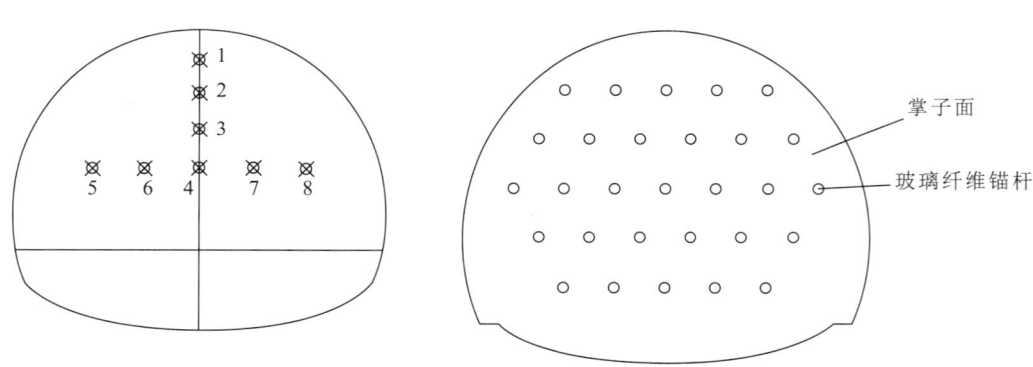

图 6-3-10 监控量测点埋设　　图 6-3-11 玻璃纤维锚杆布置

6.3.2.3 帷幕注浆施工工艺

1)施工程序

帷幕注浆是通过在掌子面钻注浆孔,再向孔内压注浆液,浆液挤出开挖断面及其周围一定范围内岩缝中的水,保证围岩裂隙被具有一定强度的浆体充填密实,并与岩体结成一体,形成止水帷幕。帷幕注浆施工程序：钻进→埋设孔口管→安装进浆及保护阀→压水→注浆→扫孔→注浆→终孔。

2）施工工艺流程

帷幕注浆施工工艺流程图如图6-3-12所示。

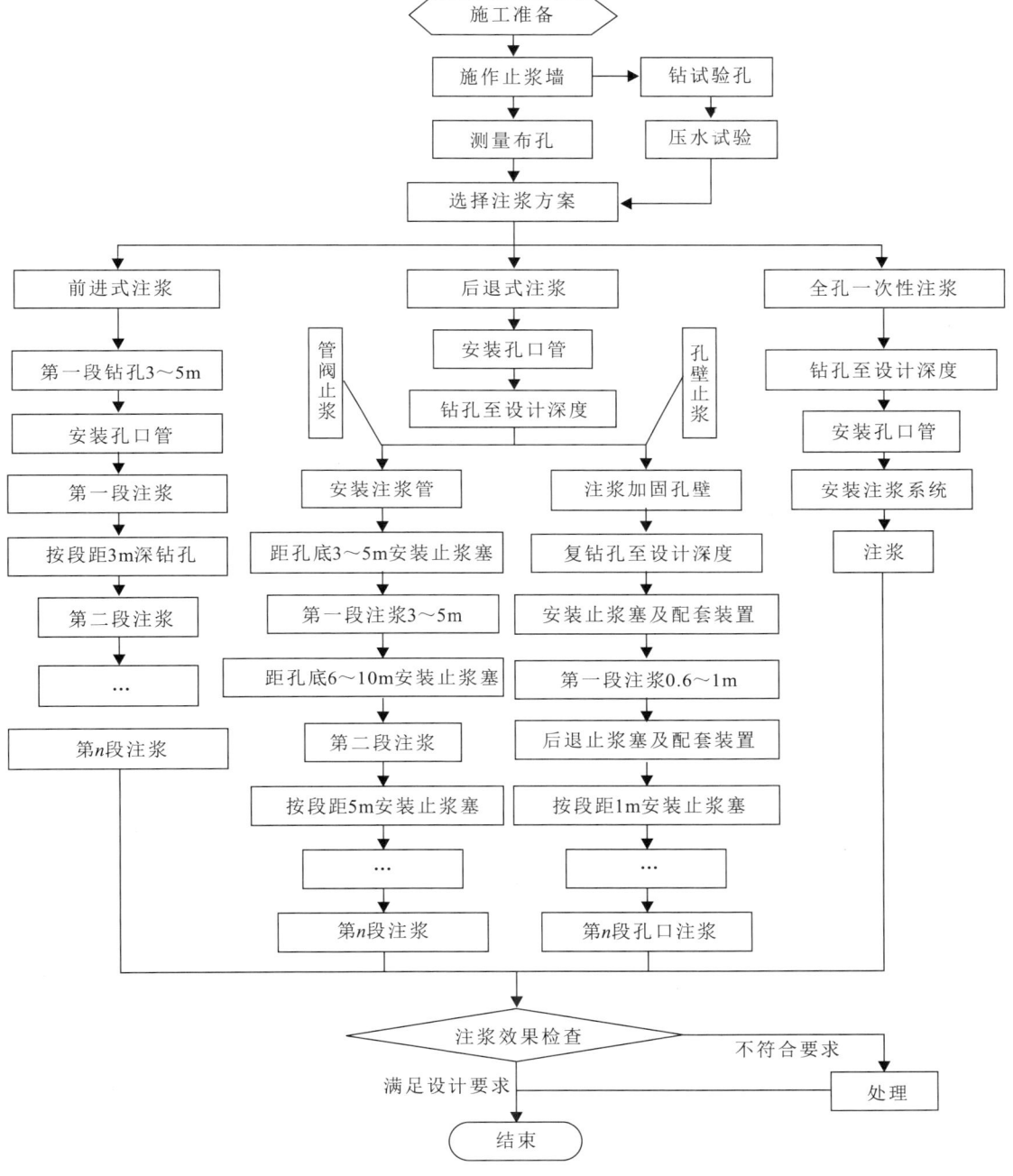

图6-3-12 帷幕注浆施工工艺流程图

3)操作要点

帷幕注浆是通过在掌子面钻注浆孔,再向孔内压注化学浆液,浆液挤出开挖断面及其周围一定范围内的岩缝中的水,保证围岩的裂隙被具有一定强度的浆体充填密实,并与岩体固结成一体,形成止水帷幕。

(1)施工准备。①注浆范围。超前帷幕预注浆,每一循环长度30m,固结范围为开挖轮廓线外5m、8m(图6-3-13和图6-3-14)。②注浆方式。注浆顺序为先内圈后外圈,同一圈孔间隔施工。内圈孔应采用后退式注浆,外圈孔环采用前进式注浆。③注浆参数。每一循环注浆长度为30m,开挖25m,并保留5m止浆岩盘。按注浆孔扩散半径1.5m,孔底间距2m布置,钻孔孔径ϕ108mm。④注浆压力。注浆压力是注浆的主要参数,它对浆液的扩散范围,岩层裂隙充填的密实程度及注浆效果的好坏起着决定性的作用,所以必须有足够的注浆压力克服静水压力和地层阻力,方能达到注浆目的,注浆终压为1.5~2.0MPa。

(2)止浆墙的设置。根据掌子面围岩及出水情况确定混凝土止浆墙长,分两段施工,第一段长为3m,第二段长为2m,第一段止浆墙起引水归槽作用,第二段止浆墙起到封闭形成止浆墙作用。

具体施工步骤:在出水点采用ϕ260mm钢管引水,同时自制"U"形槽放置于引流管下方,使散水归槽,保证掌子面基底干燥。混凝土止浆墙施工时在涌水点用模板加工成木箱形状,并预留2根ϕ108mm泄水管。在混凝土浇筑过程中预留第一环注浆孔的孔口管,第一段浇筑完后,浇筑第二段混凝土前,对孔口管、引流管及泄水管进行接长处理。同时在浇筑第二段混凝土中预埋二、三环注浆孔的孔口管和拱部预埋ϕ32mm小导管,小导管环向间距40cm。

(3)止浆岩盘注浆加固。

注浆孔的布置分3种方式:①按圆形布置注浆孔,根据地质和涌水情况确定注浆加固孔,预留注浆加固孔的2倍的孔位用于帷幕注浆和检查孔;②小导管布置在拱部;③ϕ108mm泄水管布置在引流管下方。

注浆加固:注浆前进行关水试验,观察止浆墙背后渗水情况。由于散水未能全部归流,可能在止浆墙与周边岩壁之间以及止浆墙集水槽底部的混凝土面均有少量水渗出。打开引水管,进行注浆加固。先利用注浆机注拱部及周边小导管,注浆过程中双液浆会随水从周边流出,稳定注浆压力,待浓浆流出且压力升高时,停止该孔注浆,间隔进行下一孔注浆。所有小导管注浆完成后,对集水槽ϕ108mm泄水管注单液浆,直至引水管内有浓浆流出后停止。

关水检查:加固完成0.5h,关水检查,如止浆墙无渗漏则进行帷幕注浆,如仍有渗水,重新加固止浆墙。

(4)围岩整体性差,探孔出水处理措施(>5m)。

施工方案:围岩工程地质条件复杂,围岩整体性差,质软,但出水点距掌子面较远(>5m)地段,采用套管注浆形成止浆岩盘,再进行注浆止水。

套管加工:采用两根ϕ32mm小导管,套入ϕ108mm探测孔中,一个作为注浆口,另一个作为出水口,注浆管长度比探孔短1m左右。

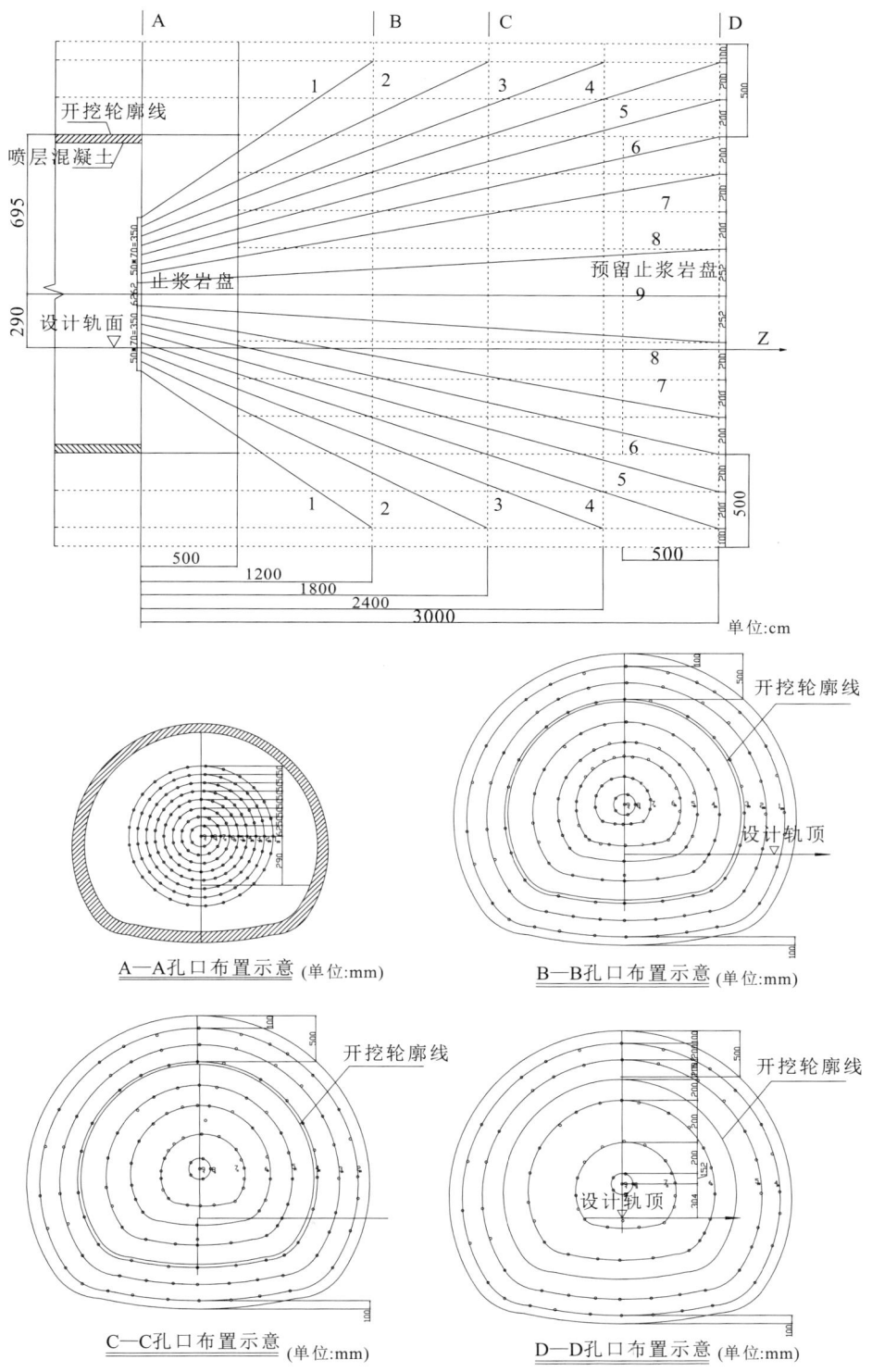

图 6-3-13 开挖轮廓线外 5m 示意图

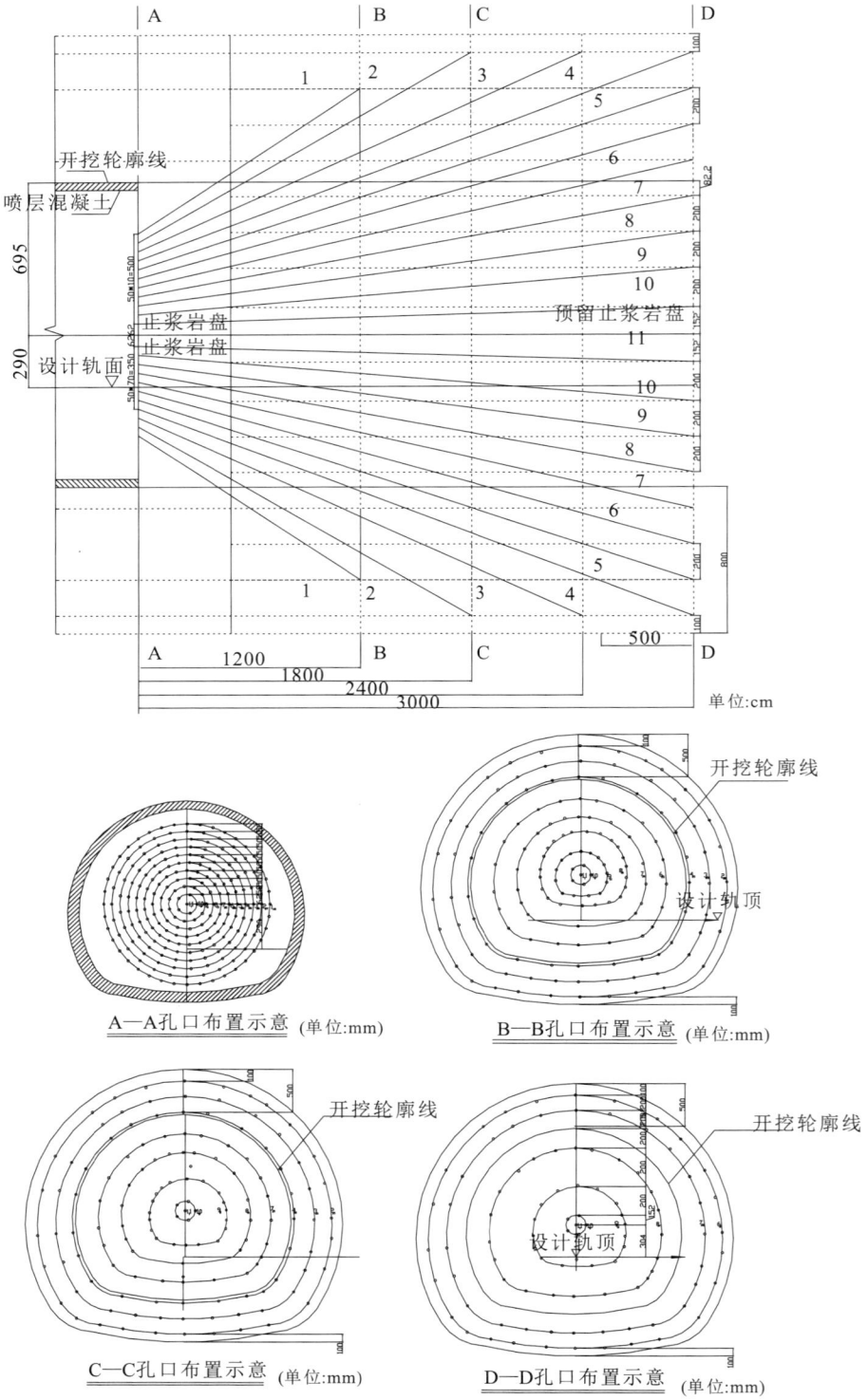

图 6-3-14 开挖轮廓线外 8m 示意图

注浆加固:通过套管注浆口进行注浆,当浆液充填完出水管与 $\phi108mm$ 之间空隙时,出水点的水便从 $\phi32mm$ 小导管出水口流出,当出水口流出浆液时,关闭出水口,并不断注入单液浆,由于压力浆液会随水填充裂隙,从而达到封堵孔周边围岩的目的。如此反复,将出水点外围岩加固完毕,形成完整的止浆岩盘。

(5)围岩整体性较好,探孔出水处理措施($>5m$)。

施工方案:在出水孔周围埋设孔口管,通过浅孔注浆形成止浆岩盘,再进行关水工作。如仍有渗漏,则在渗水处进行浅孔注浆。

注浆孔布置:出水孔关水时,其周边围岩裂隙出水,因此在出水孔、周边探孔及周边渗水处埋设 $2\sim3$ 根孔口管。

注浆加固:先对探孔的周边孔进行注浆,注浆时探孔闸阀打开,保证水流畅通。当流水中含有浆液时,关闭闸阀,注浆机采用低压、低档注浆,直到浆液逐渐变浓,堵塞裂隙为止。一孔注完后,停 0.5h 再进行下一孔注浆。

(6)埋设孔口管。固结牢固密实,保证不漏浆、不窜浆的孔口管是决定注浆效果好坏的重要因素,其埋设方法:先用三臂凿岩台车钻孔,孔深 4.0m,再将 $\phi108mm$ 孔口管插入,外露 $20\sim30cm$,管壁与孔口接触处用麻丝填塞,再向孔口管内注双液浆固结。孔口管起着导向作用,钻孔安装时要控制好外插角度。

(7)自动定位自动钻孔。将 AutoCAD 绘制的钻孔布置图导入三臂凿岩台车电脑,通过台车自动定位,自动钻孔至设计深度。根据探孔预测结果,决定是否采用孔口管。对探孔预测水压较高($P \geqslant 1.0MPa$),且水量较大($Q \geqslant 20m^3/h$)的区域,采用孔口管注浆,否则采用止浆塞止浆方式注浆。当采取后退式分段注浆时,可直接钻孔至设计深度。当采取前进式分段注浆时,采取钻一段注一段的方式,直至设计孔深。

钻孔按先外圈、后内圈的顺序进行。内圈钻孔可参照外圈钻孔的顺序,后序孔可检查前序孔的注浆效果。逐步加密注浆一方面可根据钻孔的情况调整注浆参数,另一方面如果钻孔情况证明注浆效果已达到设计要求,即可进行下一圈孔的钻进,减少钻孔的工作量,加快施工进度。钻孔时,还要严格做好钻孔记录,包括孔号、进尺、起讫时间、岩石裂隙发育情况、出现涌水位置、涌水量和涌水压力。施钻过程中,若单孔出水量小于 30L/min,可继续施钻;若单孔出水量大于 30L/min,立即停钻进行注浆。

(8)制浆。选用叶片式搅拌机作为制浆设备,采用立式电动机和摆线针轮式减速器,用支架倒立于储浆桶上,通过联轴节将动力直接传给搅拌轴。为了方便吸浆,在储浆桶外侧设两个以上取浆口,以保证大流量注浆时浆液的供应。根据选定浆液的配比参数拌好浆液,其中水泥浆拌好后用 $1mm \times 1mm$ 网筛过滤,放入叶片式搅拌机进行二次搅拌,确保浆液均匀。

(9)注浆。①注浆准备。注浆管路连接,通过压水检查注浆管路的密封性,同时冲洗岩石裂隙,扩大浆液通路,增加浆液冲塞的密实性。②浆液的确定。固结孔口管和封孔注浆时选用双液浆;注浆孔涌水量小于 30L/min,选用纯水泥浆;当注浆孔涌水量在 $30\sim200L/min$ 范围内,选用凝胶时间为 $4\sim6min$ 的浆液;当注浆孔涌水量大于 200L/min,选用凝胶时间为

3~4min 的浆液。③注浆顺序。先注内圈后注外圈,同一圈孔间隔施工。④注浆速度。当钻孔涌水量大于或等于 50L/min 时,注入速度 80~150L/min;当涌水量小于或等于 50L/min 时,注入速度 35~80L/min。⑤注浆结束标准。单孔结束标准:注浆压力逐步升高至设计终压,并继续注浆 10min 以上;注浆结束时的进浆量小于 20L/min;检查孔涌水量小于 0.2L/m·min;检查孔钻取岩芯,浆液充填饱满。全段结束标准:所有注浆孔均已符合单孔结束条件,无漏浆现象;注浆后预测涌水量小于 $3m^3/m·d$;浆液有效注入范围大于设计值。⑥异常情况处理。若钻孔过程中,遇见突泥情况,立即停钻,拔出钻杆,安装孔口管及高压阀,进行注浆;若掌子面小裂隙漏浆,先用水泥浆浸泡过的麻丝填塞裂隙,并调整浆液配比,缩短凝胶时间;若仍跑浆,在漏浆处采用普通风钻钻浅孔注浆固结。若掌子面前方 8m 范围内大裂隙串浆或漏浆,采用止浆塞穿过该裂隙进行后退式注浆;当注浆压力突然增高,则只注纯水泥浆或清水,待泵压恢复正常时,再进行双液注浆;若压力不恢复正常,则停止注浆,检查管路是否堵塞;当进浆量很大,压力长时间不升高,则调整浆液浓度及配合比,缩短凝胶时间,进行小泵量、低压力注浆,使浆液在岩层裂隙中有相对停留时间,以便凝胶;有时也可以进行间歇式注浆,但停注时间不能超过浆液凝胶时间。

6.3.3 基于锚杆台车预加固施工工艺

6.3.3.1 工艺流程

锚杆施工工艺流程如图 6-3-15 所示。

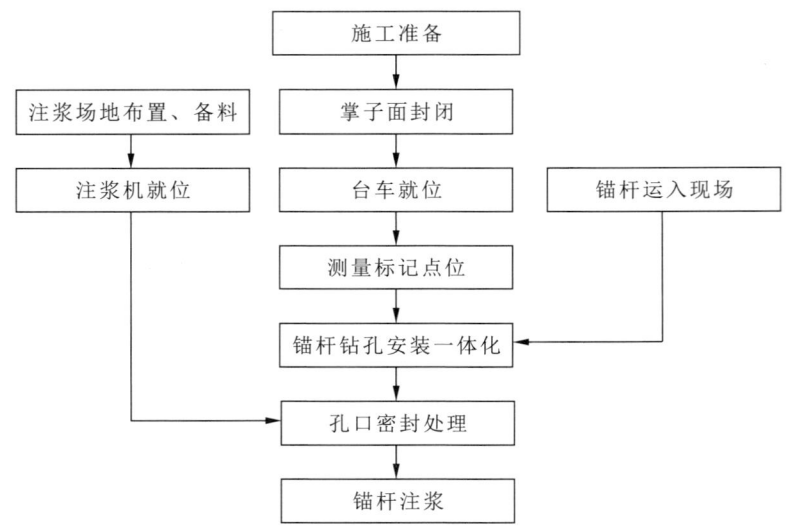

图 6-3-15 锚杆施工工艺流程图

6 软弱破碎围岩智能全断面施工技术

6.3.3.2 操作要点

锚杆工序与作业控制要点如表 6-3-4 所示。

表 6-3-4 锚杆工序与作业控制要点

序号	工序	作业控制要点
1	锚杆制作	①原材料合格,加工后的锚杆符合要求。②杆体直径均匀,无严重锈蚀,弯折现象
2	定位	定出锚杆开孔位置,孔位允许偏差±150mm
3	锚杆钻孔	①钻孔前对围岩进行检查,看有无掉块、开裂现象,确保安全。②钻孔与围岩面或所在部位岩层的主要结构面垂直。③钻孔的深度误差不大于50mm。钻孔圆而直,直径大于杆体直径15mm
4	清孔检查	成孔后采用高压风吹洗清孔,检查锚杆孔位间距、深度、角度是否符合要求,深度误差不大于50mm。发现不合格钻孔废弃重钻
5	注浆安装	①砂浆强度不低于M20。②将注浆管插至距孔底5~10cm,利用高压风将砂浆不断压入眼底,注浆管跟着缓缓退出眼孔,并始终保持注浆管口埋在砂浆内。注浆管全部抽出后,立即把锚杆插入眼孔,然后用木楔堵塞眼口,防止砂浆流失。③安装好的锚杆不得敲打或悬挂重物。④注浆嘴不得对人放置
6	锚杆验收	①锚杆入孔到底时孔口无水泥浆流出,需拔出锚杆重新注浆安装。②杆体插入孔内长度不小于设计规定的95%,安装数量符合设计要求。③锚杆垫板与喷混凝土面密贴
7	安全文明施工	①锚杆的设置应沿隧道轮廓法线方向,倾斜岩层应与岩面或围岩主要节理面垂直。②锚杆钻进作业时,应保持钻机及作业平台稳定牢靠。③作业人员应佩戴安全带、安全帽、防护眼镜等防护用品。④锚杆安设后不得随意敲击,其端部在锚固材料终凝前不得悬挂重物

6.3.4 基于湿喷机械手预加固施工工艺

6.3.4.1 工艺流程

掌子面喷射混凝土封闭采用湿喷机械手(图 6-3-16),具体施工工艺流程见图 6-3-17。

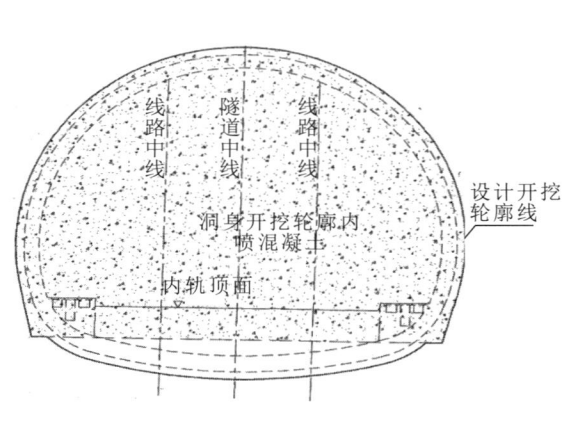 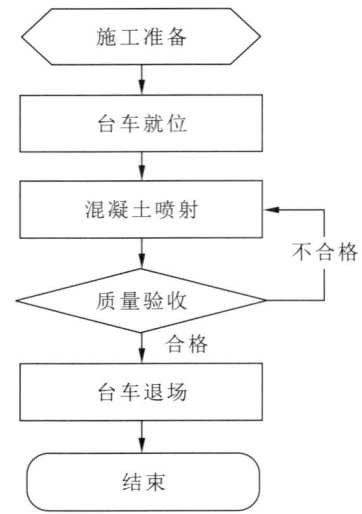

图 6-3-16 掌子面喷射混凝土
封闭示意图

图 6-3-17 掌子面喷射混凝土
封闭施工工艺流程图

6.3.4.2 施工工艺

机械手湿喷混凝土作业时,喷射顺序、喷射角度、喷射距离、喷头移动等对喷射混凝土质量和回弹都有很大影响。

(1)喷射顺序。从下至上以"S"形曲线移动进行喷射。隧道从两侧底部开始喷射,喷射到拱顶中心线位置闭合,完成掌子面喷射混凝土封闭喷射。

(2)喷射角度。喷射时,喷头应保持与受喷面垂直。喷射交角过小将增加混凝土的回弹率,降低喷射密实度;垂直于岩面喷射时,连续的混凝土"稀薄流"对反弹物有二次嵌入作用,可以降低回弹率,增加一次喷射厚度。

(3)喷射距离。由于湿喷要求的风压较大,如果喷头距受喷面太近,高压风会将刚"附着"在受喷面上的混凝土吹掉,使混凝土的回弹量增大。喷射机械手湿喷作业时,喷头距岩面的距离宜为 0.8~1.2m。

(4)喷头移动。喷射混凝土在初始喷射时,回弹最大,当岩面喷厚达到 2~3cm 后,回弹最小且稳定。当喷射到附着在岩面的混凝土滑落、流淌时,一次喷厚达到最大,此时不能再继续喷射,应等喷射混凝土初凝后方能进行复喷。

喷射时首先伸展机械手大臂调整喷头在边墙底部施喷位置,使用机械手小臂自动平行功能调整小臂与地面水平,与隧道边墙平行,调整喷头距离、角度,完成上述工作后可开始喷射,喷射中尽量不要再调整喷头距离、角度及动机械手大臂,仅需使用自动伸缩功能控制喷头在小臂上自动伸缩,即从一端缓慢运行到另一端,来回 2~3 次可完成一遍喷射,然后伸展大臂,使大臂做垂直、水平移动,确保喷头与岩面的角度和距离,按上述顺序喷射下一部位。

(5)堵管处理。喷射施工中若发生堵管时应立即关闭机械手及计量泵,关掉输送风,拍打软管,并倒掉管内存留混凝土,堵管处理完成后应先加水喷射洗管,确保管路畅通无误后才能进行再次喷射施工。

6.4 基于机械化智能全断面掘进施工技术

6.4.1 设备选型

隧道机械化开挖作业线设备主要分为掘进凿岩台车,具体设备类型见表6-4-1。

表6-4-1 机械化开挖设备表

作业线	开挖类型	主要机械设备	典型机械设备
开挖	爆破开挖	全电脑三臂凿岩台车	ZYS113/E3C/DT1130i
		液压三臂凿岩台车	ZY113/XL3D

全电脑与全液压台车均适用于Ⅱ~Ⅴ级等多种围岩,台阶法、CD法、全断面等多种开挖方式。具有停放面以下1.35~1.5m深度的开挖能力,全断面施工时可连同仰拱同时开挖,便于及时形成环形封闭支护,提高施工效率与施工安全。全电脑掘进凿岩台车较全液掘进凿岩压台车的优势主要体现在以下几个方面。

(1)在隧道超欠挖控制、光面爆破质量等方面是普通液压台车无法比拟的,与其他设备比较见表6-4-2,超挖机理如图6-4-1所示。

表6-4-2 全电脑凿岩台车和全液压台车钻孔控制比较

比较项目	普通液压台车	电脑凿岩台车
钻孔控制	人工测量、人工放点、人工操作台车对点找孔	开挖断面布孔图包括每个孔的位置、角度,每个钻臂的钻孔数量、移动顺序和方向均是由机载计算机按照办公室预先优化的方案自动进行。所有钻孔的定位开孔和钻井的整个钻进循环完全由电脑自动完成
超欠挖控制	由于是人工操作钻臂对孔,超欠挖控制难度大	优化的钻孔设计和精确的快速钻孔,能够有效控制超欠挖,减少混凝土的衬砌和二次开挖,同时平整的断面形状减少炸药量的消耗和喷锚支护,最终体现在工期的缩短和总体成本的降低

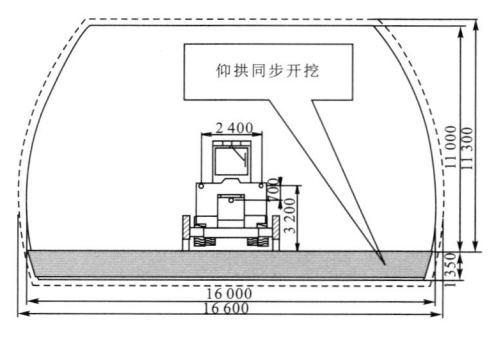
铁建重工三臂凿岩台车

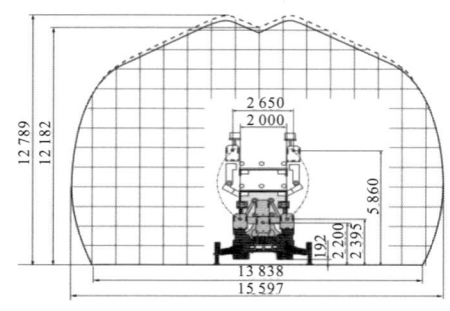
阿特拉斯三臂凿岩台车

图 6-4-1 超挖机理图(单位:mm)

(2)无需人工或采用其他测量设备布设隧道周边轮廓和炮孔,可缩短施工准备时间。

(3)在坚硬岩石中钻进速度达到 2.5～4.0m/min,可大大缩短循环作业时间。

(4)可在不良地质条件下制作超前地质预报探孔和隧道超前支护,如超前管棚、超前锚杆等。

(5)钻孔精度高。可提高炮孔利用率,成本明显降低。开挖断面布孔图中每个孔的位置、角度,每个钻臂的钻孔数量和移动顺序、方向,均是由机载计算机按照预先优化方案自动进行,所有钻孔的定位开孔和钻进循环完全由电脑自动完成。

(6)可为优化炮孔设计方案提供反馈信息,实现信息化管理。

(7)钻孔报告可揭示围岩的实际地质条件,爆破工程师可根据各个炮孔的实际情况来调整装药量和装药结构,以取得最佳爆破效果。

(8)操作室隔音效果较好,可有效降低施工噪声的影响,改善作业环境。

(9)便于使用和维修。与普通台车相比,全电脑掘进凿岩台车采用电子控制系统和部件来保证钻孔功能的精确控制。

本书选取国内和国外典型机械设备进行对比,分别选取铁建重工产全电脑掘进凿岩台车 ZYS113、全液压掘进凿岩台车 ZY113、阿特拉斯产全液压三臂凿岩台车 XL3D、全电脑三臂凿岩台车 E3C。具体设备参数对比见表 6-4-3。

6 软弱破碎围岩智能全断面施工技术

表6-4-3 全电脑与全液压三臂凿岩台车性能参数对比表

项目		单位	铁建重工	阿特拉斯	
			全电脑三臂凿岩台车ZYS113、全液压三臂凿岩台车ZY113	全液压三臂凿岩台车XL3D	全电脑三臂凿岩台车E3C
总体参数	长	m	16.6	16.565	17.848
	宽	m	2.9	2.926	2.926
	高	m	3.6~5.2	3.089~3.789	3.664~4.756
	最大工作高度（停放面以上）	m	11.3	12.182	10.3
	最大工作高度（停放面以下）	m	1.35	1.35	1.35
	最大工作宽度	m	16.6	15.597	15.25
钻臂	大臂伸缩	m	2.4	1.8	2.5
	推进梁伸缩	m	2.4	1.6	1.8
驾驶室			封闭式	敞开式	封闭式
电气系统	总功率	kW	325	200	237
	主电动机功率	kW	3×90	3×55	3×75
凿岩机	型号		HC110	COP1838	COP2238
	最大冲击功率	kW	31.9	18	22

优势对比见表6-4-4。

表6-4-4 国内外典型全电脑凿岩台车性能参数对比表

序号	对比项目	铁建重工全电脑三臂凿岩台车ZYS113	阿特拉斯全电脑三臂凿岩台车E3C
1	操作难易性	操作简单，只有两个电控手柄，对操作手经验要求低	操作复杂，手柄多达9个，对操作手经验要求高
2	操作人数	2人	2人
3	传感器	一体式设计，装在销轴内，防护好	全液压基础上加装外置传感器，容易损坏
4	凿岩机	功率31.9kW，满足超前钻探、管棚等深孔作业功率需求	凿岩机功率18kW，无法满足进行超前钻探和管棚作业功率要求
5	3D定位	标配3D定位扫描一体式装置，实现整机定位功能	需选配全站仪定位系统

续表 6-4-4

6	超欠挖扫描	标配3D定位扫描一体式装置,除自动定位功能外,还可实时完成超欠挖轮廓扫描,有助于控制开挖质量,减少超欠挖	不具备轮廓扫描功能,需另外加装3D扫描仪,价格约75万元
7	自动钻孔	按照设计好的钻孔图自动钻孔	无,仅能显示钻孔位置
8	超前地质分析	完成25~50m超前地质分析,并生成地质云图,一个25m的钻孔仅需0.5h	无
9	管棚施工	可进行管棚施工,直径64~140mm,管棚深度30~50m	凿岩机功率小,一般钻孔能力深度小于15m
10	自动接杆机构	标配自动接杆结构,深孔作业时,可自动完成装拆钻杆	需另外选配
11	机械臂操作	机械臂无法实现360°旋转	可360°旋转
12	台车体积	台车体积大,管路外露,影响现场操作	台车体积小,管路内置,现场操作方便灵活
13	钻孔时间	钻孔时间较短,单孔钻孔循环时间约2min	钻孔时间短,单孔钻孔循环时间约1.4min,单个循环节约钻眼时间约30min
14	成像功能	台车无成像功能	台车自带成像功能,可看清钻孔具体情况
15	维修次数	性能不稳定,损耗成本大,维修次数多	性能稳定,维修次数少
16	消耗水量	耗水量较大	耗水量较小

综合以上分析,开挖建议选用1台阿特拉斯全电脑三臂凿岩台车和1台铁建重工全电脑三臂凿岩台车。

6.4.2 施工工艺

6.4.2.1 基于全电脑凿岩台车控制工艺

凿岩台车采用全电脑设计、施工的工艺原理,将围岩等级及钻爆设计相关参数输入台车设计中,即可自动进行钻孔设计,3个钻臂的工作可由电脑规划路径,同时配合人工操控。台车定位后将定位参数输入,结合钻爆设计图即可自动确定钻孔角度进行爆破。

台车钻爆控制工艺。将钻爆施工工艺环节分为单孔钻孔工艺、洞身台车作业施工工艺和全电脑凿岩台车循环施工工艺。

(1)单循环钻孔工艺:定孔位—推进梁向前—开孔—按斜率提高钻孔效率—全功率钻

孔—钻孔结束—清孔—推进梁返回—下一循环。

（2）洞身台车作业施工工艺流程如图 6-4-2 所示。

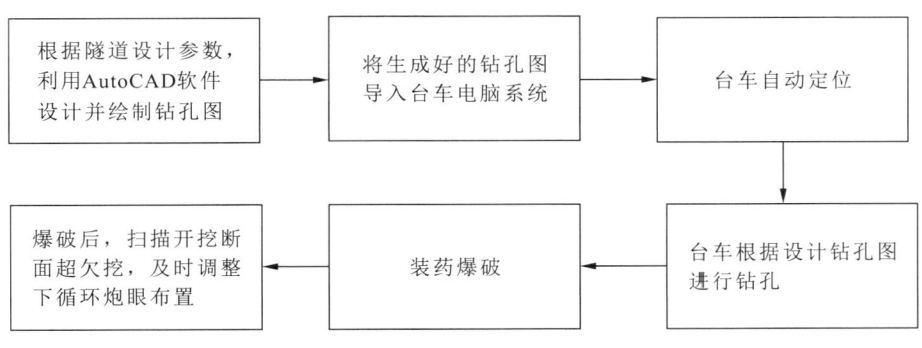

图 6-4-2 台车施工工艺流程

6.4.2.2 隧道微台阶施工工艺

微台阶采用上、下台阶带仰拱一次开挖，上台阶高 6.342m，下台阶（含仰拱）高 6.468m（1.523m＋4.945m），上、下台阶距离为 3m（图 6-4-3 和图 6-4-4）。上、下台阶同时钻孔，同时爆破。

进尺选定：每循环开挖试验采用 1.2m、1.8m、2.4m，根据现场实际情况，结合前期初期支护监控测量数据和超前地质预报结果，动态调整。保证掌子面围岩稳定，避免坍塌、掉块情况发生，确保施工安全。

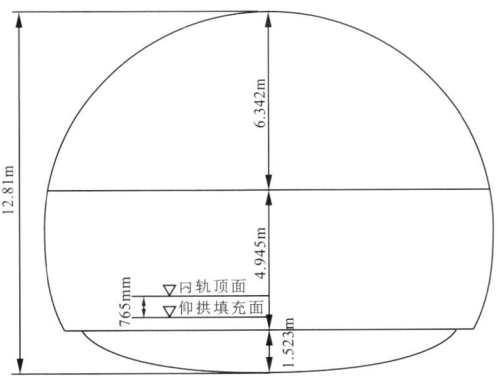

图 6-4-3 微台阶（含仰拱）开挖横断面

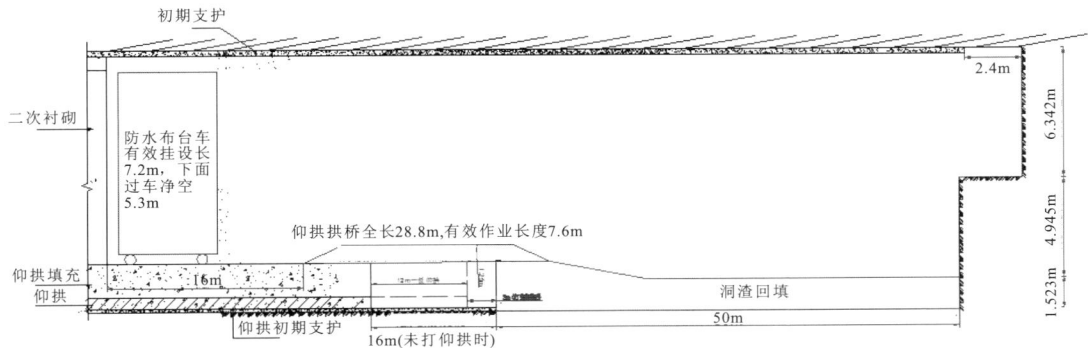

图 6-4-4 微台阶（含仰拱）开挖纵断面示意图

1)微台阶施工工艺流程

微台阶施工工艺流程如图6-4-5所示。

2)操作要点

(1)钻爆设计。通过传统的超前地质预报结合三臂凿岩台车3D扫描软件及地质分析软件对上循环开挖断面超欠挖情况及前方围岩情况进行综合分析,动态调整钻爆参数(减小周边眼间距、减小周边眼及辅助眼药量),缩小开挖轮廓线,控制隧道超欠挖。

(2)凿岩台车定位。在三臂凿岩台车定位前,提前埋设台车定位标靶(图点P1、点P2),通过测量放样测出点P1及点P2坐标;在定位过程中,根据导航-分析器固定点P1和点P2,随机检测点P3,进行台车定位。ZYS113三臂凿岩台车根据导航-分析器固定点P1和点P2,随机检测点P3(图6-4-6)。

(3)将围岩钻爆设计图导入三臂凿岩台车车载电脑。

(4)自动找点及钻孔。三臂凿岩台车具有全自动高效智能化钻孔,能够按照提前布置好的钻孔参数自动钻孔,而位置、孔位、角度、深度等自动控制。

(5)装药及爆破。三臂凿岩台车利用自带工作吊篮配合装药及撬毛,方便了爆破前后辅助工序作业,大幅改善装药环境,提高人员和设备安全率(图6-4-6)。

(6)通风出渣。爆破后及时进行通风排烟,达到规范要求后,对掌子面进行初喷,C25喷射混凝土初喷厚度为4cm,初喷后进行出渣。随着循环进尺的推进,增加自卸卡车的数量以满足施工的进度和生产需要。

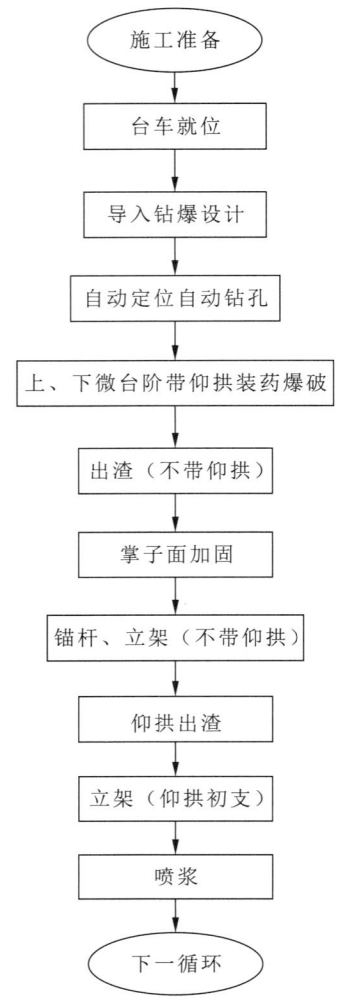

图6-4-5 微台阶施工工艺流程

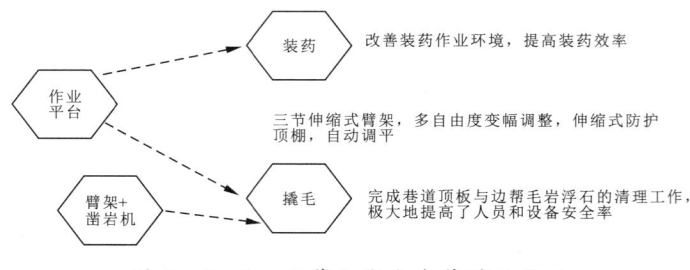

图6-4-6 三臂凿岩台车装药及撬毛

(7)掌子面加固。由地质工程师结合现场围岩地质情况,判断掌子面围岩稳定性状态,查看是否需要增设锚杆支护。掌子面封闭采用C25钢纤维混凝土。

(8)锚杆立架施作。通过三臂凿岩台车进行锚杆施工,施工过程中注意控制锚杆的角度和长度。

(9)通过多功能拱架安装台车进行立架作业,先安装上台阶拱架,再安装下台阶拱架。施作完后,仰拱出渣。

(10)立架喷浆。通过多功能拱架安装台车进行仰拱初支作业,实现拱架封闭成环,通过2台湿喷机械手进行喷浆作业。

6.4.2.3 隧道全断面(不带仰拱)施工工艺

隧道全断面(不带仰拱)施工采用全断面爆破,仰拱初支断面滞后爆破的方案,断面高度11.287m,仰拱初支断面高1.523m。

进尺选定:Ⅴ级围岩的试验进尺分别为2.4m、3.2m;Ⅳ级围岩试验进尺分别为3.6m、4.8m。根据现场实际情况,结合前期初期支护监控量测数据和超前地质预报结果,动态调整。保证掌子面围岩稳定,避免坍塌掉块情况发生,确保施工安全(图6-4-7和图6-4-8)。

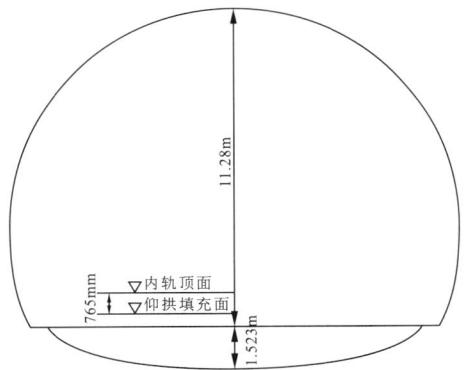

图6-4-7 全断面(不带仰拱)开挖横断面

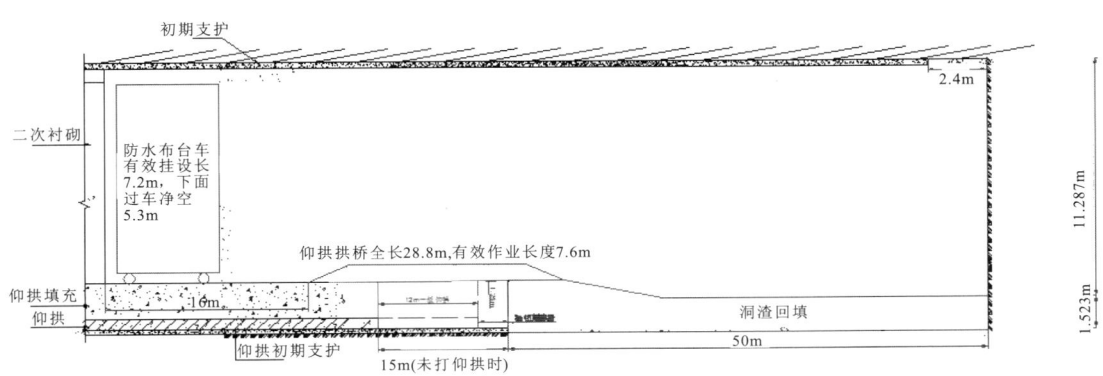

图6-4-8 全断面(不带仰拱)开挖纵断面

1) 全断面(不带仰拱)工艺流程

全断面(不带仰拱)工艺流程如图 6-4-9 所示。

2) 操作要点

(1) 钻爆设计。通过传统的超前地质预报,结合三臂凿岩台车 3D 扫描软件和地质分析软件,对上循环开挖断面超欠挖情况及前方围岩情况进行综合分析,动态调整钻爆参数(减小周边眼间距、减小周边眼及辅助眼药量),缩小开挖轮廓线控制隧道超欠挖。

(2) 凿岩台车定位。在三臂凿岩台车定位前,提前埋设台车定位标靶(图 P1、P2),通过测量放样测出 P1 及 P2 坐标;在定位过程中,根据导航-分析器固定点 P1 和 P2,随机检测点 P3,进行台车定位。ZYS113 三臂凿岩台车根据导航-分析器固定点 P1 和 P2,随机检测点 P3(图 6-3-7)。

(3) 将围岩钻爆设计图导入三臂凿岩台车车载电脑。

(4) 自动找点及钻孔。三臂凿岩台车具有全自动高效智能化钻孔,能够按照提前布置好的钻孔参数自动钻孔;位置、孔位、角度、深度等自动控制。

(5) 装药及爆破。三臂凿岩台车利用自带工作吊篮配合装药及撬毛,方便了爆破前后辅助工序作业,大幅改善装药环境,提高人员和设备安全率。

(6) 通风出渣。爆破后及时进行通风排烟,达到规范要求后,进行出渣。出渣不带仰拱。

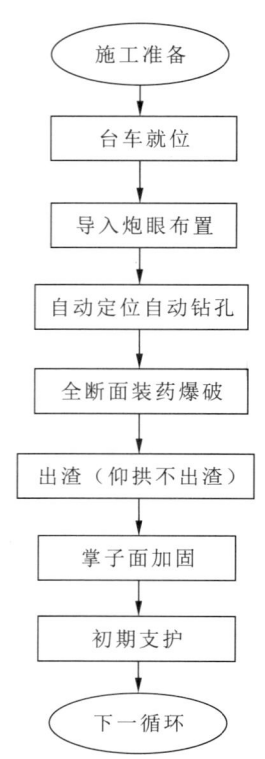

图 6-4-9 全断面(不带仰拱)施工工艺流程

(7) 掌子面加固。由地质工程师结合现场围岩地质情况,判断掌子面围岩稳定性状态,查看是否需要增设锚杆支护。掌子面封闭采用 C25 钢纤维混凝土。

(8) 初期支护。

6.4.2.4 隧道全断面(带仰拱)施工工艺

隧道全断面(带仰拱)施工包括全断面带仰拱开挖不支护和全断面带仰拱开挖支护两种施工工艺,两种工艺原理区别如下。

全断面带仰拱开挖不支护:由于前一板仰拱初支未封闭成环,仰拱初支封闭成环距离掌子面大于 6m。仰拱出渣后,三臂凿岩台车就位,推进梁平卧在仰拱底部,实现仰拱底板直眼钻孔爆破,从而实现全断面带仰拱开挖。

全断面带仰拱开挖支护:由于前一板仰拱初支已封闭成环,三臂凿岩台车无法通过仰拱出渣实现仰拱底板直眼爆破。在全断面带仰拱爆破的过程中,仰拱部位采用斜眼爆破,利用外插角角度,底眼斜眼角度垂直开挖轮廓线向下,如图 6-4-10 和图 6-4-11 所示。且采用长短眼结合,同时抬高长眼起眼高度,控制隧道超挖;采用外插短眼,控制隧底欠挖。通过调整三臂凿岩台车底眼的起眼高度和长短眼结合控制超欠挖的爆破形式,实现三臂凿岩台车全断面中仰拱部位的开挖。

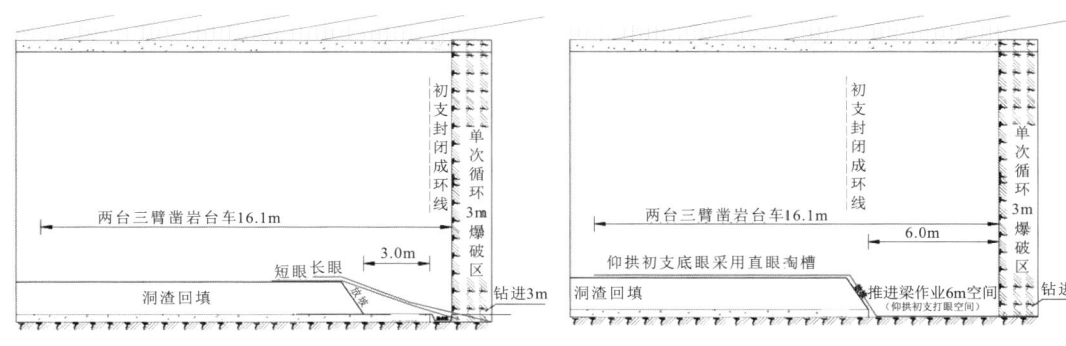

图 6-4-10 长短眼爆破纵断面图　　图 6-4-11 直眼爆破纵断面图

全断面(带仰拱)开挖完成后,通过掌子面围岩预加固措施、锚杆支护作用、拱架(带仰拱)封闭成环技术、喷混实现全断面(带仰拱)支护,从而实现机械化全断面快速封闭成环技术。

1)工艺流程

全断面(带仰拱)工艺流程图如图 6-4-12 所示。

2)操作要点

(1)钻爆设计。通过传统的超前地质预报结合三臂凿岩台车 3D 扫描软件及地质分析软件对上循环开挖断面超欠挖情况及前方围岩情况进行综合分析,动态调整钻爆参数(减小周边眼间距、减小周边眼及辅助眼药量),缩小开挖轮廓线控制隧道超欠挖。

(2)凿岩台车定位。在三臂凿岩台车定位前,提前埋设台车定位标靶(如图 P1、P2),通过测量放样测出 P1 及 P2 坐标;在定位过程中,根据导航-分析器固定点 P1 和 P2,随机检测点 P3,进行台车定位。ZYS113 三臂凿岩台车根据导航-分析器固定点 P1 和 P2,随机检测点 P3(图 6-4-7)。

(3)将围岩钻爆设计图导入三臂凿岩台车车载电脑

(4)自动找点及钻孔。三臂凿岩台车具有全自动高效智能化钻孔,能够按照提前布置好的钻孔参数自动钻孔;位置、孔位、角度、深度等自动控制。

(5)装药及爆破。三臂凿岩台车利用自带工作吊

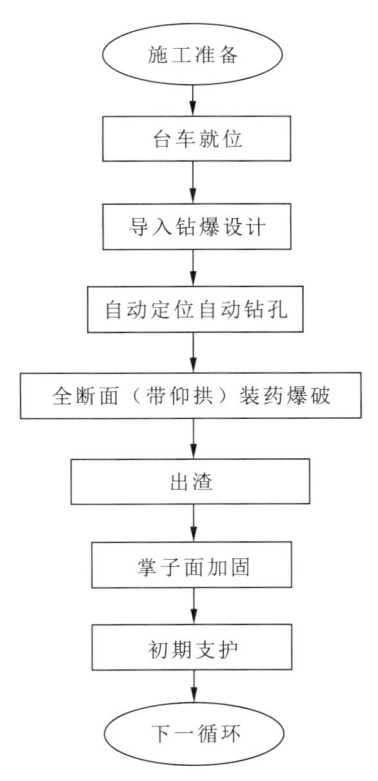

图 6-4-12 全断面(带仰拱)工艺流程图

篮配合装药及撬毛,方便了爆破前后辅助工序作业,大幅改善装药环境,提高人员和设备安全率。

(6)通风出渣。爆破后及时进行通风排烟,达到规范要求后,进行出渣。出渣不带仰拱。

(7)掌子面加固。由地质工程师结合现场围岩地质情况,判断掌子面围岩稳定性状态,查看是否需要增设锚杆支护。掌子面封闭采用C25钢纤维混凝土。

6.4.3 全断面智能信息化技术

在智能机械化配套的基础上,通过以集成运动和环境感知、3D激光扫描与定位、信号采集、处理与传输及机器人运动与动力学控制等技术为基础构成的支撑技术系统,即围岩参数识别与处理系统、三维空间定位与量测系统、大数据处理与共享系统、智能控制决策系统。智能建造装备支撑技术系统是相互耦合、相互协同和互为反馈的闭环系统,是构建隧道智能装备体系的灵魂,也是智能装备的大脑,更是实现隧道全生命周期智能化的前提和关键。

1)围岩参数判识与处理系统

通过智能凿岩台车随钻参数采集与分析系统(MWD)自动采集围岩数据,利用钻孔分析法和图像分析法(图6-4-13)自动输出围岩亚分级结果,自动判识掌子面前方围岩地质及稳定性,并自动实现设计参数优化。

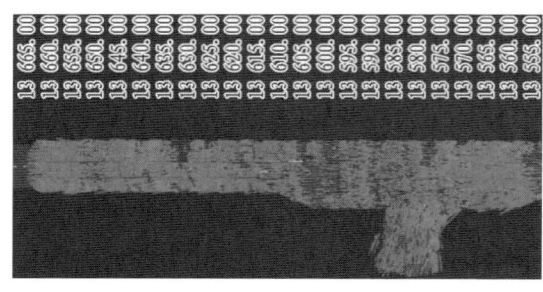 

a.钻孔分析法(单位:m)　　　　　　　　b.图像分析法

图6-4-13　钻孔分析法和图像分析法

2)三维空间定位与量测系统

三维空间定位与量测系统(图6-4-14)是指利用隧道BIM三维坐标基准,通过激光扫描定位、空间坐标变换和实时位姿测控系统等技术,构建隧道智能装备的空间定位、工程量测、目标路径规划和机器人控制等智能装备自身功能需求的系统。可以实现隧道智能装备的精准定位、精准操作、远程控制和工作量计算,如凿岩台车钻孔和锚杆作业,混凝土自动喷射、自动找平和方量计算等,超欠挖、锚杆、拱架、喷射混凝土、防水板、衬砌混凝土、养护等隧道构筑物的精准量测和数字化档案建立。

6 软弱破碎围岩智能全断面施工技术

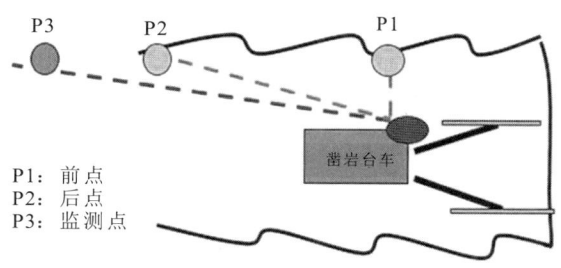

图 6-4-14 凿岩台车定位与量测示意图

3）大数据处理与共享系统

大数据处理与共享系统（图 6-4-15）是通过隧道智能装备自身具备的全通道、多物理量数据自动采集系统，集中监测、采集和反馈施工过程、施工状态、围岩参数、环境感知等数据，并将其应用到隧道智能装备体系本身，并通过后台大数据交互系统处理后，实时应用到工程建设单位、设计院和施工单位的信息化管理系统。

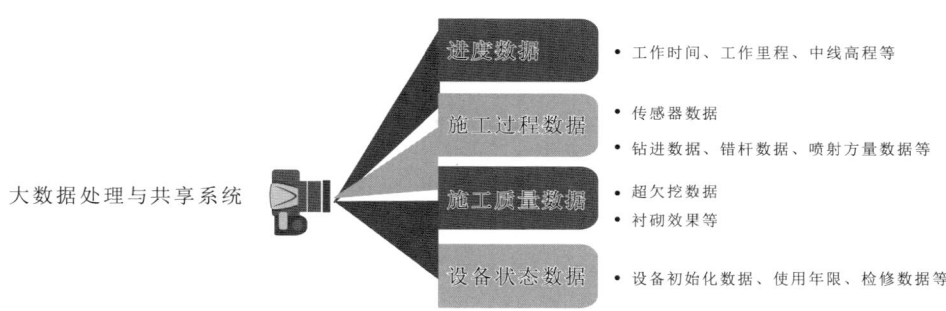

图 6-4-15 大数据处理与共享系统

4）智能控制决策系统

在隧道智能装备体系中，充分应用智能控制技术，实现隧道智能装备施工环境自感知、目标导向定位自执行、施工状态与反馈自学习、施工效果自评估、施工组织自决策、施工过程自管理，打造更实用、更智能、更经济、全系列的铁路隧道智能装备。

（1）智能判识。智能型凿岩台车以钻进参数为输入层，通过智能学习规则实现样本数据对训练和系统模型参数辨识，结合地质图像样本库进行对比，形成围岩智能判识与分级方法（图 6-4-16 和图 6-4-17），并不断自主学习与完善。

（2）智能感知与运动规划。隧道智能装备能实时感知施工过程、施工状态和施工环境，结合目标约束条件下的大数据处理，实现智能规划目标路径与轨迹。比如，实现复杂隧道环境的装备无人驾驶、智能型湿喷台车自动平整化喷射、智能型拱架台车拼接轨迹规划、智能型凿岩台车多臂架姿态防干涉等。

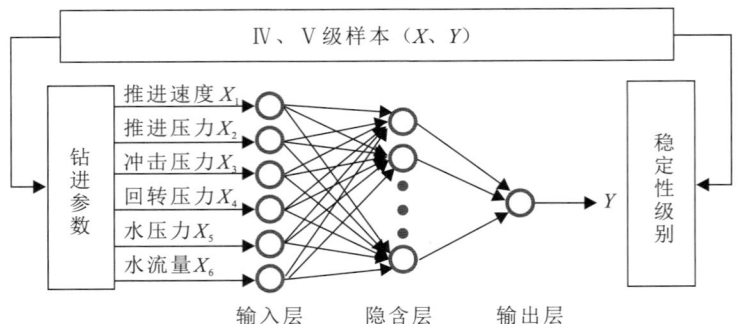

图 6-4-16　围岩智能分级 BP 神经网络模型

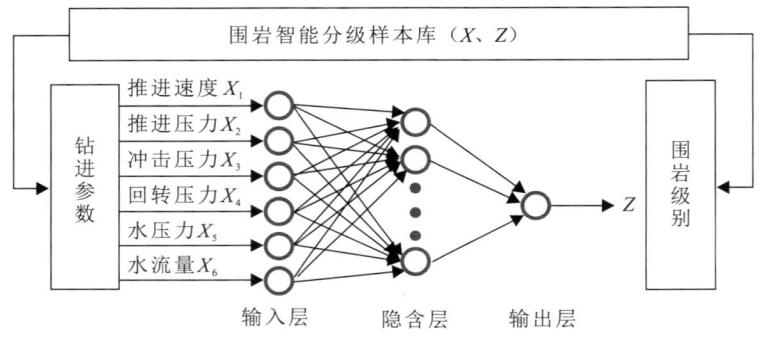

图 6-4-17　掌子面智能分级 BP 神经网络模型

(3) 自主决策与动态优化设计。隧道智能装备利用人工智能学习方法,结合数据挖掘和专家系统,实现隧道建造过程由人工经验决策向计算机自主决策和大数据交互处理系统动态优化设计转变。

6.5　全断面机械化开挖动力学分析

在已有工程地质资料、开挖断面规格及支护方案的基础上,利用数值模拟分析手段,开展全断面开挖不同开挖方式下的围岩变形、围岩应力与塑性区分布特性研究,揭示不同开挖方式的围岩变形机制与应力重分布规律,为典型区域段隧道围岩的支护时机与支护方式提供理论依据。同时结合现场监测数据,以新华隧道为例,采用全断面开挖工法的合理性及可行性,并提出全断面开挖方式下的最优支护方案。

6.5.1 隧道的施工开挖方法分析

目前,隧道的施工开挖方法可根据岩体强度、隧道跨度等条件,采用全断面法、台阶法、分部开挖法 3 类方法及由其变化的开挖方法。现如今隧道施工工法的选择产生了很大变化,除了考虑围岩级别外,还需要根据施工条件、围岩条件、隧道断面面积、埋深、工期、施工环境等多方面综合考虑。

(1)施工条件。实践证实,施工条件是决定施工方法的最基本因素,它包括一个施工队伍所具备的施工能力(机械化施工水平)、素质(施工作业的专业化)以及管理水平(管理体制和精细化管理的程度)等。目前,我国隧道施工队伍的素质和施工装备水平参差不齐。因此,在选择施工方法时,不得不考虑施工条件因素的影响。也就是说,开挖方法的选择要适应我国国情的需要。

(2)围岩条件。围岩条件也就是地质条件,实质上是指开挖后围岩的稳定状态,包括围岩级别、地下水及不良地质现象等。过去围岩级别是对围岩工程性质的综合判定,对施工方法的选择起着重要的甚至决定性的作用。从施工技术的发展趋势看,地质条件虽然是重要的,但基本施工方法的变化却不显著,全地质型的施工方法和施工机械不断地被开发出来,例如全断面法和超短台阶法的结合以及全地质型掘进机和自由断面掘进机等的开发都说明了这一点。虽然地质条件千变万化,但施工方法的变化不大。总体上看,施工方法有两大类:一类是全断面开挖法,另一类是分部开挖法。全断面开挖法只有一种,就是一次全断面开挖。从隧道及早闭合的要求看,超短台阶法(日本称之为辅助台阶全断面法)已经列入全断面法之中,因为上下断面是同时爆破施工的。分部开挖法变化比较大,但从发展趋势来看,也逐步向减少分部数目的方向演变,实质上是向大断面开挖的方向演变,演变的结果是分为两部开挖的台阶法(不包括仰拱部分的开挖,实际上也有把仰拱部分包括在内的情况)称为主流的开挖方法。因此,可以说围岩条件已经不是左右施工方法选择的必要条件了。

(3)隧道断面面积。隧道的尺寸和形状对施工方法的选择也有一定的影响。目前隧道有向大断面方向发展的趋势,如公路隧道已开始修建 3 车道甚至 4 车道的大断面,水电工程中的大断面洞室更是屡见不鲜。日本新建成的东名高速公路的隧道断面面积已达 $200m^2$,我国高速铁路隧道的开挖断面面积也达到了 $170m^2$。在这种情况下,施工方法必须适应其发展。例如在单线、双线的铁路隧道和两车道公路隧道中,越来越多地采用了全断面法和台阶法;而在更大断面的隧道工程中,采用各种方法先修小断面的导坑,再扩大形成全断面的施工方法极为盛行,但采用大断面施工方法的趋势已经明显。

(4)埋深。隧道埋深与围岩的初始应力场及多种因素有关,通常将埋深分为浅埋和深埋两类,有时又将浅埋分为超浅埋和浅埋两类。在同样的地质条件下,由于埋深不同,开挖方法也将有很大差异。为了控制地表下沉,在软弱围岩大断面浅埋隧道中,国外更多地是采用机械开挖小断面超前导坑,而后扩挖成全断面的方法。

(5)工期。作为设计条件之一的工期,会在一定程度上影响开挖方法的选择。因为工期决定了在均衡生产的条件下,对开挖、运输等综合生产能力的基本要求,即对施工均衡速度、机械化水平和管理模式的要求。

(6)施工环境条件。当隧道施工对周围环境产生不良影响时,环境条件也应成为选择隧道施工方法的重要因素之一,在城市条件下,甚至会成为选择施工方法的决定性因素,这些影响包括爆破振动、地表下沉、噪声和地下水条件的变化等。全断面法(图6-5-1)按照隧道设计轮廓线一次爆破成形,具有工序少、相互干扰少、便于组织施工和管理、工作空间大以及施工速度快等优点。

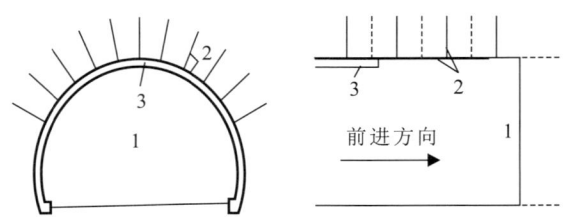

图6-5-1 全断面法施工示意图
1.掌子面;2.初期支护;3.二次衬砌

6.5.2 围岩破坏机理及计算理论

6.5.2.1 隧道施工应力重分布

修建岩石地下工程必然要进行岩石开挖和施筑维护结构工程。岩石开挖将使周围岩石失去原有的平衡状态,其内部的原有应力场将发生改变。如果改变后的应力场没有超过岩石的承载能力,岩石就会自行平衡;否则,周围岩石将可能产生破坏,如出现破裂甚至冒落,或者断面产生很大的变形。在这种情况下,就要求构筑承载力结构或支护结构,如拱架、衬砌、锚喷网等,通过人工干预使周围岩石达到平衡与稳定。

隧道工程的施工在地应力的环境中,这一点和地面结构工程完全不同。也正是这个区别,给隧道工程带来了许多不同的性质和特点。地应力是存在于地层中的天然应力,隧道工程开挖前,地下岩层处于自然平衡状态。地下工程的开挖破坏了原有的应力平衡状态,引起围岩应力重分布,出现应力状态的改变和岩溶集中,产生向开挖空间的位移甚至破裂,并在围岩与支护的接触过程中,形成对支护的荷载作用。隧道工程最终无论是平衡还是破坏,岩石内部的应力重分布行为都会发生。隧洞开挖施工及力学响应过程如图6-5-2所示。

6.5.2.2 围岩应力求解

隧道开挖和支护是一个伴随着围岩应力不断调整的过程,如何计算围岩的应力分布则关系到后续围岩的稳定和变形计算。针对某些特定形状的隧道开挖问题,如圆形隧道、椭圆形隧道、矩形隧道则可采用解析方法利用数学力学的计算取得闭合解。

6 软弱破碎围岩智能全断面施工技术

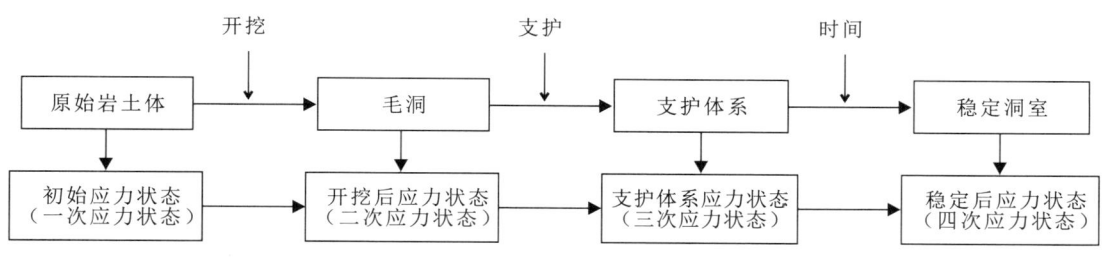

图 6-5-2 隧道施工应力重分布过程示意图

虽然解析方法可以解决的实际工程问题十分有限,但是通过解析方法及其结果的分析,往往可以获得一些规律性的认识。以目前研究比较透彻的圆形巷道问题为例,阐述解析方法求解的围岩应力场分布。

假设围岩性质均一、各向同性,认为初始应力场为 $\lambda=1$ 情况,采用平面应变问题的方法,取巷道的任一截面做研究。

设圆形巷道半径为 r_0,无支护阻力,远场应力为 σ_0,忽略体力。取单位长度计算,为平面应变问题。由于对称性,采用径坐标系 (r,θ)。联立平衡方程、几何方程、应力应变关系和边界条件即可求解对应的圆形巷道开挖的应力应变场。

6.6 模型建立及计算参数

6.6.1 数值模型建立

根据新华隧道平面等高线图和新华隧道 V 级特设衬砌设计图相关尺寸,结合实际工程地形地貌,建立本研究试验段 D1K556+961～D1K556+861 三维有限元的概化模型。本模型是利用了大型三维有限元软件 ANSYS 的先进网格划分技术以及本课题组自编的三维地形建模程序在有限差分软件 FLAC3D 中进行生成的,可以高精度还原隧道上覆地形地貌,以此生成的地应力场才能更好地反映真实的施工环境,提高数值模拟的计算准确性。

所建模型包含节点个数 116 178 个,单元数 107 329 个,如图 6-6-1 所示。

为详细分析每个监测断面的围岩变形、应力重分布特征及塑性区等演化规律,从数值模型中分别切取 4 个监测剖面如图 6-6-2 所示。

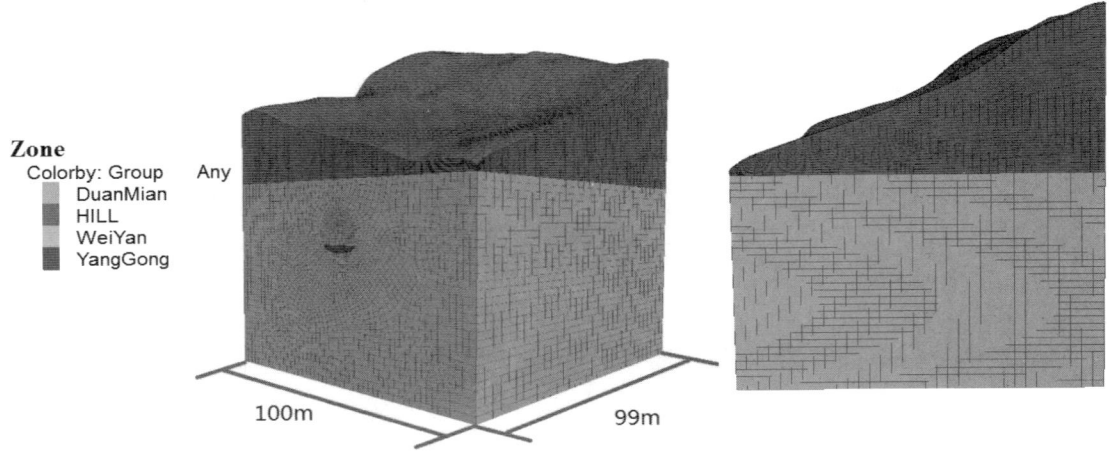

图 6-6-1　新华隧道试验段数值模拟三维有限元模型

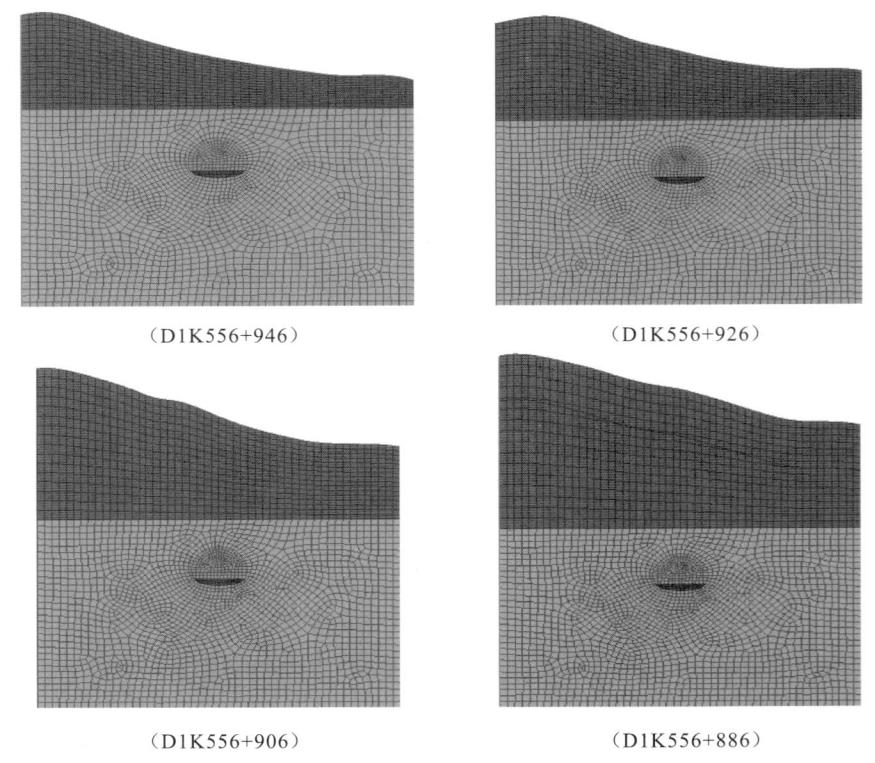

（D1K556+946）　　　　　　　　（D1K556+926）

（D1K556+906）　　　　　　　　（D1K556+886）

图 6-6-2　监测剖面示意图

6.6.2 模型计算参数

根据《铁路隧道设计规范》(TB 10003—2016)中的规定,各级围岩的物理力学指标可以按照表 6-6-1 进行选用。

表 6-6-1 各级围岩的物理力学指标

围岩级别	容重 γ /(kN·m³)	弹性反力系数 K/(MPa·m^{-1})	变形模量 E/GPa	泊松比 ν	内摩擦角 φ/(°)	黏聚力 c/MPa	摩擦角 φ_c/(°)
Ⅰ	26～28	1 800～2 800	>33	<0.2	>60	>2.1	>78
Ⅱ	25～27	1 200～1 800	20～33	0.2～0.25	50～60	1.5～2.1	70～78
Ⅲ	23～25	500～1 200	6～20	0.25～0.3	39～50	0.7～1.5	60～70
Ⅳ	20～23	200～500	1.3～6	0.3～0.35	27～39	0.2～0.7	50～60
Ⅴ	17～20	100～200	1～2	0.35～0.45	20～27	0.05～0.2	40～50
Ⅵ	15～17	<100	<1	0.4～0.5	<22	<0.1	30～40

注:本表中数值不包括黄土地层及特殊围岩。

选用计算摩擦角时,不再计内摩擦角和黏聚力。试验段围岩属于Ⅴ级,根据上表的建议值并结合室内物理力学实验结果,进行参数选取,如表 6-6-2 所示。

表 6-6-2 数值模拟岩体参数

弹性模量 /GPa	泊松比	黏聚力 /MPa	内摩擦角 /(°)	抗拉强度 /MPa	密度 /(g·cm³)
2	0.4	0.2	27	0.1	2

6.7 全断面开挖工法数值分析研究

为了研究当前地质条件下全断面开挖工法的围岩力学响应,并将其计算结果同相同围岩条件下分台阶开挖工法进行对比,展开数值计算。隧道剖面根据《新华隧道Ⅴ级特设衬砌设计图》进行建模。针对第一断面(DK556+946)进行最大主应力的监测,并将该断面距离开挖掌子面不同距离时的最大主应力云图绘制在图 6-7-1 中。从图中可以很明显地看出,在未进行该断面开挖时,最大主应力只有 0.94MPa,当对该断面进行开挖时,最大主应力突变到 1.38MPa,但在随后的开挖过程中最大主应力仅增加到 1.70MPa,就基本稳定下来。说明开挖造成围岩的应力重分布在开挖前期就很明显。这也就要求在隧道断面爆破出来后要进行及时的出渣、并施作初支,避免裸露岩体长时间处于无支护的状态。

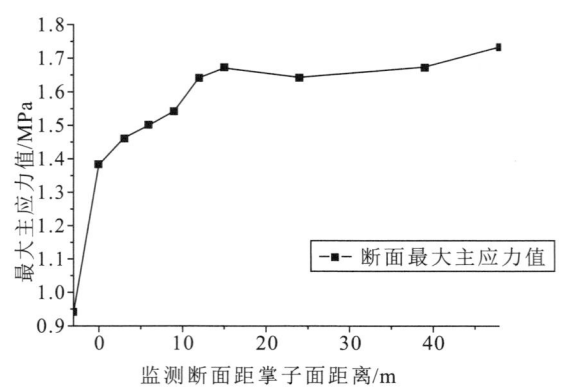

图 6-7-1　最大主应力值随掌子面距离变化曲线

6.8　围岩应力对比分析

根据不同施工方法开挖计算的最大主应力云图可以分析出:无论是在何种工况下,在开挖台阶的左右侧拱脚出现的明显应力集中区域,最大应力大致在 1.6~2MPa,远小于岩石的极限抗压强度。且由于该隧道断面存在一定的偏压的情况,使得应力集中区域在断面左侧较右侧明显。在拱顶和台阶面处很明显发现等值线弯曲的梯度变化情况,说明该区域为隧道开挖的主要扰动区域,顶部和底部有应力释放现象,这也是偏压隧道施工中的薄弱环节,容易出现失稳,应充分保证初支的施作质量。

采用不同开挖方式的应力场最终计算结果大致相同,也就说毛洞开挖时最终应力场只与开挖的最终洞形有关,而与采用分台阶开挖还是全断面开挖并无关系。

6.8.1　围岩位移对比分析

为了定量分析不同开挖方式下围岩的变形规律,对 4 个断面的拱顶沉降进行了变形监测,最后得出位移曲线呈现出台阶状,这反映出每一次掌子面的开挖对于监测断面围岩造成的扰动。位移曲线大致分为 3 个阶段,第一阶段,开挖掌子面还未到监测断面时,监测点会发生一定程度的变形,但是变形值和变形速率较小,这反映出已开挖的隧道部分对于前方未开挖岩体的扰动情况。第二阶段,当掌子面达到监测断面时,位移曲线会发生很明显的上升段,即此时也是实际监控量测的位移曲线起点。从曲线中可以看出,随着掌子面向前开挖,位移变化速度呈递减的趋势,但位移绝对值是持续增加的。第三阶段,当掌子面距离监测断面一定距离后,位移基本稳定下来,反映出围岩的自稳特性。拱顶的沉降量最大值为7.3mm,从4个断面的数据看来,随着掌子面向前开挖,隧道的埋深增加,拱顶的位移也呈现增大趋势。

6.8.2 塑性区对比分析

隧道在只进行毛洞开挖的情况下,塑性区半径大致在5m的范围内,该部分岩体可能会发生破坏失稳。从第一断面到第四断面,隧道的埋深是逐渐增加的,从塑性区单元体数量也可以看出,塑性区范围是逐渐增大的(表6-8-1)。

表6-8-1 全断面法下塑性区半径统计表

塑性区半径/m	断面			
	1	2	3	4
全断面法	3.68	3.9	5.04	4.09

6.9 全断面隧道开挖稳定性评价

Ⅳ级段的地质条件下,建议循环进尺在3m以内,同时二衬距掌子面的距离在达到90m时,支护结构仍有较大的安全度;类似Ⅴ级地质条件下,建议循环进尺在1.8m以内,同时二衬距掌子面的距离在达到90m时,支护结构仍有一定的安全度,可以适当增加掌子面距二衬的距离。

6.9.1 全断面开挖不同进尺岩体自稳性

为了研究新华隧道Ⅳ级围岩的施工单循环开挖进尺,本节利用上文所述方法,分别计算隧道单循环开挖1.0m、1.5m、2.0m、2.5m、3.0m、3.5m、4.0m以及4.5m的自稳系数,同时计算标准安全系数,将数据加以分析,得出最佳开挖进尺。岩土体参数取值选取本次岩体力学试验获取的最差数值,如表6-9-1所示。

表 6-9-1　隧道开挖进尺计算岩土体参数取值表

岩土体	容重/(g·cm^{-3})	弹性模量/GPa	泊松比	黏聚力/MPa	内摩擦角/(°)
碳质千枚岩	2.15	3.16	0.325	0.814	22.13

本次将计算 1.0～4.5m 开挖情况下隧洞的自稳系数以及破碎围岩标准安全系数,一共16 种工况模型,计算曲线如图 6-9-1～图 6-9-17 所示。

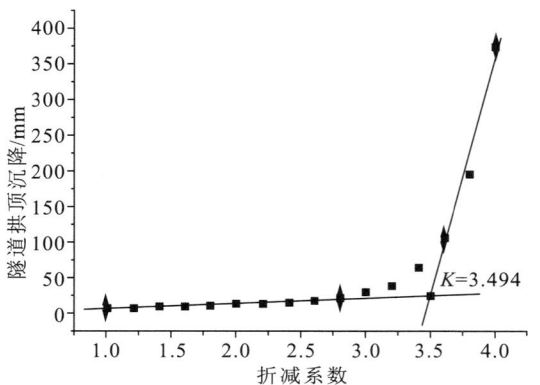

图 6-9-1　1.0m 开挖隧洞自稳系数

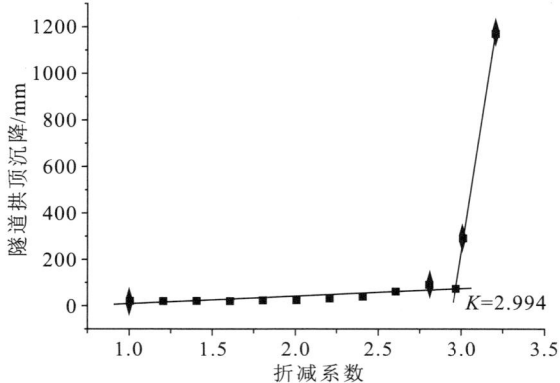

图 6-9-2　较为破碎围岩 1.0m 开挖隧洞标准安全系数

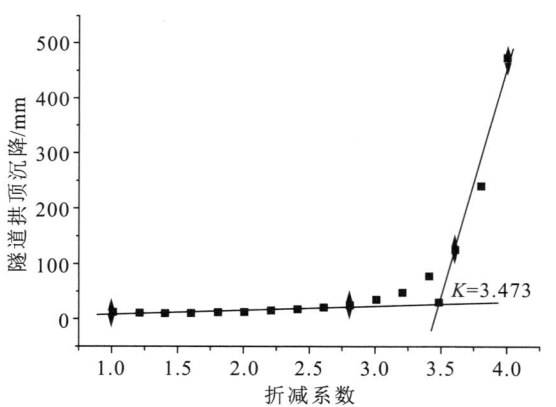

图 6-9-3　1.5m 开挖隧洞自稳系数

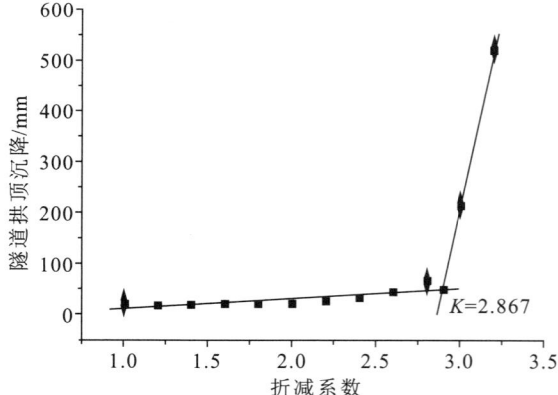

图 6-9-4　较为破碎围岩 1.5m 开挖隧洞标准安全系数

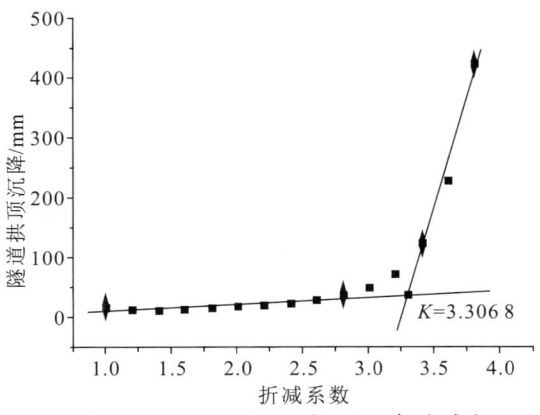

图 6-9-5　2.0m 开挖隧洞自稳系数

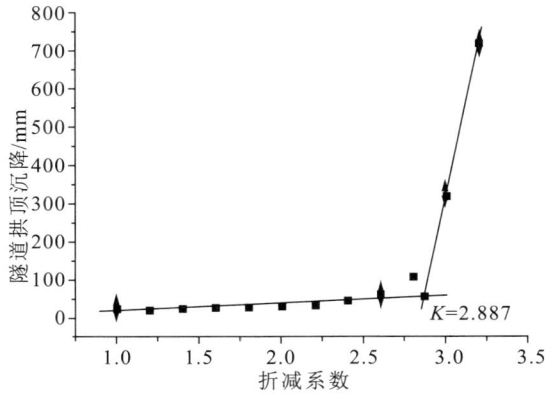

图 6-9-6　较为破碎围岩 2.0m 开挖隧洞标准安全系数

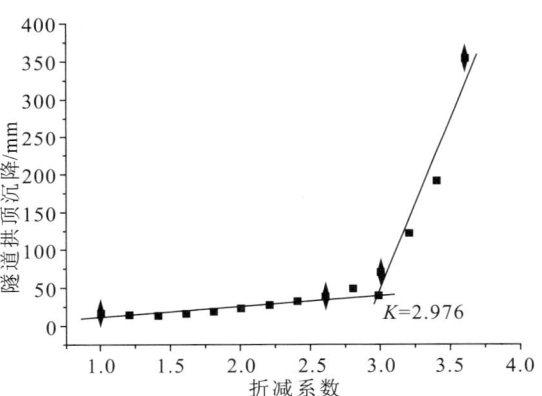

图 6-9-7　2.5m 开挖隧洞自稳系数

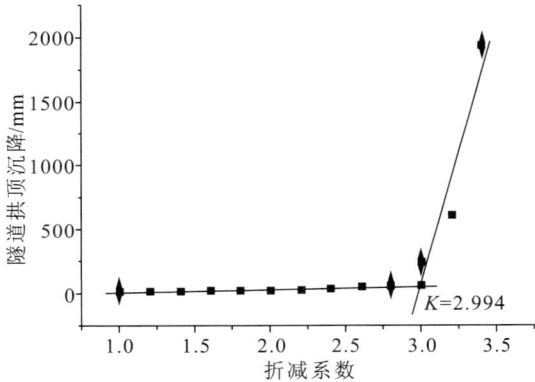

图 6-9-8　较为破碎围岩 2.5m 开挖隧洞标准安全系数

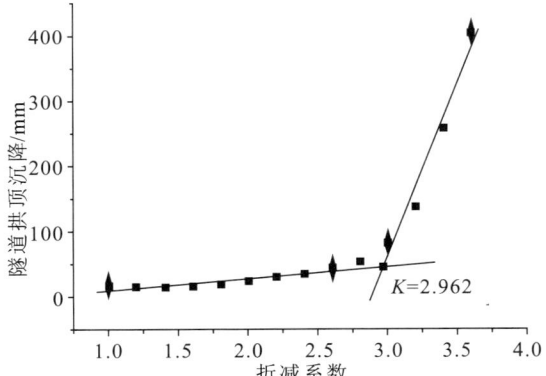

图 6-9-9　3.0m 开挖隧洞自稳系数

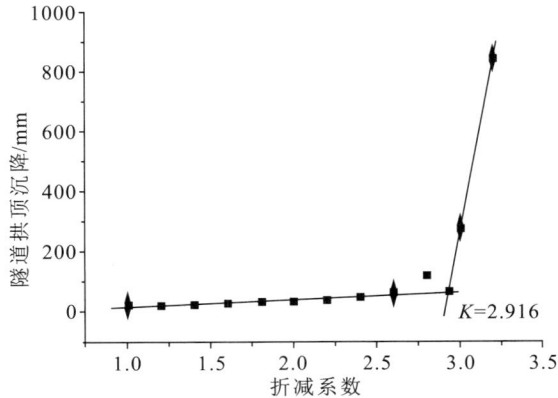

图 6-9-10　较为破碎围岩 3.0m 开挖隧洞标准安全系数

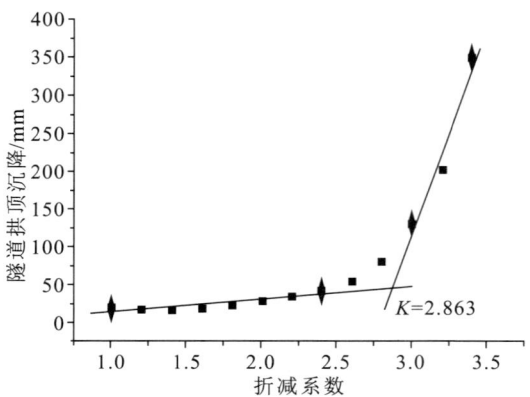

图6-9-11　3.5m开挖隧洞自稳系数

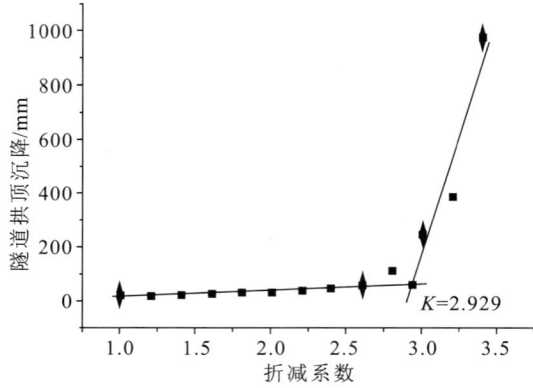

图6-9-12　较为破碎围岩3.5m开挖隧洞标准安全系数

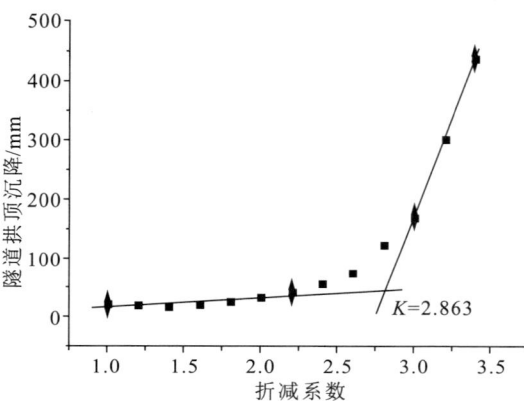

图6-9-13　4.0m开挖隧洞自稳系数

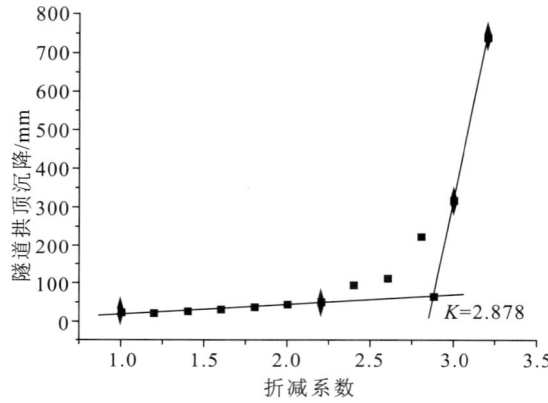

图6-9-14　较为破碎围岩4.0m开挖隧洞标准安全系数

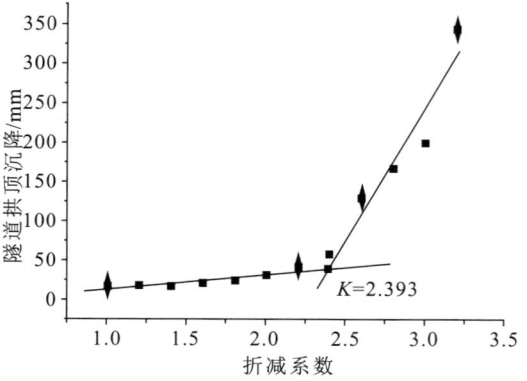

图6-9-15　4.5m开挖隧洞自稳系数

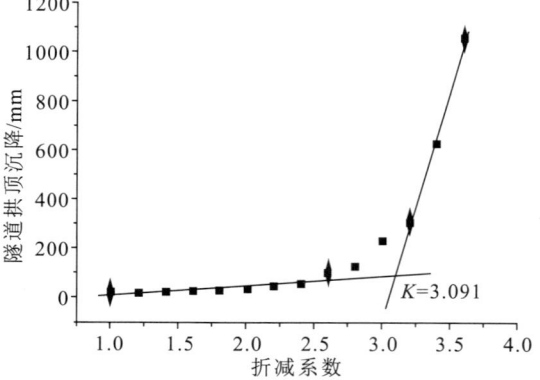

图6-9-16　较为破碎围岩4.5m开挖隧洞标准安全系数

6 软弱破碎围岩智能全断面施工技术

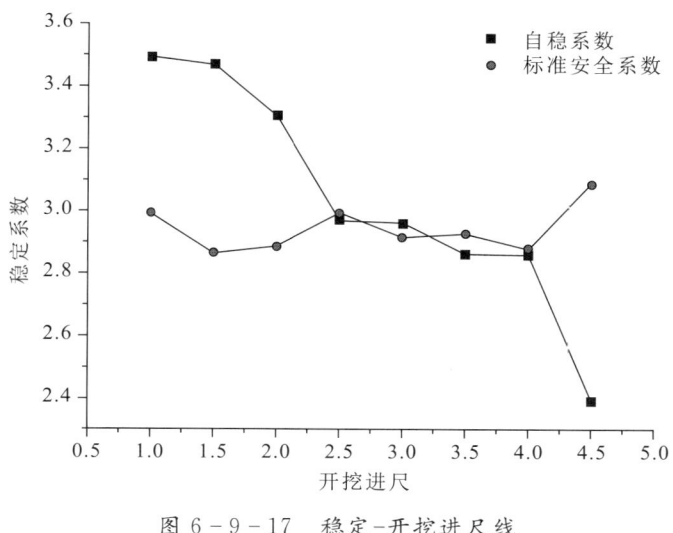

图 6-9-17 稳定-开挖进尺线

通过图表分析,在不采取任何支护的情况下,隧道的自稳性随着开挖进尺的增大而逐渐减小,这说明隧道的自稳性随着开挖进尺的加深而变弱,而采取较为破碎的围岩为最低支护后,隧道的标准安全系数随着隧道开挖进尺的加深没有任何太大的变化,但标准安全系数整体在 2.8~3.1 之间徘徊。以隧道的自稳系数、标准安全系数为纵坐标,开挖进尺为横坐标,当隧道开挖进尺在 1.0m、1.5m 以及 2.0m 时,隧道的自稳系数是大于隧道在较为破碎围岩最低支护情况下的标准安全系数的,这说明当采取 1.0m、1.5m 以及 2.0m 单循环进尺开挖时,隧道是能够满足自稳需求的;当隧道开挖进尺在 2.5m、3.0m、3.5m 以及 4.0m 时,隧道的自稳系数与标准安全系数值较为相近,在开挖为 2.5m、3.5m 以及 4.0m 时,隧道的自稳系数小于标准安全系数,所以隧道不能在此种情况下满足自稳;而当开挖值达到 4.5m 时,隧道的自稳系数远远小于标准安全系数,不能满足自稳需求。当隧道开挖进尺在 1.0m、1.5m 以及 2.0m 时,隧道的自稳能够满足需求,而当开挖进尺达到 2.5~3.0m 时,隧道的自稳系数接近标准安全系数,隧道的自稳能力较差。综上所述,隧道的单循环开挖进尺应该控制在 2.5m 范围以内,以保证隧道施工安全。

6.9.2 施工效果评价

在隧道机械化施工过程中,根据隧道项目特点、施工方案、施工要求、管理模式的不同,所选择的机械设备也不同,施工配置也就不同,对隧道施工系统的运行状态、施工质量、施工进度等影响的结果也不同,从施工作业环境、作业安全性、施工质量和施工效率 4 个方面进行对比分析。

6.9.2.1 施工作业环境

相同断面隧道开挖若采用常规人工钻爆法施工,需配置风钻数量多达30把,钻机由空压机高压风作动力,开挖面空气污染大,同时作业风钻会产生高分贝噪声,对持钻工人身体健康极为不利,施工环境如图6-9-18所示。电脑三臂凿岩台车开挖采用电力作为动力,开挖面空气污染极小,噪声较小,大大降低了作业环境对作业人员的伤害,施工环境如图6-9-19所示。

图6-9-18 人工钻爆法施工环境

图6-9-19 机械化施工环境

现场采用混凝土湿喷机械手进行初期支护作业,隧道内掌子面粉尘浓度较低,整个作业区域空气质量较好,有效地改善了施工作业环境,满足职业健康安全要求。

6.9.2.2 作业安全性

采用人工风钻开挖,司钻人员离掌子面很近,如果隧道掌子面岩层自稳性较差,易造成人员伤害。采用电脑三臂凿岩台车开挖,操作人员在封闭的驾驶室,离掌子面有十几米远,处于初期支护封闭区,大大提高了作业安全性。另外,凿岩台车的多功能升降吊篮能配合测量放样和装药等作业,相对于普通开挖作业台架灵活多用,更利于作业安全性。混凝土湿喷机械手有一个可以伸缩和旋转的液压臂架,采用无线电遥控器操作,操作人员可以站在已经初期支护完成的安全地带控制设备运转,从而施工安全性有很大提高。湿喷机械手采用三臂伸缩使喷头贴近掌子面进行喷射施工,设备本身在已经初期支护完成的部位,即使掌子面出现塌方掉顶,也不会威胁到设备本身。在隧道施工爆破后,凿除危矸松石,接着可以用压缩风和水对爆破后的围岩进行冲洗,清除浮尘,随后即可对爆破后的围岩进行初喷,及时对掌子面围岩进行封闭,减少围岩暴露时间,增强施工安全性。

自从采用该喷射机械手进行初期支护施工后,未发生工伤事故。传统的混凝土喷射机进行喷浆作业时必须待渣土清除干净,工作台架移动到需要喷射的作业面下方,由操作人员站在台架上手持喷头实施喷射,此时操作人员的劳动强度较大,施工安全存在极大隐患。采用混凝土喷射机械手可以完全避免以上隐患,能有效保障施工人员的安全和健康。

6.9.2.3 施工质量

施工质量主要从隧道开挖的施工工序进行分析。

1)钻爆

为保证隧道光面爆破效果,隧道钻爆图的设计及优化至关重要。加强型机械化施工操作手可以根据钻爆设计图孔位施钻,并及时给工程技术人员反馈开挖效果,以便对钻爆设计进行优化,从而达到光面爆破及降低炸药单耗的效果。辅助眼钻孔时,根据掌子面围岩坚硬程度、岩层产状等适当调整钻爆设计图炮眼间距及角度。操作手根据电脑钻爆图适时钻孔,个别孔人工可干预微调钻孔,可以有效地控制超欠挖(利用凿岩台车轮廓扫描仪测量爆破后的超欠挖)情况,做到光面爆破,减少出渣和回填方量,减少衬砌混凝土的消耗,省工、省时、省料。超欠挖扫描见图 6-9-20,爆破效果见图 6-9-21。

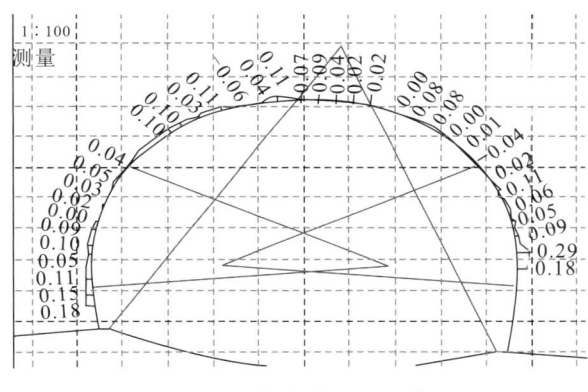

图 6-9-20 超欠挖扫描(单位:m)

普通型机械化施工虽然是根据钻爆图设计进行全站仪定位,人工装药进行爆破,但爆破后超欠挖数据测量费时费力且误差较大,不能及时优化钻爆设计,从而限制了隧道施工质量。

2)喷射混凝土

混凝土湿喷机械手配备液态添加剂自动计量装置,能够精确添加速凝剂,电子程序能自动对混凝土和速凝剂流量同步控制,保证速凝剂最优掺量;机械手可以保证喷射角度和距离,避免人工喷射的盲区,加之机械手喷射流量稳定、速度匀速,并能实现现场连续湿喷,湿喷混凝土表面平整度较好,初期支护混凝土强度高、整体性强、密实度好。湿喷机械手的喷射效率为 $7\sim25\mathrm{m}^3/\mathrm{h}$,平均为 $18\mathrm{m}^3/\mathrm{h}$,喷射前的设备准备时间短,可缩短作业循环时间,且快速封闭岩面会有效约束岩层变形的发展,改善围岩受力状态,增强围岩稳定性。湿喷机械手现场施工见图 6-9-22。

图 6-9-21 爆破效果图　　　　图 6-9-22 湿喷机械手现场施工

3)施工效率

施工效率主要是对施工单循环开挖时间以及月进尺进行分析对比。全断面加强型、普通型机械化配套工序耗时见表 6-9-2 和图 6-9-23。

表 6-9-2　全断面加强型与普通型机械化单位进尺耗时表

开挖方式	各工序单位进尺耗时/h					单位进尺耗时/h
	钻孔	装药爆破	出渣	锚杆施作	喷射混凝土	
全断面加强型机械化	0.5	0.5	1	0.5	1.3	4.8
普通型机械化	0.8	0.5	1.2	1	1.8	6.8

由表 6-9-2 和图 6-9-23 可知,全断面加强型机械化施工单位进尺(指隧道 1m 进尺)各工序总耗时减少 30% 左右,极大地提高了施工效率。全断面加强型、普通型机械化配套月进度对比见表 6-9-3。

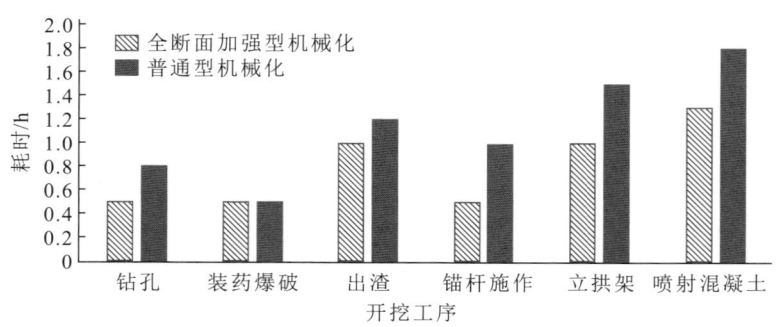

图 6-9-23　全断面加强型与普通型机械化单位进尺耗时对比图

表 6-9-3　全断面加强型、普通型机械化配套月进度对比

施工内容		施工进度/m		备注
		全断面加强型机械化	普通型机械化	
隧道开挖	Ⅱ级围岩	280	180	全断面施工
	Ⅲ级围岩	210	160	全断面施工
	Ⅳ级围岩	130	80	加强型机械化采用全断面施工法,普通型机械化采用上下台阶法短进尺施工
	Ⅴ级围岩	100	40	加强型机械化采用全断面短进尺施工法,普通型机械化采用三台阶法短进尺施工

6.9.3　施工设备配套技术经济性分析

6.9.3.1　施工设备最小总成本模型

在隧道施工中,对设备配置方案的基本要求是选择能够满足生产要求而在经济上最合理的组合。在确定最优施工方案时,基本的优化准则是完成单位产量的生产成本最低。建立设备配置模型时,应能反映施工工艺和经济性要求两个方面的内容。

资源分配中广泛应用线性规划模型,机械化施工计算中的基本问题是将机械设备资源在各作业阶段中如何进行优化配置,从而使总作业成本最小。最优配置下的最小总成本配置模型如式(6-9-1)所示。

$$\begin{cases} \min F(x) = \sum_{i=1}^{m}\sum_{j=1}^{n} C_{ij} \cdot x_{ij} \\ \sum_{i=1}^{m} x_{ij} Q_{ij} \geqslant V_j, j=1,2,\cdots,n \\ \sum_{j=1}^{n} x_{ij} \leqslant \varphi_i, i=1,2,\cdots,m \\ x_{ij} \geqslant 0 \end{cases} \quad (6-9-1)$$

式中,$F(x)$ 为机械作业总成本;C_{ij} 为第 i 机组在第 j 作业段上的单位小时作业成本;x_{ij} 为第 i 机组在第 j 作业段上的工作小时数;Q_{ij} 为第 i 机组在第 j 作业段上小时生产率;V_j 为第 j 作业段的总工程量;φ_i 为第 i 机组的预计进度总工作时间。

6.9.3.2　技术经济指标评价

基于三臂凿岩台车的隧道施工设备配套的技术经济效果,应由技术经济效益评价指标

体系评价。根据技术经济学原理,技术经济效益指标体系按照评价内容分为五级,即第一级用于评价机械效率、机群运用方法及方案的单位产量折算费用指标;第二级用于评价生产组织方法、水平的单位费用指标;第三级用于同类型机械的比较、机械产量定额、机组的协调和机械使用费用指标;第四级用于评价施工图、施工方案的局部效率、合理工作量和资源的节约情况的单项指标;第五级用于评价机械个别参数及工况的合理选择,检验工作参数与作业条件的适应性指标。其中第一级指标称作单位产量折算费用,位于评价指标体系的最高一级,是技术经济效益的总体评价指标。可用于评价机群运用方法、效率以及机械化方案分析比较等。计算式见式(6-9-2)。

$$C_y = C_e + E_H \times K_y \tag{6-9-2}$$

式中,C_y 为单位产量折算费用,如元/m³、元/t、元/m 等;C_e 为机械单位产量费用,如元/m³、元/t、元/m 等;K_y 为单位产量投资系数,如元/m³、元/t、元/m 等;E_H 为投资效果系数,投资回收期的倒数。

机械技术经济效益优化的准则是 C_y 趋于无穷小。

6.9.3.3 依托工程经济效益分析评价

以依托工程高家坪隧道施工为例,进行经济效益分析评价。将项目采用的三臂凿岩台车设备配套与传统的风动凿岩机设备配套进行比较。

根据隧道施工设备配套技术经济评价指标,利用第一级指标对单位产量折算费用进行经济效益对比。

1)风动凿岩机隧道钻爆费用计算

(1)使用设备:螺杆式空压机 JN110-24/8-Ⅱ,额定功率为 110kW,每分钟产气量为 24m³;凿岩风钻 YT-28,额定每分钟耗气量约为 4.5m³/min。为了完成与三臂凿岩台车相同的工作量需要 8 台凿岩风钻,2 台 24m³ 空压机及相应的配套设备。

(2)设备费:8 台风钻耗气量 8×4.2=33.6(m³/min),2 台 24m³ 空压机电量为 110×2=220(kW/h);设备摊销费用 188 元。

(3)人工费用:为了与三臂凿岩台车具有相同的施工进度,8 台风钻需要同时工作,每台钻眼数 15 个(8 台风钻钻眼 123 个);经实测钻一个 3m 深的孔约需 12min,钻 123 个眼共耗时约 3h;需 24 个工时,按 60 元/h 计算,人工费用 1440 元。为了便于比较,换算成掘进每米的单位产量费用,见下式:

$$C_e = \frac{C_1 + C_2 + C_3}{D} \tag{6-9-3}$$

式中,C_1 为人工费(元);C_2 为设备摊销费(元);C_3 为耗电量费(元);D 为掘进量(m)。

$C_e = (1440 + 188 + 3 \times 220 \times 0.65)/(3 \times 123) = 5.57(元/m)$

每台风钻购置费 3 000 元,8 台风钻费用 24 000 元;按每年工作 300 天,每天工作 6 个小时计算有效工作时间 1 800h;8 台风钻 12min 时间钻 3m 深的孔表明小时生产率 120m/h;投资效果系数 E_H 取 0.15(投资回收期的倒数,按 6.5a 计算)。根据上述已知条件和式(6-9-1)

得到换算成单孔每米的费用,见下式:

$$C_y = C_e + E_H K_y = 5.57 + \frac{0.15 \times 24\,000}{120 \times 1\,800} = 5.6(元) \quad (6-9-4)$$

2) 三臂凿岩台车钻爆费用计算

(1) 设备:阿特拉斯三臂凿岩台车,钻孔速度每分钟约为1.5m。

(2) 设备费:设备整机功率158kW,钻3m深孔需要工作2min,耗电量为316kW。设备摊销费用为834元。

(3) 人工费用:钻机配备操作人员2名;每个钻臂钻眼数量为123/2≈62个,每个炮眼平均耗时3/1.5=2min,上台阶钻眼共耗时62×2/60≈2h;人工工资约为240元。

每掘进1m的单位产量费用计算如下:

$C_e = (240+834+316\times0.65)/(3\times123) = 3.50(元/m)$

若凿岩台车购置费500万元;每天工作4个小时,每年工作300天;钻一个3m深的孔约需2min,双臂小时生产率180m/h;投资效果系数E_H取0.08(投资回收期的倒数,按12a计算)。

由上述已知条件,根据式(6-9-5)得到换算成单孔每米的费用:

$$E = 10^3 \frac{P}{f} \quad (6-9-5)$$

见下式:

$$C_y = C_e + E_H K_y = 3.5 + \frac{0.1 \times 500\,000}{180 \times 1\,200} = 3.8(元) \quad (6-9-6)$$

由以上数据可以看出,基于三臂凿岩台车的隧道设备匹配有效的提高了工作效率,节约了施工成本,带来了显著的经济效益。

6.10 本章小结

1) 确定了智能全断面机械化施工工艺参数

开挖施工工法:形成了两种主要工法,即全断面法和微台阶法。全断面法即含仰拱1次全环开挖,开挖完成后初期支护立即闭合成环;微台阶法分上下台阶、仰拱2次开挖,2次支护。全断面法施工工序为采用掌子面1次钻眼爆破,全环1次支护,初期支护及时封闭成环。

循环进尺:通过对郑万高铁隧道各工区不同围岩级别、施工工法开挖循环进尺与稳定性之间的相关性统计分析,给出了各工况条件下适用的合理开挖循环进尺,全断面Ⅳ级围岩开挖循环进尺4m/循环,Ⅴ级3m/循环。

安全步距:目前规范规定的安全步距(初期支护封闭安全步距Ⅳ、Ⅴ、Ⅵ级围岩不得大于

35m;二次衬砌安全步距Ⅳ级围岩不得大于90m,Ⅴ、Ⅵ级围岩不得大于70m)已难以满足隧道机械化配套快速施工作业要求,综合考虑隧道初期支护的安全性、爆破影响范围、施工组织及大型机械摆放等因素,确定初期支护安全步距为70m。综合考虑隧道初期支护以及二次衬砌的安全性、爆破影响范围、施工组织及大型机械摆放等因素,确定二次衬砌安全步距为200m。

2)建立了智能信息化管理模式和管理平台

通过BIM技术,实现了铁路工程的结构分解,为项目管理提供了最小化、标准化、格式化的过程控制单元,将过程控制单元与质量检验批、形象进度、验工计价、安全风险等数据关联,实施工程质量、安全、进度的智能过程控制,把传统的结果管理推向了过程控制,并结合物联网、互联网技术、BIM技术,实现了铁路工程建设项目的数字化、可视化、流程化、标准化管理。

开发了建立了隧道信息化管理模块,通过物联网、互联网实现隧道超前地质预报、围岩变形量测、超欠挖分析、支护参数确定、进度计划编制、施工过程记录等数据信息的采集、分析与应用来实现隧道风险管控。

3)建立了全断面施工模式的围岩稳定性和技术经济型进行了评价体系

通过建立数学模型,结合现场实测数据,对全断面法拱腰、拱顶(受压)区各种工况下57个初期支护监测断面数据结果分析可知,锚杆最大轴力为58.06kN,钢架最大应力为107.05MPa,初期支护最小安全系数为2.26,均满足规范要求,表明初期支护整体处于安全状态。基于技术经济学原理,分析计算了基于三臂液压凿岩作业施工设备配套的技术经济性,表明技术可行,经济合理;利用第一级指标对单位产量折算费用进行经济分析评价,表明基于全断面的隧道设备匹配技术提高了工作效率,降低了隧道施工成本,可节省建设投资成本。

7 创新点

(1) 发展了以三维深度精测和高通量数据分析的动水软弱破碎地质高精度测算理论。首创了岩溶发育隧道探水计算采用 JPCG 法，准确分解优化修正式 $M=LDL^T$，通过非线性降维分解三维地震波场外推的隐式二阶差分方程，误差阵实现非零元高阶小量，实现三角矩阵 L 去除稀疏性。研究表明：JPCG 法通过引入预条件矩阵 M 达到了降低系数矩阵条件数的目的，有效地加速了收敛，求解速度要远高于 Cholesky 分解法，测算同一区域，由迭代 10 次、耗时 160min 减少到迭代 7 次、耗时 8.7min，速度提高 18.5%，精度提高 65%。实现对岩溶地质破坏地震波成像过程中波场外推的有限差分和实现动水软弱破碎地质含水量的精准测算。

(2) 建立了基于强高压注浆和新型脲醛树脂注浆料的动水破碎地质处治技术体系。研发了脲醛树脂新模式，采用脲醛树脂正交试验对管道和裂隙封堵进行现场监测实验，得到多个测点的浆液扩散与封堵过程波形，对裂隙压力场波动曲线进行分析，得到绕流及压力场波动特征。基于上述现场实验监测结果，提出了一种采用脲醛树脂注浆料，在强高压注浆动水压力下，软弱破碎围岩的处治方法。具体为环向加固范围为开挖轮廓线外 5m，浆液扩散半径 2m，注浆速度 10~90L/min，注浆终压 4~6MPa，前进式注浆，采取分序跳孔注浆，先对外圈孔注浆，然后逐步注内圈孔，采取约束-发散型注浆，定量-定压相结合完成加固。该技术实现了动水压力下隧道大循环施工，有效地提高了围岩强度，确保了软弱破碎围岩全断面施工的安全。

(3) 揭示了以围岩受力和法向摩擦为核心的预应力锚杆锚固加固软弱破碎围岩机理。采用基于弹塑性平衡分离的 Winkler 试验技术，研究了应力集中、岩体强度、托盘对锚杆受力的破坏力学特性。结合试件的应力时程曲线、应力场分布和实测实量测试结果，发现：①锚杆支护区域应力越集中，锚杆横向弯曲的程度越大，锚杆弯拉受力越明显；②锚杆在隧道对角线方向发生横向弯曲变形程度最大；③拱肩处锚杆受到轴向拉伸和横向弯曲的弯拉综合作用最大。根据以上机理，在隧道拱顶和两帮处采用轴向拉伸锚杆，拱肩和底角处采用受到轴向拉伸和横向弯曲锚杆，能有效降低围岩的应力峰值，减少了围岩的损伤破坏。

(4) 创立了预施加预应力和板结锚固的新型 DCP、YE 预应力锚杆加固软弱破碎围岩的防塌新模式。研制了一种可施加预应力的 DCP、YE 锚杆，用于对软弱破碎围岩的现场深度加固，保证了围岩的高效稳定；进行了基于机械化施工的 DCP、YE 预应力锚杆加固围岩技术现场工业试验。DCP、YE 锚杆比普通砂浆锚杆的优点为：①轴力值提升了 1.6~2.4 倍；②应力拱范围提高了 4 倍；③普通砂浆锚杆施工循环施工时间约为 7.25h。平均单根锚杆施工时间约为 25min，DCP、YE 平均每个循环时间为 5.75h，单根锚杆平均作业时间 6.7min（钻孔时间1.8min,锚杆安装2min,施加张拉力1.2min,注浆1.7min),工效提高了20.69%。实现快速成拱,快速注浆,有效提高了加固效果,保证隧道围岩支护结构的安全。

(5)创立了从突发识别和精确预警的智能超前地质预报预警体系(PMS)和平台。采用地质物探超前钻孔组合的方法,优化了各种超前地质预报方法相叠加的预报结果,同时也消除了单一物探方法带来的多解性误差。实现了隧道可视化、数字化管理,将空间数据与属性数据相结合,对地质预报、综合结论、风险预警、预报计划、设计围岩管理、设计不良地质等信息进行录入,对完成率和地质探测信息等进行统计,并对各工点延误/临近情况进行预警。为地质预报者、施工管理者和施工人员提供了可交互的操作平台,提高了预报数据管理效率,为近接隧道施工提供了资料。在施工过程中,施工人员要根据施工揭示情况随时动态调整施工方案,并与地质预报人员进行信息交互。与人工填报相比效率提高了65%,预警精准度提高了51%,实现了高精度含水软弱破碎地质预警,防止了施工过程中突水突泥险情发生,有效地降低了施工风险。

(6)建立了深度提高围岩级别和智能数据互流的软弱破碎围岩全断面机械化智能施工技术。基于微台阶、带仰拱和全断面3种开挖模式实车试验,提出了一种适用于大直径软弱破碎围岩隧道全断面($>170m^2$)智能施工技术。具体为:①基于三臂凿岩台车、锚杆台车、湿喷机械手的智能玻璃纤维注浆锚杆(GFRP)+$\phi 51mm$、$\phi 60mm$、$\phi 76mm$、$\phi 89mm$、$\phi 108mm \times 10mm$自进式中管棚、超前支护加固工作面。②通过传统的超前地质预报结合三臂凿岩台车3D扫描软件及地质分析软件对上循环开挖断面超欠挖情况及前方围岩情况进行综合分析,导航-分析器自动定位,钻爆设计图自动导入找点及钻孔根据布置好的钻孔参数自动钻孔;对位置、孔位、角度、深度等自动控制。③湿喷机械手自动输入开挖和设计初支断面,喷头距岩面的距离最佳为0.8~1.2m,"S"形曲线移喷射,连续的混凝土"稀薄流"对反弹物二次嵌入工艺。④采用隧道智能建造数据流的交互模式,制定了数据在装备与装备、装备与环境、装备与围岩之间的交互与衔接流程,设备间采用多对多通信模式实现数据交互。实现全断面快速施工和预警功能的智能建造,保证了隧道施工的安全。

(7)开发了软弱破碎围岩隧道掘进爆破推理系统和爆破图表绘制系统的智能设计系统。建立了隧道掘进爆破方案的智能设计系统,涵盖掘进爆破推理系统和爆破图表绘制系统。基于专家经验和典型爆破案例的专家系统知识库;采用Microsoft Visual Studio 和.net Framework工具平台,开发了适用于基岩、软弱围岩和岩溶区三种地质特性的掘进爆破参数推理系统。基于CAD二次开发技术,采用ObjectARX和VC++语言,开发了与爆破推理模块相互独立的爆破图表绘制模块,既可以直接将推理模块的推理结果导入绘图系统,由系统自动生成爆破图表,也可以单独使用绘图模块完成立井爆破图表的绘制,且可以绘制多种掏槽(一阶、二阶)爆破图表,满足了用户多方面的要求。掘进爆破参数推理系统和爆破图表绘制系统两个模块构成了整个爆破智能设计系统,实现了炮眼布置、装药量确定等爆破参数的智能设计和绘制。

(8)建立了全断面施工模式的围岩稳定性和技术经济性评价体系。基于应力分布和沉降数据建立数学模型,结合现场实测数据,对全断面法拱腰、拱顶(受压)区各种工况下57个初期支护监测断面数据结果分析可知,锚杆最大轴力为58.06kN,钢架最大应力为107.05MPa,初期支护最小安全系数为2.26,均满足规范要求,表明初期支护整体处于安全状态。基于技术经济学原理,本书分析计算了基于三臂液压凿岩作业施工设备配套的技术经济性,表明技术可行,经济合理;利用第一级指标对单位产量折算费用进行经济分析评价。基于全断面的隧道设备匹配技术效率提高了43%,隧道施工成本降低了26%,大大节省建设投资。

主要参考文献

鲍榴,2014.铁路隧道施工围岩监测信息化平台研究与实现[D].北京:中国铁道科学研究院.

常艄东,1999.管棚法超前预支护作用机理的研究[D].成都:西南交通大学.

陈进,1988.岩体结构渐进破坏的理论与实践[D].徐州:中国矿业大学.

陈潇,2010.象山隧道F_{15}断层施工方案分析[J].山西建筑,36(17):298-299.

陈振兴,2016.基于信息化动态控制的隧道施工技术研究[D].石家庄:石家庄铁道大学.

迟云萍,2008.锚杆钻机顶驱双动力装置的研究[D].大庆:大庆石油学院.

邓应祥,2001.德国新迈茨干线铁路隧道工程概况[J].现代隧道技术(4):63.

杜国文,1998.小浪底工程多点位移计测值突变原因分析[J].东北水利水电(6):26-29.

杜强,2018.蒸汽养护台车在隧道二衬施工中的应用[J].建筑机械,17(5):81-83.

冯卫星,徐明新,2001.铁路隧道新奥法施工新实践[J].岩石力学与工程学报,20(4):524-526.

付国彬,1995.巷道围岩破裂范围与位移的新研究[J].煤炭学报,20(3):304-310.

高军,2018.郑万高铁隧道新型锚杆施工工艺性试验研究[J].铁道技术监督,46(1):34-37.

高秀娇,2011.虚拟网络映射问题研究[D].成都:电子科技大学.

关宝树,2003.隧道工程设计要点集[M].北京:人民交通出版社.

关宝树,2015.漫谈矿山法隧道技术第二讲喷射混凝土[J].隧道建设(中英文),35(12):1235-1242.

关宝树,2016.漫谈矿山法隧道技术第三讲——锚杆[J].隧道建设(中英文),36(1):1-11.

关宝树,2016.漫谈矿山法隧道技术第十讲——软弱围岩隧道中开挖断面早期闭合的施工技术[J].隧道建设(中英文),36(8):887-896.

郭福安,许兆义,2003.复杂地质条件下隧道施工超前预报信息化系统研究[J].西部探矿工程,15(9):84-86.

郭海,2009.水平深孔注浆技术在地铁盾构施工端头加固中的应用[J].隧道建设(中英文),29(S1):57-60.

郭密文,隋旺华,2010.高压环境条件下注浆模型试验系统设计[J].工程地质学报,18(5):720-724.

国家铁路局,2016.铁路路基设计规范:TB 10001—2016[S].北京:中国铁道出版社.

国家铁路局,2016.铁路隧道设计规范:TB 10003—2006[S].北京:中国铁道出版社.

何满潮,景海河,孙晓明,2002.软岩工程力学[M].北京:科学出版社.

姬海东,刘在政,张海涛,2018.新型带压浇筑隧道数字化衬砌台车研究与应用[J].隧道建设(中英文),38(8):134-140.

姜军,郭宝库,林毅,2019.自动布料带压浇筑智能衬砌台车施工技术研究[J].铁道建筑技术(2):18-23.

姜银周,申百囤,2018.大断面隧道加强型机械化施工管理及施工效果分析[J].隧道建设(中英文),38(8):84-91.

金强国,2018.郑万高铁隧道大型机械化施工支护优化[J].隧道建设(中英文),38(8):74-83.

琚国全,陈赤坤,曹彧,等,2011.中德高速铁路隧道技术标准对比分析研究[J].铁道标准设计(2):99-103.

李斌,漆泰岳,吴占瑞,等,2012.隧道掌子面锚杆加固参数确定方法[J].铁道学报,34(10):115-121.

李国维,高磊,黄志怀,等,2007.全长黏结玻璃纤维增强聚合物锚杆破坏机制拉拔模型试验[J].岩石力学与工程学报,26(8):1653-1663.

李明金,2008.建筑工程质量评价研究[D].南京:南京理工大学.

李鹏飞,赵勇,张顶立,等,2013.基于现场实测数据统计的隧道围岩压力分布规律研究[J].岩石力学与工程学报,32(7):1392-1399.

李鹏飞,周烨,伍冬,2013.隧道围岩压力计算方法及其适用范围[J].中国铁道科学,34(6):55-60.

李书兵,2018.软弱围岩隧道机械化全断面爆破开挖初期支护受力特性研究[J].隧道建设(中英文),38(8):43-52.

李淑英,2016.大型企业数据中心网络设计与应用[J].山东冶金,38(1):54-55,60.

李双将,2019.隧道12m防水板钢筋自动化安装一体台车施工技术研究[J].铁道建筑技术(2):24-28.

李涛,仇文革,李斌,等,2016.基于物联网及云计算的隧道掌子面地质信息管理研究[J].现代隧道技术,53(6):18-24.

李天斌,孟陆波,朱劲,等,2009.隧道超前地质预报综合分析方法[J].岩石力学与工程学报,28(12):2429-2436.

李洋,马留闯,王峰,2018.古夫隧道软弱围岩普通型机械化配套试验性施工技术[J].隧道建设(中英文),38(8):121-128.

林毅,王立军,姜军,2018.郑万高铁隧道施工大型机械化配套及信息化应用探索[J].隧道建设(中英文),38(8):1361-1370.

刘大刚,姚萌,张霄,2018.郑万高铁大断面岩质隧道掌子面稳定性评价及控制措施[J].隧道建设(中英文),38(8):1311-1315.

刘东,商力,1993.挪威掘进法的几种主要支护方式[J].世界采矿快报(12):8-9.

刘江,王军,徐腾辉,2018.涨壳式预应力中空锚杆在机械化开挖大断面隧道中的施工应用研究[J].隧道建设(中英文),38(A02):324-329.

刘向,2018.水压爆破技术在隧道施工中的应用及控制要点[J].交通世界(23):142-144.

刘学增,叶康,2011.山岭公路隧道围岩压力统计规律分析[J].岩土工程学报,33(6):890.

刘颖浩,袁勇,2010.全螺纹 CFRP 黏结型锚杆锚固性能试验研究[J].岩石力学与工程学报,29(2):394-400.

柳厚祥,方风华,2006.预埋式多点位移计现场确定围岩松动圈的方法研究[J].矿冶工程,26(1):1-4.

陆雪峰,2011.锚杆支护作业平台的设计与仿真研究[D].济南:山东科技大学.

罗丹,2018.自行式仰拱栈桥应用工法[J].工程技术研究,3(14):43-44.

马利东,2009.优质高效锚固技术的研究与应用[D].长沙:中南大学.

乔春生,张清,1999.锚杆轴力分布与软弱岩体中隧道塑性区的关系[J].铁道学报,21(2):72-75.

申百囤,何安辉,张春光,2012.防水板超声波焊接技术在石林隧道的应用[J].铁道标准设计,6(10):69-72.

师晓权,2012.软弱围岩隧道掌子面稳定性控制及预加固技术研究[D].成都:西南交通大学.

师晓权,张志强,李化云,2011.软弱围岩隧道超前预加固技术试验研究[J].岩石力学与工程学报,30(9):1803-1809.

孙虹,2008.基于过程方法的工程项目设计质量管理研究[D].南京:南京理工大学.

台启民,2016.极不稳定隧道围岩超前破坏机制与安全性评价[D].北京:北京交通大学.

台启民,张顶立,房倩,等,2016.软弱破碎围岩隧道超前支护确定方法[J].岩石力学与工程学报,35(1):109-118.

谭信荣,2014.瓦斯隧道施工安全风险信息化管理技术研究[D].成都:西南交通大学.

田佳,李金鹏,2018.软弱围岩地层隧道大断面机械化施工工法应用[J].隧道建设(中英文),38(8):1350-1360.

田凯,2016.城市地铁隧道控制爆破技术研究——以贵阳地铁1号线为例[D].贵阳:贵州大学.

田文元,2005.轻型独立回转液压凿岩机的研究[D].沈阳:东北大学.

王更峰,2019.高速铁路隧道支护结构机械化施工技术[J].铁道建筑技术,7(2):121-126.

王梦恕,2010.中国隧道及地下工程修建技术[M].北京:人民交通出版社.

王明年,邓涛,于丽,2018.基于大断面高铁隧道的施工通风时间理论预测方法研究[J].隧道建设(中英文),38(8):29-35.

王明年,王志龙,张霄,等,2020.深埋隧道围岩形变压力计算方法研究[J].岩土工程学报,42(1):81-90.

王明年,赵思光,张霄,2018.郑万高铁大型机械化施工隧道位移控制基准研究[J].隧道建设(中英文),38(8):21-28.

王世涛,2018.G204公路莱阳改建段项目质量评价体系研究[D].青岛:青岛大学.

王同军,2018.智能铁路总体架构与发展展望[J].铁路计算机应用,27(7):1-8.

王同军,2020.我国铁路隧道建造方法沿革及智能建造技术体系与展望[J].中国铁路,5(3):1-11.

王延民,邓小知,2007.客运专线隧道衬砌质量控制[J].隧道建设(中英文),2(S2):410-413.

王毅才,2003.隧道工程[M].北京:人民交通出版社.

王志坚,2018.高速铁路隧道机械化修建技术创新与智能化建造展望——以郑万高速铁路湖北段为例[J].隧道建设(中英文),38(3):339-351.

王志坚,2018.郑万高铁隧道大断面机械化施工关键技术研究[J].隧道建设(中英文),38(8):7-20.

魏世恭,2019.隧道衬砌带模自注浆系统应用技术[J].建筑技术开发,46(14):132-134.

吴刚,董志强,徐博,等,2016.海洋环境下BFRP筋与混凝土黏结性能及基本锚固长度计算方法研究[J].土木工程学报,49(7):89-99.

吴海科,刘远明,2016.围岩压力中形变压力的影响因素[J].建筑技术开发,43(1):163-164.

吴强,2019.铁路施工企业加强项目责任成本管理的思路[J].财经界(学术版),3(13):53.

伍冬,2012.山岭隧道围岩压力计算方法及其适用性研究[D].北京:北京交通大学.

向治全,赵玉成,刘命元,等,2011,预应力锚杆锚固支护下巷道成拱的机理分析[J].煤矿安全,42(12):141-144.

肖广智,2008.加强铁路隧道机械化施工,保证隧道施工质量和安全[J].现代隧道技术(S1):15-19.

熊炎林,种玉配,齐燕军,等,2019.聚能爆破在隧道开挖成型控制中的仿真试验研究[J].爆破器材,48(4):54-59.

徐东赞,2014.对国内外锚杆钻机的研究[J].黑龙江科技信息,4(6):75.

徐锁庚,2014.软岩巷道底板液压钻机设计理论及关键技术研究[D].北京:中国矿业大学(北京).

许宏发,耿汉生,李朝甫,等,2013.破碎岩体注浆加固体强度估计[J].岩土工程学报,35(11):2018-2022.

薛江松,李金鹏,2018.高速铁路隧道仰拱全工序履带式栈桥设计与应用[J].隧道建设(中英文),38(8):1397-1404.

闫志刚,2018.极软弱破碎围岩门式系统挑顶技术研究[J].铁道建筑技术,4(2):38-40,92.

闫志刚,2018.浅埋软弱围岩隧道下穿岩堆体进洞施工技术[J].现代工业经济和信息化,8(2):66-67,83.

杨涅,刘大刚,王明年,等,2019.基于变形-结构法的隧道初期支护安全性评价研究[J].隧道建设(中英文),39(9):1445-1452.

杨寿昌,1986.喷射混凝土半湿喷工艺的由来、现状及展望[J].中国水利,8(12):22-23.

杨文龙,2018.XM1200三臂拱架台车在大断面软弱围岩隧道施工中的应用[J].隧道建设(中英文),38(A02):351-357.

杨学奇,杨涅,姚萌,2018.基于强度折减法和现场监控量测的大断面隧道开挖工法适用性研究[J].隧道建设(中英文),38(Z2):161-168.

于丽,蔡闽金,2018.郑万高铁隧道大型机械化配套全断面法施工围岩-支护结构相互作用力学特性研究[J].隧道建设(中英文),38(8):66-73.

于丽,王志龙,杨涅,2018.机械化施工大断面高铁隧道围岩压力测试及分布特征研究[J].隧道建设(中英文),38(8):1303-1310.

于丽,杨涅,吕城,等,2018.型钢混凝土钢架等效弹性模量研究[J].铁道建筑,58(9):42-45.

苑俊廷,林丽芳,席继红,等,2011.超前管棚支护在浅埋偏压黄土隧道施工中的应用[J].现代隧道技术,48(6):137-140.

曾满元,陈赤坤,赵东平,2010.中日铁路隧道工程技术标准对比分析研究[J].铁道标准设计,2(S1):27-32.

张党平,2019.浅埋隧道盖挖法与地表注浆固结暗挖法施工方案比选[J].建筑技术开发,5(2):121-126.

张顶立,陈立平,2016.隧道围岩的复合结构特性及其荷载效应[J].岩石力学与工程学报,35(3):456-469.

张顶立,孙振宇,2018.复杂隧道围岩结构稳定性及其控制[J].水力发电学报,37(2):1-11.

张华,2017.隧道衬砌逐层逐窗浇筑及带模注浆技术的应用[J].隧道建设(中英文),37(12):1607-1612.

张巧玲,2004.建设工程质量评价体系与机制研究[D].北京:清华大学.

赵国堂,2019.中国高速铁路通用建造技术研究及应用[J].铁道学报,41(1):87-100.

赵宏博,卢伟,2018.三臂凿岩台车在郑万高铁隧道软弱围岩施工中的应用[J].隧道建设(中英文),38(8):1342-1349.

赵宏博,杨成文,2018.高速铁路隧道二次衬砌钢筋施工预留沉落量分析[J].隧道建设(中英文),38(S2):84-88.

赵明华,毛韬,牛浩懿,等,2016.上硬下软地层盾构隧道开挖面极限支护力分析[J].湖南大学学报(自然科学版)(1):103-109.

赵勇,田四明,孙毅,2017.中国高速铁路隧道的发展及规划[J].隧道建设(中英文),37(1):11-17.

郑俊杰,章荣军,杨庆年,2009.浅埋隧道变基床系数下管棚的力学机制分析[J].岩土工程学报,31(8):1165-1171.

郑昕,1999.隧道施工中供电变压器容量及运行方式的合理选择[J].铁道标准设计,3(12):47-49.

周顺华,2005.软弱地层浅埋暗挖施工中管棚法的棚架原理[J].岩石力学与工程学报,

24(14):2565-2570.

朱汉华,杨建辉,尚岳全,2008.隧道新奥法原理与发展[J].隧道建设(中英文),28(1):11-14.

祝云华,2009.钢纤维喷射混凝土力学特性及其在隧道单层衬砌中的应用研究[D].重庆:重庆大学.

《中国铁路隧道史》编撰委员会,2004.中国铁路隧道史[M].北京:中国铁道出版社.

ANAGNOSTOU G,2012. The contribution of horizontal arching to tunnel face stability[J].Geotech nik,35(1):34-44.

ANAGNOSTOU G,PERAZZELLI P,2015. Analysis method and design charts for bolt reinforcement of the tunnel face in cohesive-frictional soils[J]. Tunnelling and Underground Space Technology incorporating Trenchless Technology Research,47(2):162-181.

DIASD A,2011.Convergence-confinement approach for desigining tunnel face reinforcement by hori-zontal bolting[J]. Tunnelling and Underground Space Technology,26(4):517-523.

GOODMAN R E,1978. Introduction to rock mechanics[M]. New York:Wiley.

GUAN Z,JIANG Y,TANABASI Y,2007. Ground reaction analyses in conventional tunnelling exca-vation[J].Tunnelling and Underground Space Technology,22(2):230-237.

JIANG Y,1993. Theoretical and experimental study on thesability of deep undergounding [D].Fukuoka:Kyushu University.

KAMATA H,MASHIMO H,2003. Centrifuge model test of tunnel face reinforcement by bolting[J].Tunnelling and Underground Space Technology incorporating Trenchless Technology Research,18(2):205-212.

LEE Y K,PIETRUSZCZAK S,2008. A new numerical procedure for elasto-plastic analysis of a circular opening excavated in a strain-softening rock mass[J]. Tunnelling and Underground Space Technology,23(5):588-599.

ORESTE P P,2012. Stabilisation of the excavation face in Shallow Tunnels using fibreglass dowels[J]. Rock Mechanics and Rock Engineering,45(4):499-517.

PARK K H,KIM Y J,2006.Analytical solution for a circular opening in an elastic-brittle-plastic rock[J]. International Journal of Rock Mechanics and Mining Sciences,43(4):616-622.

PIETRO L,2011.隧道设计与施工:岩土控制变形分析法[M].铁道部工程管理中心,中铁西南科学研究院有限公司,译.北京:中国铁道出版社.

ZHANG Z Q,LI H Y,LIU H Y,et al,2014. Load transferring mechanism of pipe umbrella support in shallow-buried tunnels[J].Tunnelling and Underground Space Technology incorporating Trenchless Technology Research,43(7):213-221.